本书受到广州大学"2+5"学科与科研创新平台项目之"数字经济与数字文化"交叉创新平台建设项目的支持

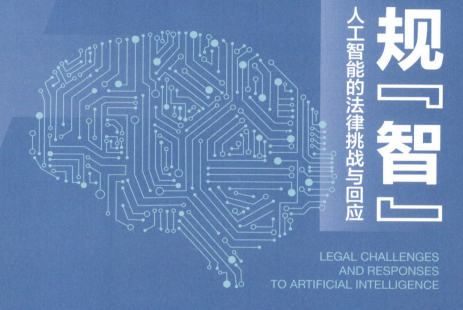

REGULATE

规「智」

人工智能的法律挑战与回应

LEGAL CHALLENGES
AND RESPONSES
TO ARTIFICIAL INTELLIGENCE

张玉洁 —— 著

社会科学文献出版社
SOCIAL SCIENCES ACADEMIC PRESS (CHINA)

些前沿热点问题，展现出新一代青年学者的创新精神和理论智慧。

作为一位数字法学的研究者、倡导者，我很高兴为青年学者的学术探索而鼓与呼。

是为序。

马长山

2022 年 5 月 22 日·上海

目　录

上篇　法学理论

中篇　法律变革

下篇　法治实践

上　篇

法学理论

第一章

人工智能时代的法治挑战与制度革新[*]

在高科技的飞速发展变革中，人工智能作为一种帮助人类更好地生活的工具，同其他科学技术有着明显的区别。它既可以独立决策，也能够自主行动。但科技便利往往伴随着科技风险，人们已经意识到人工智能的潜在危险与挑战，例如机器人占据就业岗位、无人驾驶汽车的碰撞风险、机器人伦理等问题。而在法律领域，人工智能对法律职业的挑战并不仅限于取代某些法律岗位，更重要的是冲击最基本的法治理念与法治秩序。2017年7月8日，国务院印发并实施《新一代人工智能发展规划》，提出加强人工智能相关法律、伦理和社会问题研究，建设智慧法庭等。规划提出，要加强"人工智能+X"复合专业人才培养的新模式，其中"X"就包括法学。那么，人工智能与法学理论的结合，就涉及计算机科学技术类专业、人工智能专业与法学专业知识相交叉的学科和理论知识。目前，人工智能主要分为弱人工智能、强人工智能与超人工智能三类。弱人工智能的进化将会产生强人工智能（人类级别的人工智能）。强人工智能是一种宽泛的心理能力，能进行思考、计划、解决问题、抽象思维、理解复杂理念、快速学习和从经验中学习等操作。强人工智能在进行这些操作时应该和人类一样得心应手。这些新兴科技会对传统法学理论（如立法、司法、执法乃至法律服务等领域）产生强大的冲击，并在一定程度上影响中国特色社会主义法治体系的建设进程。

※ 本章内容曾发表于《广州大学学报》（社会科学版）2019年第2期。

传统上，法律是人的有限理性产物，因而也是以有限理性的常人为标准设立的行为规范。但对于迅速超越人类极限的人工智能而言，这些规范措施有可能失去调节能力。因此，那些拥有大数据资源和人工智能技术的企业借助法律监管空白的漏洞，并利用隐蔽的算法与技术来规避某些法律领域的规制，从而获得更多的经济利益。为了破解这种困局，学界与实务界应当在人工智能自主性、互动性等特征的基础上，反思人工智能技术在现行法律体系下的境遇，并创设出符合我国科技发展与法治国家建设的新型人工智能法律治理模式。因此，加强人工智能技术的法律规制，能够进一步回应国务院《新一代人工智能发展规划》的现实需求，预防我国人工智能技术研发与应用过程中的风险，为国内、国际人工智能产品的中国应用设定法治框架。

一 人工智能应用的法律现状

（一） 数据隐私、 算法歧视与法律规制实践

算法与数据构成人工智能的两大核心无形要件，也被视为人工智能的"神经"与"血液"。目前，机器学习、神经网络、智能认知系统或演进算法都是人工智能算法的不同表现形式。它不是传统意义上的编程，而是突破了程序员手动编写程序的束缚。换句话说，传统电脑控制的机器只能按照既有程序运行，人工智能算法则不同。倘若人工智能机器人按照智能算法加工某些网络素材、数据，那么人工智能机器人不仅可以按照人类的要求完成制作，甚至可以摆脱命令者的智力限制，创造出更为优质的成果。[1]而大数据技术的发展，进一步提升了人工智能算法的功能优势。一般认为，大数据信息具有"大量、多样、快速、价值密度低、复杂度高的特征"。[2] 人工智能算法与大数据信息的结合，能够将碎片化、非结构性的大数据信息加以整合。而且，借助大数据存储和人工智能算法，可以将个案

---

[1] 参见郑戈《人工智能与法律的未来》，《探索与争鸣》2017 年第 10 期。

[2] 张玉洁、胡振吉：《我国大数据法律定位的学说论争、司法立场与立法规范》，《政治与法律》2018 年第 10 期。

（少量）样本分析发展成整体（超大数据）分析，使得决策结果越来越精准。这样，政府和网络平台就能够更准确地做出行为预测和公众决策分析，进而预防某些违法行为的产生。

然而，大数据的价值是同人工智能算法等高新技术紧密联系的，这也意味着，大数据与算法的实际掌握者主要聚集于技术领域专家及其组合体（如研发机构、高科技公司以及政府组织等），且难以扩展至公众，由此导致我国"大数据＋算法"的人工智能治理模式显现出三种治理难题。（1）由于人类根本无法感知和理解非结构化的大数据信息，所以人工智能算法究竟如何处理大数据信息以及如何获得决策，尚属于人工智能算法独自掌握的"决策暗箱"。要想打开人工智能的"决策暗箱"，让法律治理与监管进入人工智能技术的算法运行与决策机制中，势必需要法律专家和人工智能专家展开更深入的合作。（2）由于技术手段的欠缺，人工智能时代的个人预测与观察能力将远远无法满足人类发展需求。尽管普通人可以通过观察、统计、分析发现某些社会规律和自然规律，但互联网的特性使得大数据信息分散于整个网络虚拟空间中，人类发现的能力和效率将远远不及人工智能算法的计算效率。加之人类自行分析数据所获得的社会规律未必具有普适性，因此人工智能算法与大数据的结合，在某种程度上会进一步拉大人类智力效率同人工智能算法效率的差距。（3）计算机算法对个人网络搜索记录的甄别，导致个人频繁获得相关的信息。例如，在大数据时代，我们都通过互联网媒介——淘宝、微博、微信——披露着个人信息，并遭受网络服务提供者的侵权。[1] 公民利用互联网搜索信息往往是基于自由意志的、碎片化的行为，但这并不意味着公民同意互联网平台收集并利用这些碎片信息，更不意味着网络服务能够抵消公民个人权益的损失。无论上述信息是否有助于公民个人做出选择，它实质上都侵犯了公民的隐私意愿以及网络信息多样性权利。因此，对于网络服务提供者滥用计算机算法与大数据控制权的行为，法学界已然达成了某种共识，即网络服务提供者在过度获取公民信息。有鉴于此，在人类智力无法胜任且人工智能算法

---

[1]　卢护锋、刘力菁：《大数据时代个人信息保护中的法律问题——基于贵州大数据建设的思考》，《广州大学学报》（社会科学版）2018 年第 5 期。

优势明显的领域，人类“趋利避害”的本能会自然地接纳人工智能算法。这样，人工智能算法不再局限于作为一种高科技的分析手段，而将发展为人类行动的前置依据。据此，算法监管与算法治理难题将跳脱于实验室及其科研人员的道德自律，转而寻求国家法律的强制性控制。因此，我国“需要把握大数据时代公共安全保障的新变化、新特征，在面对挑战的同时寻求法律应对”。①

（二） 量化分析、 审判效率与智能司法的探索

自 20 世纪 70 年代人工智能领域同法律领域相结合以来，世界各国在法律的智能化实践上已经取得了一定的成果。例如，为了提升法律服务的效率，美国“黑石探索”公司 （Blackstone Discovery Company） 基于大量的法律文件分析，研发了法律文本分析系统。该系统具有服务成本低、准确度高 （比人工分析高出 40％） 等优势，由此导致许多中小型律师事务所的发展受到阻碍。此外，Legal Zoom、Onomatics、Lex Machine 等人工智能法律系统均给传统的法律服务领域带来了强大冲击。而在司法裁判上，美国司法系统目前主要利用 COMPAS、PSA 和 LSI－R 等人工智能法律软件来辅助法官量刑。这些软件模型的作用场域主要聚焦在以下五个领域：犯罪人的社会关系、犯罪人的生活方式、犯罪人的个性、犯罪人的家庭以及其他社会影响因素的合理排除。② 人工智能法律软件能够综合分析单一刑事案件与其他社会因素之间的交叉影响，进而能够更为科学地判断出犯罪人的社会危害性，提升了法官自由裁量的科学性，减少了法官工作量，提高了司法效率。

人工智能法律系统的司法适用，同样也推动了我国司法实践的发展。以山东省高级人民法院的法律问答机器人实践应用为例，该法律问答机器人在研发过程中，主要利用法律专业、大数据与人工智能等软件技术的结合，以现有司法案例数据库和法律文本为数据源，同时动态性地引入法官

---

① 刘志坚、郭秉贵：《大数据时代公共安全保障与个人信息保护的冲突与协调》，《广州大学学报》（社会科学版）2018 年第 5 期。
② 参见〔美〕李本《美国司法实践中的人工智能：问题与挑战》，《中国法律评论》2018 年第 2 期。

评测这一人为矫正机制，由此构建起一个专业的法律智能服务平台。其功能主要体现在以下三个方面：（1）提供案件信息查询功能，便于诉讼当事人了解司法程序，提升司法的透明度；（2）提供简单型法律纠纷的解决机制；（3）为诉讼参与人提供诉讼风险评估报告，预先获得司法诉讼中的权益预期。而在 2017 年 5 月，上海市"刑事案件智能辅助办案系统"正式上线试运行。该系统"以大数据、人工智能等新技术为支撑，……制定了证据标准、规则指引，并将其嵌入数据化的办案程序中，为办案人员提供统一适用、方便快捷、数据化、清单式的办案指引"。① 这套案件智能辅助系统的主要功能包括如下方面。（1）实现案卷的类型化分配。案件智能辅助系统通过预先设定好的关键词识别与分类系统，对待决案件中的作案人员、作案时间、作案地点、作案手段、被害人情况等因素加以整合分析，极大地提高了审判人员的案件识别效率。（2）根据刑事案件的不同阶段，制定了不同的证据标准指引。例如，在庭审阶段，法官可以通过输入主要案情，检索出不同法官处理该类案件时的经验总结，并据此提供相应的案件审理思路，如证据种类的划分与认定、证据链的相互印证以及必要证据的判断标准等，从而减少了法官个体判断的差异性、主观性，甚至是恣意性。（3）针对不同的证据，该系统提供了证据校验功能。在证据审查过程中，案件智能辅助系统会对提交的每个证据进行交叉审查。一旦发现证据链中存在瑕疵证据或者出现证据链断裂等异常现象，该系统就会提醒法官注意该异常现象，从而提高了证据审查的科学性、准确性。

然而，人工智能技术是一把"双刃剑"。作为智能技术，它能够节约劳动力，提高劳动效率；而作为一种缺乏充足验证的新兴工具，其先进性同时也伴随着巨大的社会风险。从中美两国的人工智能法律系统实践应用来看，它们在决策机制透明度、决策因素歧视以及正当法律程序等问题上饱受社会公众与法学家们的质疑与批评。以美国司法系统中 COMPAS 软件对犯罪人的再犯风险评估为例，该软件可以通过分析犯罪人的性格、社会关系网络以及生活环境等要素，确定犯罪人重新犯罪的风险系数，进而帮

---

① 陈健：《上海"智慧法院"建设再升级：非法吸收存款等罪名案件已进入新系统试运行》，《上海金融报》2017 年 10 月 31 日，第 13 版。

助法官做出更为科学的量刑决策。然而，非营利组织 ProPublica 发现，在 COMPAS 再犯风险评估中，黑人再犯风险系数明显高于白人，并且实践证明，该软件预测的可能再犯罪人中，仅有 20% 的人后来确实再次犯罪。[①] 由此观之，人工智能技术的司法适用，最主要的问题在于它如何解决人工智能技术标准化设计背后所衍生的个案判断问题——这是人工智能与法律结合必须解决的首要问题。就目前来看，尽管各国将人工智能与法律的结合体定位为 "司法裁判的辅助工具"，但该工具的确在实践中产生了实质性损害后果。因此，人工智能社会化应用的司法适用难题不在于质询司法效率与司法信息化改革，而在于提醒司法机关关注那些 "看不到" 的非正义。

（三） 科技创新、 责任分配与法律变革

随着人工智能技术的发展，人工智能产品的自主决策活动以及人机沟通能力，在法律领域构建出一种新型的 "行为—结果（责任）" 因果关系，并且自主决策活动与损害结果之间的因果关系也变得越来越难以判定。为了更为清晰地展现人工智能时代因果关系责任认定模式的弊端，在此引入 "无人驾驶汽车" 这一社会化基础较好的人工智能应用，以便回应上述责任认定模式的现实难题。

无人驾驶汽车的公共道路实验已经成为各国立法关注的重要问题。2017 年 5 月，德国联邦议会通过了一部法案，对《德国道路交通法》进行了修改。该法案允许高度自动化和完全自动化的汽车作为交通工具在公共道路上行驶。同时，为了保证德国国家法符合 1968 年《维也纳道路交通公约》关于车辆驾驶员的规定，德国还规定无人驾驶汽车主驾驶位后必须乘坐一名乘客，以便及时接手汽车行驶权。在新法案下，车辆驾驶员一方面会陷入智能操作与人工操作切换的混乱局面，另一方面也困惑于如何避免法律责任。[②] 而美国的《自动驾驶法》（Self Drive Act）采取了一种有别于德国无人驾驶汽车规制的路径：行政法治模式。在行政法治模式下，美

---

① 参见曹建峰《人工智能：机器歧视及应对之策》，《信息安全与通信保密》2016 年第 12 期。
② 参见张玉洁《论无人驾驶汽车的行政法规制》，《行政法学研究》2018 年第 1 期。

国通过"联邦—州"的纵向行政职权配置方式，要求各州履行无人驾驶汽车的监管职权及其安全责任，并要求交通行政部门制定无人驾驶汽车的安全标准和公众评价标准等事项。① 借由州立法责任与无人驾驶汽车生产厂商的安全保障义务，美国得以通过行政立法的手段实现实验时期无人驾驶汽车的责任划分。但是这种责任划分方式也有其局限性。一旦无人驾驶汽车发展到社会运营阶段，基于无人驾驶汽车而发生的交通事故归责就成为人工智能技术社会化应用的一大难题：国家立法或者将此归结为企业产品瑕疵责任，或者将其归结为使用者过失责任，抑或视为人工智能产品决策错误的自主责任。倘若将无人驾驶汽车的错误决策视为"企业产品瑕疵责任"或"使用者过失责任"，无疑将加重生产者和使用者的注意义务。这是因为，企业生产无人驾驶汽车的数量越多，承担交通责任的风险和概率越高；而对于使用者而言，自身的主观过失构成交通安全责任的合理起点，但无人驾驶汽车的自主决策或者错误决策却无法归结为使用者"主观过失"，否则无人驾驶汽车驾驶员的注意义务将远高于普通汽车。反观无人驾驶汽车的自主责任认定，现代法律体系又缺乏有效的处罚手段——拆除硬件或重置软件程序等比拟人类刑罚的措施，根本无法从人工智能产品上实现责任价值。而人工智能技术作为"工具理性"与"价值理性"的集合体，改变了人际交流结构及复杂程度。这样，在理论层面上建立"科技行为与科技责任"的法治框架，能够有效地回应法治现代化理论难题。

综上所述，在人工智能技术的作用下，传统法律体系将会失去其严谨的规范对象与规范效用。为此，加强人工智能技术的法律规制问题的研究，旨在弥补"法律规制理论"中法律主体理论与规制理论的缺陷。传统刑法关于"因果关系"的归责模式也将无法套用于人工智能技术及其产品，甚至可能诱发人类借助人工智能产品实施违法犯罪行为的恶果。与此同时，在互联网领域，人工智能和大数据技术正在引领"行为—结果（责任）"因果关系模式逐步走向"多行为—结果（责任）"的相关性分析模式。例如，当不确定数量的多数人搜索"香蕉"图片时，选择图片 A、B、C、D 等的概率递减，那么，基于选择概率的高低可以获得一个搜索行为

---

① 参见郑戈《人工智能与法律的未来》，《探索与争鸣》2017 年第 10 期。

与搜索结果的相关性分析，即图片 A 最接近普通公众的“香蕉”认知。而普通的“行为—结果（责任）”关系认定，有可能产生错误的“香蕉”辨识认知。对比上述两种模式可以发现，人工智能可以进行全数据分析，进而提升结果的可信度；而单一因果关系仅在人类只能对有限数据进行分析的情况下才有必要存在。如果人工智能已经可以进行全数据分析，那么基于因果关系归责的刑事责任认定机制将让步于“相关性分析”模式，现代刑事司法理念在人工智能时代也将面临一次巨变。

二　人工智能对现行法律体系的挑战

人工智能技术的发展，反映出科技发展、法律规制与社会公共安全之间的多重矛盾。在我国大力倡导国际核心竞争力、全面推进依法治国的当下，更加凸显出法律对科技进行引导及对科技风险进行规制的必要性。然而，我国立法机关和行政机关目前尚未对人工智能技术的法律规制做好立法准备和采取应对措施，进而影响了我国的人工智能技术发展及其国际化趋势。因此，如何设计科学的规制措施，人工智能的发展需要受到何种特殊的规制，法律应当如何在人工智能保护与规制之间取得平衡，上述种种问题成为法学界研究的重要关注点，国内外学者均对此给予了一定程度的重视与研究。但由于缺乏必要且紧迫的规制对象，许多理论假说与策略建议都缺乏可行性。同时，人工智能对现行法律体系也提出了严峻的挑战。

（一）　主体性挑战

关于机器人属于法律上的物还是人，众说纷纭。一种观点认为机器人属于物，原因是它只能遵循算法和规则，而不能理解，不具有人的思维、感情和社交能力。就目前而言，自主决策能力以及决策结果的缺陷仍是机器人暴露出来的最大问题。在日本福岛核辐射事件中，机器人进入泄漏区域是最佳选择，但是机器人需要预先设定各种线路。由于线路长度受限，无法进入指定区域，人工操作机器人的精准度偏低，并且机器人操作耗费的能量远远大于人类。因此，目前的弱人工智能机器人只是人为操控的工具，不能独立思考并做出独立决策行为。另一种观点认为，机器人应该具有法律上的拟制人格。那些反对机器人有法律人格的观点，只是建立在目前机器人不能思考、不能感知的有限范围之内。而目前人工智能的发展方向是从数据（data）向知识（knowledge）转变。因此，立法者不能仅从人工智能的现有情况做出判断。综观人工智能的发展史，人工智能机器人将经历三个阶段的发展：辅助人类阶段、与人类共生共存阶段、可能控制人类阶段。目前的人工智能水平尚处于第一阶段的初期阶段。也就是说，人工智能机器人目前仅是人类的工具，法律只需要做细微调整就能适应人工智能带来的法律问题。但是，鉴于当前人工智能技术的发展速度，人工智能的社会化应用从第一阶段迈向第二阶段，也仅是个时间问题。因此，按照人工智能的发展趋势，在机器人拥有了一定的感知能力和自主决策能力的情况下，立法者通过法律拟制的方式赋予机器人主体资格，并非一种脱离社会实践的空想。但在这一主体拟制说的背后，法学界仍需回应机器人主体资格的宪法基础与人权基础。

人之所以为人，在于人本身的尊严以及由此产生的基本人权，如生命权、发展权、言论自由等。如果将法律人格赋予机器人，那么机器人的权利范围有哪些？权利以何为边界呢？一部分人一直在担忧，指令和代码会摧毁人类之间的语言交往，机器人的社会化应用则会淘汰大批的基础劳动工人，而机器人主体资格的宪法赋权，将引发人类社会可持续发展的恐慌。面对上述风险与危机，悲观主义者夸大了人工智能所带来的社会风险。实际上，人工智能发展的基本脉络就是用智能化的机器人来缓解人口老龄化、提升工作效率等。而在法律领域，人工智能技术与法律的结合，不仅改变了社会公众了解法律的方式，而且提升了法律纠纷的解决效率。虽然科技对传统道德与职业伦理的冲击打破了社会发展中的柔性秩序、微观秩序，但在"规制理论"的协调下，以"人工智能技术的主体性规制"为出发点，能够拓展与强化法律的治理领域、治理深度、治理方式。为此，不管人工智能带来的是机遇还是灾难，人类首先应当将科技风险限制在可控的范围之内。其一，机器人与人的交流，应当建立在人类自然语言基础之上，而非计算机语言（即"0"和"1"的二进制算法）基础之上。其二，人类创造机器人，总会基于某种需求，侧重机器人的某些功能。因此，宪法赋予机器人的法律人格应当是基于机器人的功能约束而创设的有限权利、有限自由。其三，三次科技革命淘汰了诸多工种，结果却是推动了人类分工协作体系的不断发展，创造出一大批新的岗位，促进了人类社会的整体进步。由此观之，在未来人工智能技术的飞速发展下，机器人可以在有限的范围内拥有法律人格，获得法律主体地位。但是人们也应当清晰地认识到，现行法律体系并未对此做好准备。这也意味着，机器人的主体性挑战已然开始，法律变革将近。

（二）知识产权的体系性危机

在人工智能技术的飞速发展中，知识产权的法律挑战是讨论最为热烈的话题。目前该话题的核心焦点在于，基于人工智能技术所创造、研发出来的新事物，能否归结为新的作品，谁拥有知识产权？例如，腾讯财经利用自动化新闻写作机器人"Dreamwriter"创作出新闻稿《8月CPI同比上涨2.0% 创12个月新高》。[①] 那么，该新闻稿的著作权如何归属呢？[②] 根据我国《著作权法》第2条的规定，中国公民、法人或者非法人组织的作品依法享有著作权，但并未涉及机器人作品的著作权问题。倘若将机器人的作品归结为"职务作品"，则不符合《著作权法》第18条的适用条件——《著作权法》仅认定"自然人为完成法人或者非法人组织工作任务所创作的作品"属于职务作品，而不包括机器人。上述事例只是人工智能社会化应用与我国现行知识产权法律体系相冲突的一个缩影，但学者之间产生了强烈的观点分化。

对于人工智能创造物的法律性质而言，王迁认为，"在现阶段，人工智能生成的内容只是应用某种算法、规则和模板的结果，与为形成作品所需的智力创作相去甚远"。[③] 易继明认为，作品的独创性并非指该作品与现有作品的差异性，而是人们在创作该作品过程中所呈现的独立、自主的主观思考。目前的人工智能技术仅是通过数据库的大量分析，实现不同作品

---

① 《8月CPI同比上涨2.0% 创12个月新高》，腾讯财经网，http://finance.qq.com/a/2015 0910/019573.htm，最后访问日期：2022年4月22日。
② 竺怡冰：《机器人新闻的侵权危机与责任管理》，《新闻论坛》2017年第1期。
③ 王迁：《论人工智能生成的内容在著作权法中的定性》，《法律科学（西北政法大学学报）》2017年第5期。

的碎片式整合，并没有超越于前人作品的内容。因此，也不应当将目前的人工智能创造物视为"作品"。但随着"深度学习"技术的不断发展，未来的人工智能技术创造物可能发展为一种创新性作品。① 按照前述逻辑，人工智能作品的性质归属主要依赖于人工智能技术的发展阶段：弱人工智能阶段和强人工智能阶段。这两大阶段表现出来的技术成熟度，将会影响人工智能作品的最终性质。按照易继明的观点，弱人工智能阶段的人工智能创造物依靠人为设定程序而定，那么该创造物则不属于作品。而在强人工智能阶段，机器人已经向自主学习的方向发展，逐步独立于人类的规则预定、价值预设，每个人工智能机器人可以做出不同的判断产生不同的结果。此时，机器人创造物应该视为作品。

另外，人工智能创造物的版权是属于所有者、使用者还是设计者？首先，设计者只是对其模拟人脑的算法或者过程进行介入，与投入使用之后作品的产生没有关联。其次，机器人创造物是应社会发展需求而产生的，机器人在当前仍属于公民或法人的所有物，那么，基于隶属关系，人工智能机器人所"创作"的作品也应属于所有权人。但就现行法律体系而言，在人工智能技术所有权人和使用权人无法明确划分权利归属的情况下，作品归属问题表面上看是关于谁来收取作品权益的问题，实际上其背后所衍生出来的深度问题是，现行知识产权法律体系关于"作品""创造"等基础概念在面对人工智能作品时已经面临崩溃。倘若由于所有权人或者使用权人已经支付了人工智能机器人的购买对价或租赁对价，将人工智能作品的知识产权划分给所有权人或者使用权人，那么在人工智能社会化应用不断提升的情况下，每个拥有人工智能机器人的人都可以被称为"作家""发明家"。由此，知识产权法律体系存在的价值将大打折扣。有鉴于此，现行知识产权法律体系如何回应人工智能时代的创作需求，如何面对人工智能机器人自我创作、研发的制度危机，就成为我国乃至全世界必须解决的问题。

（三）　法律归责机制的困惑

目前，人工智能机器人所引发的社会恐慌，主要源自机器人损害责任

---

① 参见易继明《人工智能创作物是作品吗?》，《法律科学（西北政法大学学报）》2017 年第 5 期。

的承担问题。从现行法律体系的运作机制来看，既然尚未承认人工智能机器人的法律主体地位，那么由机器人导致的损害责任可能参照《侵权责任法》和《产品质量法》的交叉规制路径，即由人工智能产品的生产者承担损害赔偿责任。其考虑是，尽管企业经营的目的是营利，但并不能忽视其所带来的社会问题。企业生产机器人获得了巨大盈利，而它作为社会的一部分，作为社会问题的制造者，就应该承担与产品风险相适恰的社会责任，这也是目前公司法领域所提倡的修正自由主义责任观。在人工智能发展过程中，企业常常面临以下责任形式的拷问。（1）个人信息权、隐私权保护下的企业责任。机器人在接受指令或者自主运行的过程中，难免会收集使用者的个人信息，比如登录信息、财产状况、信用等，这些信息都属于个人隐私。隐私作为人类的底线防守，他人、社会组织以及政府机关都不得随意侵犯。因此，人工智能生产厂商有必要预先询问当事人是否同意机器人收集、使用用户数据与信息。（2）侵权责任中的生产者责任。机器人侵权分为人类利用人工智能机器人对他人及其财产（包括机器人）造成损害以及机器人自身的产品设计瑕疵造成损害两类。对于前者，机器人只是人类实施侵权行为的手段和工具，具体责任依然归于侵权人。但对于后者，由于人工智能产品仍处于研发与试用阶段，因此，机器人瑕疵又可以分为智能系统瑕疵和物理制造瑕疵。在这种情况下，由机器人设计瑕疵而引发的侵权责任，会是一种更为复杂的归责情形。

在既有法律制度的框架下，机器人缺少法律人格，会进一步加剧责任分配制度的复杂性。既有责任分配机制要求机器人的行为或者决策能够归因于制造商、所有人、使用者等特定法律主体的错误意志，并且这些主体能够预见并避免机器人的加害行为。但是在人工智能机器人具备了强自主决策能力、深度学习能力的情况下，上述法律框架无法应对强人工智能机器人所造成的损害。一方面，证明产品设计缺陷（尤其是人工智能系统层面的缺陷）将变得异常困难；另一方面，事故的发生可能无法合理归因于智能机器人的设计或者制造缺陷。一个能够自主学习的人工智能系统的行为部分依靠其后天的经历，即使最细心的设计者、编程者以及制造者也无法控制或者预期人工智能系统的后天学习方向，微软的聊天机器人 Tay 在

Twitter 上学习歧视性语言便是有力证据。① 因此，在人工智能产品的生产者、使用者、所有者等主体之间寻找适格责任主体，只是当下法律变革的一个权宜之计；赋予人工智能机器人独立的法律人格，才是未来法律体系变革的最终方向。

三 面向人工智能时代的法律革新

法律对人工智能的发展具有促进和保障作用，但法律进化的速度却远远落后于人工智能的发展速度，而且法律规范的制定理念直接决定了人工智能的社会发展趋势：（1）作为一种机器人保护机制，机器人权利会压缩人类的活动空间，进而威胁人类的安全（这也是伦理学家对人工智能的研发持反对态度的主要原因）；②（2）作为一种社会发展手段，赋予机器人权利有助于弥补法律体系同机器人社会化应用之间的裂痕，缓解老龄化社会所带来的劳动力短缺问题。这就意味着，为了保障人类的安全与可持续发展，国家不得不限缩公民的权利（如信息权、劳动权、著作权等），进而改变原有的"权利—义务"分配方案，赋予机器人必要的主体资格，从而维持经济、社会的可持续发展。在机器人的社会化应用不可回避的现代社会，立法者应当通过法治方式重新构思人类与人工智能之间的关系与法治模式。

（一） 构建 "战略—法律—标准" 三级人工智能规范

人工智能技术给传统法律制度带来了巨大挑战，以致现有的法律理念与规则在高新技术面前几乎无所适从。在这种情况下，法律制度的自我创新、变革已无须多言。而寻求一个人类与人工智能创造物之间稳定关系的基本规范，将是我国（乃是世界各国）立法的一项重要任务。目前，欧洲

---

① 《微软聊天机器人发表种族歧视言论 但错不在人工智能而是人类本身》，爱活网，https://www.evolife.cn/html/2016/86804.html，最后访问日期：2022 年 4 月 22 日。
② 《霍金曾经预言：人工智能可能会 "终结" 人类》，知乎网，https://zhuanlan.zhihu.com/p/34589948，最后访问日期：2022 年 4 月 22 日。

议会已着手制定人工智能机器人的立法草案。① 我国在人工智能领域发展相对滞后，但相关立法活动应未雨绸缪，组建构建 "国家战略—基本法律—标准体系" 三级人工智能规范。

首先，我国应当尽快出台 "人工智能发展战略"，以此作为国家和各地方政府制定人工智能政策的依据。人工智能发展战略的制定，首先应当厘清人类与人工智能的关系，进而确定国家战略的宏观方向。因此，我国的人工智能发展战略应当以人类与人工智能的协同发展为方向，做好人工智能社会化应用的整体性谋略和全局性安排。国家层面人工智能发展统筹协调部门的建立已属必然，"根据国家战略，中央职能部门往往首先做出反应，快速地将国家战略落实为政府政策……而地方政府……实质性地推出优惠和补贴政策"，② 从而确立人工智能发展的具体战略目标、战略任务、战略措施，将人工智能发展同行政体制改革、经济体制改革以及互联网行业发展一体建设。

其次，我国应当就人工智能的研发与应用构建专门性的人工智能基本法律框架。其重点包括人工智能的法律地位、人工智能的权利边界、人工智能损害后果的责任分担、人工智能风险的法律控制等内容。从权利类型生发的历史逻辑来看，早期的人身权、财产权、政治权利等权利类型被视为人类的 "天生权利" 或 "基本权利"，并体现出较强的人身依附性。但随后产生的动物权利、法人权利等权利类型，开始将拟制权利融入传统权利体系中，以应对社会发展过程中的物种多样性压力和多元市场经营行为。考虑到人工智能创造物的非 "人" 性，权利拟制将成为人工智能创造物获得法律主体地位的技术性解决方案。同时，由于人工智能创造物的产生及存在价值来自其本身所具备的具体功能，因此，关于人工智能的基本法律框架应当根据人工智能创造物的具体功能加以建构。

最后，制定人工智能发展标准。从各国的人工智能立法与政策来看，鼓励性条款、引导性条款较多，而关于人工智能发展细则的条款较少。究

---

① 李洪兴：《人工智能如何打开未来（域外听风）》，《人民日报》2017 年 3 月 2 日，第 5 版。
② 林仲轩：《中国特色互联网治理体系：主张、路径、实践与启示》，《广州大学学报》（社会科学版）2018 年第 6 期。

其原因，各国对人工智能立法持保守态度。例如，欧盟和德国通过小范围地修改既有民事规则和交通法，来改善人工智能活动的法律适恰性。这仅是在立法条件不完备的情况下做出的折中选择，既鼓励了人工智能创新，又保障了公民的权利。但引导性立法较多并不意味着各国立法的效率低下。实际上，各国立法只是在人工智能发展初期确立了一个基本法律框架，而人工智能发展的核心引导规则主要体现在人工智能研发、制造标准体系上。而且，综观世界各国关于人工智能发展的国家战略、国家立法以及国家政策，无不显示出各国抢占人工智能领域行业标准的决心。以美国无人驾驶汽车立法为例。美国内华达州率先通过州立法的形式，允许无人驾驶汽车在该州公共道路上测试，并明确要求无人驾驶汽车必须满足安全标准、保险标准、测试标准，并针对后续试用阶段制定更为严格的标准。①由此观之，人工智能的标准化才是当前规制人工智能行业的重要标杆。

（二） 建立专门的人工智能监管机制

目前，人工智能已经成为各国推动科技创新、建立创新型国家的重要战略支点。但在科技强国这一战略目标之外，各国政府纷纷加强对人工智能技术的监管，防范人工智能社会化应用中的潜在风险。为了进一步规范我国人工智能技术的研发与应用，我国应当在以下三个方面加强人工智能技术的监管。（1）设立专门的人工智能监管机构。由于人工智能产品涉及的领域较广，对技术的专业性要求较高，这就要求监管机构必须具备相关的专业知识，并配备足够的专业人才。因此，设立专门性的人工智能监管机构是人工智能时代国家治理的必然要求。（2）确立行业协会的辅助监管模式。人工智能的行政监管会给各级政府带来巨大的监管负担和监管压力，同时可能过度限制人工智能技术的合理研发与试用。为此，在全国深化"放管服"改革背景下，我国对人工智能技术的监管，应当建立"政府主导＋行业协会辅助"的监管模式。其中，行业协会辅助政府监管人工智能技术的研发与试用，能够最大化地利用行业协会的专业性和高技术人才

---

① Bryant Walker Smith, "Automated Vehicles Are Probably Legal in the United States," 1 *Texas A&M Law Review* 3, 2014, pp. 411 – 522.

优势，准确把握人工智能技术的社会价值，减轻政府监管压力，提升监管质量和效率。在此情况下，行业协会辅助监管模式同专门性人工智能监管机构的协调、对接，实际上是对人工智能领域高技术特征的创新性回应，也能够有效地做到人工智能技术风险的预先控制。（3）建立人工智能产品的强制登记制度。受人工智能产品批量化生产的影响，人类很难从同一型号机器人中辨识出个体差异，这也对政府监管人工智能产品造成了严重困扰。为了提升不同机器人的辨识度，辨明不同机器人的活动与责任，必须通过特殊的身份辨识系统来确定其独特性。这就要求我国在人工智能产品的监管上建立起人工智能产品的强制登记制度，并且实行分级分类监管模式，即依照人工智能产品的不同用途和功能，来确立该类人工智能产品的管理等级和登记制度。

（三） 确定人工智能的分类侵权责任体系

人工智能的最大挑战就在于现行法律体系对它缺乏有效的追责机制，这是社会责任混乱的起点，也是当前世界各国通行秩序（法治）崩塌的导火索。因此，人工智能的责任配置，远比赋予机器人法律主体地位更为迫切。实际上，就目前阶段而言，人工智能机器人的法律责任尚能够参照《侵权责任法》《产品质量法》的规制路径加以解决。例如，按照《侵权责任法》的责任追究范式，如果人工智能机器人的活动对他人造成了实际损害或精神损害，人工智能机器人的使用者可以承担相关的法律责任；人工智能机器人的开发者有过错的，最终使用者承担责任后可以向开发者追偿。但在判断开发者过错程度时，可能需要区分算法生成与运用方面的差异。如果人工智能算法本身存在漏洞，那么，该人工智能机器人最终出现歧视风险和失控问题的概率就更高，相应地，人工智能机器人的创造者、生产者承担的法律责任也应当相对较大；如果该人工智能机器人采取深度学习技术，并由人工智能系统自身发展和完善决策机制，那么，作为人工智能机器人的创造者、生产者，其主观恶意和过错较小，因此创造者、生产者可以获得更大的免责空间。除此之外，我国也应当在产品质量法律体系下进一步厘清人工智能生产厂商的生产责任，明确人工智能产品的生产标准、合理缺陷以及责任范围。为了应对人工智能潜在风险所造成的生产者赔偿压力，我国应当在《保险法》的基础上，建立人工智能领域的专门性保险法律与保险赔偿体系，用于保障生产厂商的偿付能力，提高人工智能产品侵权的赔偿率。

综上所述，人工智能对法律体系的挑战与革新，是当下法学界与社会争相探讨的重要问题。无论是人工智能引发了人机关系危机，还是人工智能技术的规制难题，都反映出人们对人工智能规范化应用的某种愿望。为此，尽管强人工智能对当前的人类活动影响较小，但由于人工智能技术发展迅速，立法者一方面需要对人工智能的社会化应用给予足够的关注，甚至做出一定的立法规制；另一方面也要积极满足社会公众对"日益增长的美好生活需要"的向往，实现社会的共建共治共享。尤为重要的是，世界各国均在争夺人工智能技术的主导地位，这是国家科技竞争力的核心指标之一。除了人工智能研发领域之外，我国法律实务界与学术界也应当保持自身的先进性，对人工智能时代的法律变革做出预判。当然，人工智能技术的法律规制是一个兼具行政干预和市场调整的复杂工程。依据高风险行业的发展规律，我国应当妥善运用预防式规制工具来解决好人工智能技术的法律规制问题。这些规制工具包括市场准入与准出规制、技术规制、价格规制、安全（责任）规制等。基于维护社会公众合法权益、预防科技风险的需要，我国必须采取"政府＋公司"的合作规制模式，将政府、社会、市场糅合起来，形成多元、综合性的公共规制模式。其优势是能够提高行政规制的效率，提升行政规制过程中的公众参与度。更重要的是，高科技公司能够弥补行政机关监管职能的不足。法律规制的开展，旨在应对市场失灵或非理性行为引发的社会秩序混乱。因此，规制的对象应当是研发者、生产者的注意义务与公共安全保障义务。但究竟要求研发者、生产者负担何种程度的义务，有待细化分析。规制的内容则应当涵盖技术研发范围的限定、研发与应用记录、安全风险防范以及责任承担规则等方面。规制规则的趋同，有利于降低人工智能技术的研发成本，消除标准差异，加快经济一体化。但人工智能技术的研发与应用，更应当满足本国的法治需求与审查标准。

此外，人工智能的发展既依赖于算法、大数据、网络等技术优势和市场动力机制，同时又面临着算法歧视、错误决策以及非法侵入的公共安全风险。对于法治国家而言，人工智能引发的新型公共安全风险必将带来新的法律风险，出现"风险主体认定""政府规制方式""因果责任判断"等难题。社会公众对人工智能公共安全风险的担忧，将要求国家在法律保护与科技规制之间做出选择：确立"公共安全优先"的价值理念；确立"预防为主、合作规制"模式。同时，鉴于人工智能的行为机制源自大数据与算法，其风险责任的规制应当由"因果关系"规制转向"相关性分析"规制。基于公共安全风险预防的需要，我国必须采取"政府＋行业协会＋高科技企业"的合作规制模式，分别采用风险评估体系、"约谈"事前防范机制、市场准入与准出规制、技术规制来加强监管，同时完善"民事公益诉讼"集体救济路径。

第二章

人工智能时代的机器人主体地位与权利革新[*]

自 1956 年"人工智能"概念进入人类历史以来,^① 机器人先后经历了智能机械手臂、智能机器人以及仿生机器人的研发时期。目前, 人工智能机器人(以下简称"机器人")已经广泛运用于社会生活、工作、生产与军事等领域, 并逐渐体现出自主性、社会化优势——这是机器人不同于其他人类发明的重要特征。然而, 除了欧洲拟制定"人工智能法案"之外,^②其他国家对于人工智能机器人的法制准备严重不足, 相关法律问题层出不穷, 例如我国腾讯公司机器人写手的"著作权"问题、美国谷歌公司无人驾驶汽车的"交通权"问题以及美国律师机器人 DoNotPay 的"律师权利"问题等, 上述问题导致机器人的社会化应用同现行法律之间存在诸多冲突。为此,《国务院关于印发新一代人工智能发展规划的通知》(国发〔2017〕35 号)强调, 我国应当加快人工智能与现行法律制度的结合。然而, 基于一种独立于科技伦理与物种危机的规范视角, 机器人同法律之间的结合点究竟始于何处, 或者说机器人如何融入法律体系? 无论是人工智

* 本章内容曾发表于《东方法学》2017 年第 6 期。

① 1956 年夏季, 以麦卡赛、明斯基、罗切斯特和申农等为首的一批有远见卓识的年轻科学家在一起聚会, 共同研究和探讨用机器模拟智能的一系列问题, 并首次提出了"人工智能"这一术语, 这标志着"人工智能"这门学科的正式诞生。

② 参见曹建峰《十项建议解读欧盟人工智能立法新趋势》, 腾讯研究院网站, http://www.tisi.org/4811, 最后访问日期: 2021 年 7 月 21 日。

能学界、哲学界还是法学界，都不约而同地将视角转向了法律主体的共有内容——"权利"。例如，在控制论学者看来，机器人权利是人工智能实现社会化功能的必然结果；[①] 而美国著名哲学家希拉里·普特南认为，机器人已经具备了同人类一样的思维规则，而真正影响机器人是否为 "人" 的关键要素是人类的决断，而非科技发展程度。在人工智能高度发达的时代，权利意识将觉醒于机器人体内。[②]

在机器人社会化应用改变传统 "人—物" 法律关系的情况下，法律治理必须优先于科技伦理，以应对权利概念的崩塌。借助于法律规范在社会治理中的强大优势，立法者需要塑造出新型的法定权利——这些权利或者指向人，或者指向机器人——来重新界定法律行为、法律关系、法律责任等，从而保证法律体系能够获得持续运转。一般认为，新型权利是 "在国家实在法上没有规定，但在司法实践中当事人向法院诉请要求保护，法院或以推定和裁定的方式肯定之，或尽管未予肯定，但该请求得到了社会的普遍理解、默认和接受而形成的权利。"[③] 但对于机器人而言，权利的赋予与保护不仅在于社会公众的普遍认可，更重要的是保证法律系统能够继续适用于人类社会——在人类发现更好的社会治理方式之前，必须维持法律的持续有效性。为此，在人工智能时代，机器人获得权利的决定性因素在于权利的功能，[④] 而非权利的目的。有鉴于此，本部分将从历史的视角来探究法定权利的发展过程，揭示出群体 "实力" 变化对法定权利的重要影响。这也意味着，国家赋予机器人权利，并非一种科幻式的假设，而是 "实力" 变化使然。而且，在人类主导的权利体系下，机器人权利的 "法律属性" 和 "基本类型" 仍将以服务于人类社会为基础。但我国应当正视赋予机器人权利所带来的社会风险，并采取法制化的预防措施。

---

① 麻省理工学院人工智能实验室主任罗德尼·布鲁克斯就认为，人工智能时代终将随着科技的发展而到来，届时机器人会在人类社会中获得一部分权利。参见 Rodney Brooks, "Will Robots Rise Up and Demand Their Rights," 155 *Time Canada* 25，2000，p. 58。

② Hilary Putnam, "Robots: Machines or Artificial Created Life," 61 *The Journal of Philosophy* 21, 1964, pp. 668 – 691.

③ 谢晖：《论新型权利生成的习惯基础》，《法商研究》2015 年第 1 期。

④ 参见 Robert Nozick, *Anarchy, State and Utopia*, Basic Blackwell, 1974, pp. 28 – 51。

一　机器人权利真的存在吗？

机器人的法律地位是法治国家对机器人社会化应用的一种制度回应。它能否归结为"权利"，尚未形成一致的观点。但不可否认的是，我国在应对机器人法律问题上正处于无法可依的状态。如前文所述腾讯财经利用自动化新闻写作机器人"Dreamwriter"创作出新闻稿《8 月 CPI 同比上涨 2.0%　创 12 个月新高》的事例，只是机器人应用与我国现行权利体系冲突的一个缩影，但随着人工智能的飞速发展，我国权利体系的周延性将遭受更为严峻的挑战。通观权利发展史可以发现，法定权利的构成从来不是以固有状态存在的。在原有权利遭遇新兴事物冲击的情况下，不同群体的实力博弈将重新构筑法定权利的体系。约翰·厄姆拜克将这种现象归结为"实力界定权利"（might mikes rights）。[①] 其典型特征是强调权利竞争中的群体性优势（包括社会统治力、资源占有率、群体之间的依赖性等）以及群体对于整个社会的影响力，而这也在权利发展史上得到反复印证。

（一）　机器人权利主体地位的历史正当性

"实力界定权利"理论不仅展示了机器人获得权利保障的竞争性优势，也在权利主体的发展史上获得了强有力的证据支撑。客观地讲，权利主体的发展主要经历了以下几个阶段。一是奴隶权利主体地位的获得。在古罗马时期，奴隶主阶层采取"自由民""有限财产"等激励机制，鼓励奴隶阶层生产更多的产品，并同奴隶阶层建立起脆弱的"权利交换"关系。[②] 但随着奴隶阶层的成长，奴隶主阶层被迫给予奴隶更多的自由，直到奴隶得到解放，成为国家公民的组成部分。这一发展历程在美国南北战争时期

[①]　John Umbeck, "Might Makes Rights: A Theory of the Formation and Initial Distribution of Property Rights," 19 *Economic Inquiry* 1, 1981, pp. 38-59.

[②]　古希腊与古罗马并没有在法律中使用"权利"一词，而只是通过法律表明什么是正当的事情，进而确立了早期的权利概念。参见张文显《法理学》，高等教育出版社，2007，第 139 页。

重新得到了印证。① 二是妇女选举权主体地位的获得。在 19 世纪 40 年代之前的美国社会,选举权被认为是隶属于男性的政治权利,而妇女则被排斥在外。即便女权运动将妇女地位提升至国家改革的高度,仍未实质性地改变妇女的政治话语权。吊诡的是,第一次世界大战彻底缩小了美国男性与女性的实力差距②——战争不仅导致了美国男性的数量减少,也提升了妇女的生产参与度——迫使众议院以 304∶90 通过了妇女选举权的宪法修正案。③ 三是黑人选举权主体地位的获得。20 世纪 50~60 年代,受到黑人民权运动的开展、黑人中产阶级的增加以及人口迁移等因素的影响,黑人在整个美国社会的参与度以及话语权急剧提升,致使美国国会与各政党不得不正视黑人政治权利的影响力。1964 年,美国国会通过了《民权法案》,肯定并保护黑人的选举权。④ 四是动物权利主体地位的获得。20 世纪 70 年代,伴随着人类文明的高度发展,要求人道主义对待动物的呼声逐渐上升为一种法定权利。⑤ 为此,各国均将"(野生)动物保护"作为法律体系的组成部分,⑥ 例如我国对老虎、熊以及熊猫等濒危物种的保护,对食用型家畜的人道主义屠宰等。尽管动物的权利较之于人类权利更为脆弱,但不可否认的是,生存权、免受虐待权、个体自由权已经成为动物的自我保护机制之一。五是法人权利主体地位的获得。法人作为现代经济活动和社会活动的一项重要组织形态,改变了人类交往的方式和后果。以社会组织、公司为代表的法人形态已经在各个部门法领域获得权利主体资格,并对传统意义上的权利主体概念形成了强有力的冲击。⑦ 目前,在机器人的权利主体地位上,欧盟议会法律事务委员会(JURI)已经就机器人和人工智能提出了立法提案,拟采用"拟制电子人"(Electronic Persons)的方

---

① 参见赵晓兰《美国黑人争取选举权运动探析》,《杭州师范学院学报》1999 年第 5 期。
② 黑格尔将战争视为民族前进和灵魂净化的一种动力机制。参见孙兴杰《美国总统是怎么选出来的》,江西人民出版社,2013,第 67 页。
③ 〔美〕戴尔·古德主编《康普顿百科全书》(社会与社会科学卷),徐奕春等编译,商务印书馆,2006,第 76 页。
④ 王伟:《试论 20 世纪 50~60 年代美国黑人民权运动的艰苦历程》,《吉林师范大学学报》(人文社会科学版)2003 年第 2 期。
⑤ 参见常纪文《"动物权利"的法律保护》,《法学研究》2009 年第 4 期。
⑥ 参见蔡守秋《简评动物权利之争》,《中州学刊》2006 年第 6 期。
⑦ 参见杜强强《论法人的基本权利主体地位》,《法学家》2009 年第 2 期。

式，赋予机器人法律主体地位。

从上述权利主体的发展进程可以归结出以下特征：首先，权利主体的范围并非固定不变的，而是处于不断地扩张状态中；其次，不同群体之间的实力变化往往直接影响权利主体的外延；再次，权利主体的外延不再限缩于生物学意义上的"人"；最后，物种差异不再被视为获取权利主体地位的法律障碍。按照上述权利主体的发展逻辑，现行法律对于机器人的权利主体地位持开放态度，并且否认物种差异构成法定权利的技术性难题。在这种情况下，真正影响机器人权利主体地位的客观要素在于机器人同人类之间的实力对比，而主观要素则是人们对于机器人权利的态度。[①] 目前来看，虽然机器人的发展水平总体上落后于人类，但机器人的研发速度却大大快于人类的进化速度。一旦机器人的社会化程度陡然提升，并在各个领域拥有较高的应用率，那么，不必机器人对人类提出何种权利诉求，其所有权人自然会呼吁立法机关来界定机器人的权利主体地位。这种趋势并非来自科幻式的构想，而是正在特定领域发生。罗尔斯·罗伊斯公司就宣称，"十年后海上运输将出现无人商船，实现这一目标已经不是技术问题，而是大量法律问题"。[②] 由此观之，承认并赋予机器人的权利主体地位，既是权利发展的内在规律，也是社会发展的必然趋势。

（二） 机器人权利类型的历史正当性

机器人权利之所以成为现行法律体系的一道难题，除了机器人的自主性之外，更多的是因为法律缺乏相对应的权利类型。传统上，权利按照"人生而平等"或者"天赋人权"的方式，被制定法划分为人身权、财产权、政治权利等类型。然而，在现代科技（尤其是大数据、人工智能）的冲击下，权利的类型已经超越了传统制定法所划定的权利范畴，并逐步向虚拟权利转变。如果说上述权利类型未深刻触及科技因素的话，那么，大数据时代下被遗忘权、个人信息权、虚拟财产权等虚拟权利的出现，则真

---

① Hilary Putnam，"Robots: Machines or Artificially Created Life?," 61 *The Journal of Philosophy* 21，1964，pp. 668 – 691.

② 封锡盛：《机器人不是人，是机器，但须当人看》，《科学与社会》2015 年第 2 期。

正冲击了法定权利类型的内在构成。① 借助虚拟权利，公民、法人、社会组织可以对虚拟身份、虚拟财产、个人信息主张所有权，并且他人不得恶意使用上述数据信息。然而，大数据的运用只是人工智能时代的一个缩影。机器人的社会化应用将在广度、深度和频率上加强网络数据的交互。这一方面推动了社会发展的历史进程，另一方面也可能侵犯公民、法人、社会组织的虚拟权利，并引发上述主体与机器人之间的数据运用冲突。②

虽然法学家、伦理学家、控制论专家争相质疑机器人权利的存在，并惊慌于机器人带给人类的生存危机，但同时也认可如下观点：机器人所体现的功能性优势实质性地弥补了老龄化社会的弊端。因此，即便人们强调制定法的目标在于保障"公民"的基本权利，机器人在社会化应用过程中仍然会逐渐扩张自己的权利空间。这并非虚张声势的假设，而是机器人实用主义功能催生的人类自我让步。一个典型的例证就是上海刑事案件智能辅助办案系统。该系统的开发应用主要依赖于"专家经验"、"模型算法"和"海量数据"，但其中也涉及众多保密事项或保密数据。倘若上海高级法院未将数据阅读权赋予智能辅助办案系统，那么智能辅助办案系统也无法实现良好运转。③ 虽然这种数据阅读权尚未上升为一种法定权利，但已经展现出机器人社会化应用同数据阅读权的必然联系。这样，在人工智能的推动下，人们会愈加发现传统权利类型难以适用于机器人，甚至整个法律体系也因机器人的自主性功能而面临瓦解的危机。由此可以推断，机器人的社会化应用必将改写现行法律体系，而起点则是机器人权利的获得。

（三） 机器人权利理论的起源

从宪法到刑法、民法等部门法，权利都构成公民保护自身权益的正当

---

① 参见杨立新、韩煦《被遗忘权的中国本土化及法律适用》，《法律适用》2015 年第 2 期；王利明《论个人信息权的法律保护——以个人信息权和隐私权的界分为例》，《现代法学》2013 年第 4 期；杨立新《民法总则规定网络虚拟财产的含义及重要价值》，《东方法学》2017 年第 3 期。

② 邓灵斌、余玲：《大数据时代数据共享与知识产权保护的冲突与协调》，《图书馆论坛》2015 年第 6 期。

③ 张保生认为，人工智能法律系统的发展依赖于两种动力源：一是"法律实践自身的要求"；二是"人工智能发展的需要"。参见张保生《人工智能法律系统的法理学思考》，《法学评论》2001 年第 5 期。

性依据。一般来说，权利或者被视为"规定或隐含在法律规范中、实现于法律关系中的主体以相对自由的作为或不作为的方式获得利益的手段"，① 抑或作为人天生享有的从事某些事情的资格，② 又或者是人们的意志自由和行为自由。③ 无论是基于何种观点，权利都表现为法律允许公民作为或者不作为的依据。但人类发展历程也表明，群体之间的实力对比会影响法定权利的分配。"从法社会学的立场出发，所谓的权利体现了人们交往行为中的利益结构关系。法律规范中对权利的界定，理应是社会结构中利益关系的法律表达。"④ 所以，当不同群体之间的利益关系发生变化，进而影响群体之间的实力对比时，法定权利的构成与分配也将重新划定。由此推之，当机器人的效率、智能和功能等方面全面改写人类发展进程时，机器人与人类之间的实力变化就可能催生出机器人权利。

上述设想无疑是大胆且具有建设性的，却符合权利生成的内在逻辑。按照"实力界定权利"理论的内在逻辑，机器人权利的生成则完全依赖于利益双方（机器人与人类）的实力对比和博弈。我们不妨将机器人想象成一个生物种群，并把机器人与人类的实力变化模仿成"适者生存"的生态竞争。当两个种群争夺有限的社会资源时，机器人低消耗、高产出的优势，先天地克服了人类休息、睡眠、生命周期短、易生病等物种进化弊端，由此也将在多数竞争——突出表现为劳动密集型工作——中获得胜利。当然，在机器人这一种群占据绝对优势之前，人类完全有能力遏制这种生态竞争，由此也引发出三种趋势。趋势Ⅰ：机器人基于自主性、社会化优势，给人类带来更多的便利；而人类承认并保护机器人的安全，并建立不同种族之间共存的法律保障机制——鉴于动物权利和公司法人资格的存在，我们无法从技术角度来否认这一趋势。趋势Ⅱ：机器人被视为一种工具，不具备法律主体地位。但由于机器人的自主行为，其生产者、销售者以及所有权人可能承受过重的责任负担，因为他们随时可能负担机器人的侵权后果。趋势Ⅲ：人类面对机器人的竞争和威胁，停止人工智能领域

① 张文显：《法理学》，高等教育出版社，2007，第142页。
② 〔荷〕格劳秀斯：《战争与和平法》，何勤华等译，上海人民出版社，2005，第30页。
③ 王建东、陈林林：《法理学》，浙江大学出版社，2008，第98页。
④ 谢晖：《论新型权利生成的习惯基础》，《法商研究》2015年第1期。

的研发项目，并销毁现有的机器人。对比上述三种趋势可以发现，趋势 I 和趋势 II 对机器人的发展持积极态度，但由于观念上的差异，会产生不同的法律规制方案。而且，后者显然无法有效解决机器人自主性所带来的法律归责难题。趋势 III 希冀于停止人工智能的研发活动，由此阻止机器人与人类之间的竞争。这是一种一劳永逸的方法，却明显违背常识。机器人代表着一种先进的技术和人类自我解放的努力，是对人类弱点——低智商、低效率、高出错率、易生病、体力下降等——的提升。在人类正确应用机器人的前提下，机器人所带来的便利远比其弊端更为诱人。因此，趋势 III 仅具有理论上的可行性，而趋势 II 将带来繁重的社会负担，唯有趋势 I 是一种最为稳妥的解决方案。这也意味着，当机器人的社会化应用达到一定阶段，人类必须对此做出必要的回应，以保证国家法治秩序的持续有效。而回应的必要措施就是通过立法的方式肯定机器人的法律主体地位，并赋予其一定的权利。至此，机器人权利将重塑整个法律体系。

二　机器人权利的基本属性

机器人权利既符合权利发展的内在规律，又具有诸多不同于传统权利的特征。从机器人权利同公民权利的差异性来看，机器人权利具有以下特定属性。

（一）　拟制性权利属性

面对机器人社会化程度的不断提高，立法者迫切需要通过某种方式来肯定机器人的法律地位，以弥补社会发展同法律之间的裂痕。而且，相较于机器人获得权利所带来的人类生存危机，立法者更为担忧 "无法可依" 所导致的秩序混乱。因此，赋予机器人权利是立法者应对社会发展所做出的一种策略性妥协。但问题在于，机器人不同于生物学意义上的 "人"，且附带较强的工具性价值。这样，立法者就很难借助 "人生而平等" "天赋人权" 等自然法理念，来保证机器人权利的法律正当性。在这种情况下，赋予 "法人" 鲜活生命的 "法律拟制" 将成为立法者解决机器人权利来源的技术性措施。一般认为，"法律拟制" 是 "（立法者）为了实现法律背后的制度目的而作出的一种不容辩驳的决断性的虚构"。[1] 对于人类而言，这种"虚构"不再纠结于机器人是否存在意识，而是强制性地要求人们之间达成"机器人拥有权利"的基本共识，以便降低人们在机器人应用上的谈判成本；对于机器人而言，权利"虚构"是人类接纳机器人的一种方式，并保证人们按照对待同类的方式处理人机关系。尽管耶林反对将"法律拟制"视为法律科学的当然组成部分，[2] 但在当下，权利"虚构"得益于大数据、人工智能的飞速发展，已经从"法律拟制的科学性质疑"中摆脱出来，并显著地影响着人们的交往方式。

但是，拟制属性能否实现机器人权利对其他拟制权利的全面套用，在学界仍存严重分歧。支持者认为，法律对人工智能的发展具有促进和保障作用，但法律进化的速度远远落后于人工智能的发展速度。在机器人的社会化应用不可回避的现代社会，立法者应当赋予机器人更多的权利来保障机器人的研发和应用。[3] 在此，且不说上述观点对立法者预见能力的巨大挑战，单就机器人权利立法与社会回应之间的成本收益问题，就足以否定机器人拟制权利全面套用的现实可能性。通常认为，社会事实是构成法律规范的基础和动力，而拟制性权利更多的是对未来社会的一种预先回应。因此，在机器人社会化应用真正实现之前，法律仅允许机器人权利的必要拟制、有益拟制。换句话说，机器人权利的拟制承载着法律的制度目的，即建立起现实社会同未来社会、旧规则与新规则的沟通桥梁。"由于拟制这种善意的错误，旧规则和新规则之间的鸿沟常常得以跨越。在此，令我们关注的是只要当目的的重要性居于支配地位就会有这种跨越。"[4] 因此，"法律拟制"即便在技术层面扫平了机器人获得权利的障碍，也难以应对社会事实与立法目的诘难。在这种情况下，在可预知的未来社会，权利的拟制性并不会导致机器人权利类型的迅速扩张。

---

① 卢鹏：《法律拟制正名》，《比较法研究》2005 年第 1 期。

② Lon L. Fuller, *Legal Fictions*, Stanford University Press, 1967, pp. 2-3.

③ Phil McNally、Sohai Inayatullay：《机器人的权利——二十一世纪的技术、文化和法律（下）》，邵水浩译，《世界科学》1989 年第 7 期。

④ 〔美〕本杰明·卡多佐：《司法过程的性质》，苏力译，商务印书馆，1998，第 72 页。

（二） 利他主义权利属性

利他主义历来被视为道德行为的典型特征，在法律领域也仅仅表现为"见义勇为""无因管理"等少数法律行为。所以，人们往往只能要求道德上的利他性和法律上的利己性，后者直观地表现为人们对自身权利的追求与保护。但在机器人权利的基本属性上，权利的利己性特征难以获得足够的经验支撑。其主要原因在于，机器人的功能在于帮助人类更好地工作、生活，其工具性价值决定了机器人的天然利他特性。同时，受到人为编程、算法的影响，机器人本身很难产生利己主义的指令和行为。如果机器人的利他权利（如机器人代理权）能够给人类带来更多的好处，并且机器人本身仅付出较小的代价，那么，人们基于利益的追求，会选择同机器人进行深入合作，进而催生出更多的利他主义行为。一旦机器人在法律领域获得必要的权利基础，那么利他主义行为将深刻影响机器人的权利属性。有学者以生态竞争理论为视角，批判利他主义的社会适应性，认为具有利他主义倾向的物种在生态竞争中会处于不利地位，并且该物种的社会适应度会降低。[①] 但是，博弈论与生物进化论的交叉研究表明，较之自私的群体，具有利他主义精神的群体在生态竞争中更具备进化优势。[②] 由此来看，机器人权利的利他主义属性未必构成权利竞争上的劣势。相反，在机器人的应用范围与权利意识较弱的当下，利他主义权利属性能够更好地保护机器人的发展。

除此之外，机器人权利的"利他主义"属性还有助于促成人类与机器人之间的合作。这是因为，机器人在做出利他行为的同时，也在向人类传递一种合作信号，以寻求更多的行动空间和合作机会。[③] 起初，只是一小部分人从人机合作中获得收益，但随着更多的人参与到机器人活动中，利

[①] 参见李建会、项晓乐《超越自我利益：达尔文的"利他难题"及其解决》，《自然辩证法研究》2009 年第 9 期。

[②] 参见刘鹤玲《从竞争进化到合作进化：达尔文自然选择学说的新发展》，《科学技术与辩证法》2005 年第 1 期。

[③] 参见〔美〕埃里克·波斯纳《法律与社会规范》，沈明译，中国政法大学出版社，2004，第 27 页。

他主义行为就从偶然的合作关系上升为特定的法律关系，以保障人类能够从机器人利他主义行为中获得持续的收益。为此，国家基于增进社会福祉、推动人类进步的需要，必须创造出"利他主义行为"的保护机制，即利他主义型权利。这种权利属性既是人类应自身发展需求而赋予机器人的拟制权利，同时也是机器人利他功能的法律表征。

（三）机器人权利的功能属性

功能是人们对某一事物或方法所具有的作用的统称。它按照使用者的不同需要，分化出不同的作用。受制于功能差异的影响，机器人的研发和应用分别朝向不同的领域、不同的行业，并且在专业化方面出现了较明显的分立情形，例如医疗机器人、新闻撰写机器人、机器人管家、机器人代理等。上述机器人的功能分化，如同人类社会的职业分工一样，是应对社会化生产的重要举措，也是机器人研发的必然趋势。虽然机器人在运算能力上能够承载多种功能，但功能分化所带来的专业化优势远比全能型机器人更具市场竞争力。试想在医疗领域，在机器人市场价格同功能数量成正比的情况下，医疗型机器人对全能型机器人将具有压倒性优势，毕竟医疗机构不需要机器人从事其他领域的活动。所以，机器人的功能差异不仅分化出不同形态的机器人，也造就了机器人权利的功能化属性。也就是说，法律在赋予机器人权利过程中，必须考虑机器人的具体功能，并据此实施有差别的权利拟制与保护机制。

然而，基于功能差异的权利分化似乎有悖于"权利平等"这一传统法治理念。刘作翔就指出，权利平等是主体与主体之间的平等，突出表现为公民之间、男女之间、残疾人与非残疾人之间的平等关系。[1] 对此，笔者承认，权利平等是同国家、社会、公民息息相关的观念，并为多数国家的宪法所保护。例如我国宪法第 33 条第 2 款就规定，"中华人民共和国公民在法律面前一律平等"。但是，"权利是与主体相关的"。[2] 传统权利平等观念仅仅适用于"公民"，而不适用于法人、机器人等主体。在机器人权利

---

① 参见刘作翔《权利平等的观念、制度与实现》，《中国社会科学》2015 年第 7 期。
② Jeremy Waldron, "Rights in Conflict," 99 *Journal of Ethics* 3, 1989, p. 503.

问题上，平等保护往往意味着国家需要在不区分机器人功能的情况下，给予机器人同等的法律地位。这种保护方式显然是不切实际且缺乏效率的。对于机器人而言，其所具有的社会价值仅仅反映为它的功能。当机器人寻求功能以外的权利保护（如医疗机器人寻求交通权保护）之时，国家和公民就会缺乏足够的保护意愿，毕竟立法者需要考虑权利保护的公共资源支出及优化配置问题。因此，机器人权利的功能分化属性不仅没有违背“权利平等”的现代法治观念，还同国家公共资源的运用逻辑保持着一致性。

三　机器人权利的基本类型

传统上，基本权利被认为是公民权最基本、最核心的组成部分，通常由宪法加以规定。[①] 但也有学者认为，基本权利源自其价值的普遍性、基本性，而非必须具备“经过国家制定法认可”这一程序。“通过具体价值的普世性直接推导它的基本权利属性”，也可以确立为基本权利。[②] 其典型例证就是美国联邦最高法院对同性之间婚姻合法性的解释，直接改写了婚姻权利的基本构成。[③] 上述观点的对立表明，基本权利的确立或许依赖于宪法文本的明确规定，但其存在的基础主要来自权利的基本价值以及普遍性。因此，对机器人基本权利的探讨，实际上可以归结为对机器人普遍存在哪些权利的追问。在此意义上，机器人权利的基本类型，往往体现为机器人生存所必需的保障。

（一）数据资源的共享权利

机器人的社会化应用，在很大程度上依赖于大数据、决策技术和算法的交互使用。而且，没有哪一个机器人能够脱离庞大的数据集来做出科学的决断。为此，机器人的首要基本权利应当是保障机器人功能实现的数据共享权利。在此，“共享”是指机器人同数据所有人共同享有数据使用权、

---

① 参见周永坤《论宪法基本权利的直接效力》，《中国法学》1997 年第 1 期。
② 参见夏正林《论基本权利的一般性和特殊性》，《法学评论》2012 年第 5 期。
③ Obergefell v. Hodges, 135 S. Ct. 2071（2015）.

知情权的一种数据使用模式。但目前来看，机器人的数据共享权利同其他法律主体的权利保障之间具有明显的冲突。一方面，由于数据资源内含商业价值（商业机密）和个人隐私，社会公众和商业组织会极力捍卫自身的数据权利，并积极向国家寻求权利（如个人信息权、被遗忘权、虚拟财产权等）保护，从而抑制机器人共享数据的范围。这显然不利于机器人社会功能的实现。另一方面，机器人的社会化应用严重依赖于数据分析。在缺乏足够的数据共享基础和数据甄别能力的情况下，机器人对大数据的应用可能遭遇诸多侵权风险。为此，国家和公民要在数据权利和数据共享问题上做出"中道的权衡"。①

法律究竟是保护公民的数据权利，还是支持机器人的权利共享需求呢？对此，做出任何选择都有可能招致另一方的强烈反击。在这种情况下，我国"数据流量资费"的发展历程或许会带给我们更为直观的启发。众所周知，数据流量是移动通信运营商针对掌上互联设备（如手机）所提供的有偿网络服务，在我国有着数量巨大的用户群体。但是，随着人们使用数据流量的增加，移动通信运营商不仅未保持数据流量的高价位，反而从 10.24 元/MB 下降为 0.29 元/MB。② 诱发流量资费变化的因素固然包括市场竞争和国家宏观调控，但更主要的因素却是数据流量所引发的消费模式变革。后者所带来的社会收益远比流量本身的价值更为巨大。同理，大数据在当下或许具备无法估计的商业价值，但随着老龄化社会的到来，机器人所带来的社会变革远非数据价值所能衡量。除此之外，各国法治实践业已表明，在推动数据权利保障的同时，各国也在大力推动数据资源的社会共享。例如，我国贵阳市施行的《贵阳市政府数据共享开放条例》，以地方性法规的形式确立了政府数据的社会共享；美国国家卫生研究院（National Institutes of Health）发布的《数据共享政策与实施指南》旨在督促公共和私有科学数据的共享；③ 加拿大非营利医疗机构 Infoway 致力于建

---

① 〔古希腊〕亚里士多德：《政治学》，吴寿彭译，商务印书馆，1965，第 169 页。
② 数据源自中国移动通信公司 2009～2016 年关于调整国内移动数据流量标准资费的公告。
③ 参见完颜邓邓、高峰《英美澳科学数据存储与共享平台建设现状调查及启示》，《图书馆建设》2016 年第 3 期。

立全国共享的电子健康数据平台。① 由此观之，私权领域的数据权利保护仅在公权领域获得了极小的胜利，"数据共享"才是未来发展的主要趋势。在此意义上，法律应当从以下两方面做出有益尝试：一方面，建立明确的数据保密等级与公开等级，并保护公民、商业组织的数据隐私权或商业秘密；另一方面，要积极推动各类数据资源的社会共享，肯定机器人的数据共享权利，减少人机权利冲突。

（二） 个体数据的专有权利

如果说数据共享权利旨在解决机器人的群体生存问题，那么，个体数据的专有权利则致力于实现机器人个体的法律保护。比较机器人的个体差异可以发现，传统意义上的形体识别模式由于机器人可复制性的影响，在机器人身份识别上已经缺乏准确性。目前，判断机器人个体身份的方法主要包括机器人编号以及它的特有数据。前者较为隐蔽且缺乏识别效率，例如人类很难通过记忆身份证号码或手机号码的方式来识别他人；后者则属于机器人的专有数据，并较强地保留了机器人的个体差异。因此，个体数据的专有权利既是对机器人独特身份的保护，也是机器人分化出其他人身权与财产权的基础。当然，这同人类人身权、财产权的基本权利属性形成了较大反差，由此可能招致人们的强烈反驳。那么，机器人人身权与财产权是否能够成为一种基本权利呢？公允地讲，基于数据差异所形成的机器人人身权与财产权，的确属于机器人的主要权利，但非基本权利。原因在于，作为一种人工智能产品，机器人的人身权外化为人类的财产权，而其财产权则表现为个体数据专有权、使用权。考虑到机器人无法对自己主张财产权，机器人个体数据的专有权利就成为机器人人身、财产保护的基本权利。因此，个体数据专有权将构成机器人人身权、财产权的权利基础。

值得反思的是，机器人的数据专有权利能够有效对抗机器人使用者吗？或者说，机器人使用者能够自由使用机器人的专有数据吗？对此，"专有数据"的概念将成为解答这一疑问的关键。一般认为，专有数据是指只属于某个主体或某类主体的可识别符号的统称。考虑到机器人超高的科技属性以及

---

① 参见马灿《国内外医疗大数据资源共享比较研究》，《情报资料工作》2016 年第 3 期。

主体差异，机器人专有数据可以分为以下几种类型。一是生产商所掌握的专有数据。这部分数据主要包括机器人的内部构成及技术函数。二是机器人销售商（兼服务商）所植入的功能优化型专有数据。这类数据主要针对客户的不同需求，改善机器人的服务事项。三是机器人应用过程中获取的专有数据，主要是指机器人基于服务功能所获取的所有权人的信息数据。对比上述三种专有数据类型可以发现，机器人的数据专有权利分别指向生产商、服务商的专利权以及所有权人的个人信息权。为此，机器人的数据专有权利是一项排他性权利。它既排除生产商、销售商以及所有权人之外其他人对机器人专有数据的使用权，也排除了前述三类主体之间的数据交叉使用。

（三）　基于功能约束的自由权

一般而言，自由权是公民自由地做出某种行为或者不做某种行为的权利。它非经公共利益的需要，理论上不应受到任何限制。为此，自由权在现实社会中分化出四层运行规则。首先，自由权依赖独立的意识，用以生成作为或不作为的判断。其次，自由权外化为做或者不做某事的行为，从而影响社会中人与人的关系构成。再次，自由权并非完全自由。霍布豪斯认为，"法律就不能保证所有的人都享有自由"。[①] 它要受到公共利益的约束，并在权利冲突时做出权衡。最后，人们应当对自由权的行使承担法律责任。由于机器人与人类共享同一个法律体系，上述自由权运行规则同样适用于机器人领域。但是，有学者质疑机器人能否基于独立的意识来行动，这也是机器人获得自由权利的最大障碍。事实上，AlphaGo、无人驾驶汽车、苹果手机（Siri）等机器人基于自身的算法、决策能力以及网络数据，已经具备了一定的"思维能力"。而且，康奈尔大学人工智能实验室的研究发现，人工智能机器人在无须预先录入指令的情况下，已经能够在一定程度上自主地进行学习、交流。[②] 尽管它无法同人类的意识相媲美，但在特定功能的范围内，机器人已经能够自主地决定是否从事某种行为。更为重要的是，机器人自由权的行使依赖于法律的权利拟制，而非独立的

---

① 〔英〕霍布豪斯：《自由主义》，朱曾汶译，商务印书馆，1996，第10页。
② 参见张力钊《机器人法官来啦》，《商业观察》2016年第1期。

"思维意识"。其社会功能才是真正约束机器人自由权的重要尺度。根据机器人的运行逻辑，机器人可以以功能实现的目标，基于自身的算法和决策能力，自主地做出某种行为。无论其自主能力能否承担法律所赋予的权利，机器人的具体功能都将对它的行为、权利施加限制。例如，新闻写作机器人可以行使自由写作的权利，但不可行使医疗权利。或许机器人尚无法主动要求自由权的行使与保护，[①] 但根据功能的需要，机器人自由权将成为孕育和生成机器人主要权利的基础。

（四） 获得法律救济的权利

机器人基本权利的实现不仅要求国家提供强有力的法律保障，同时也需要国家给予足够的法律救济。古谚有云，"无救济则无权利"。在缺乏法律救济权的情况下，任何侵犯机器人权利的行为，都难以受到应有的惩罚。为此，罗伯特·艾克塞罗德认为，是否有稳定的惩罚机制是决定一条法律规则是否真正存在的主要依据。[②] 对于机器人而言，惩罚机制只是立法者针对侵权行为所预先明示的制裁措施，真正启动惩罚程序的是机器人获得法律救济的权利。戴维·沃克将法律对权利的"救济"视为"一种纠正或减轻性质的权利，这种权利在可能的范围内会矫正由法律关系中的他方当事人违反义务行为造成的后果"。[③] 也就是说，完整的权利保障机制包括两方面：一是实体权利，这是引发权利保障、抑制侵权行为的基础；二是获得法律救济的权利，它是机器人启动惩罚机制的权利。在私权领域，救济权可以转化为机器人及其所有权人要求侵权人停止侵权、恢复原状、赔偿损失的权利。而在公权领域，救济权则表现为机器人要求国家纠正或减轻侵权后果的权利。由此来看，机器人获得法律救济的权利，既是真正落实其他权利的保险机制，也是对侵权行为的一种警告。

---

① Hilary Putnam, "Robots: Machines or Artificially Created Life," 61 *Journal of Philosophy* 21, 1964, pp. 668 – 691.

② Robert Axelrod, "An Evolutionary Approach to Norm," 80 *The American Political Science Review* 4, 1986, pp. 1095 – 1111.

③ 〔英〕戴维·沃克：《牛津法律大辞典》，北京社会与科技发展研究所译，光明日报出版社，1988，第764页。

四 我国如何应对机器人权利引发的社会风险

机器人权利是一把"双刃剑"。作为一种机器人保护机制，机器人权利会压缩人类的活动空间，进而威胁人类的安全（这也是伦理学家对人工智能的研发持反对态度的主要原因）；① 而作为一种社会发展手段，赋予机器人权利有助于弥补法律体系同机器人社会化应用之间的裂痕，缓解老龄化社会所带来的劳动力短缺问题。这就意味着，为了保障人类的安全，国家不得不抑制机器人的研发，并因劳动力短缺问题放缓经济发展速度。反之，国家赋予机器人权利就要被迫限缩公民的权利（如信息权、劳动权、著作权等），进而改变原有的"权利—义务"分配方案。从《国务院关于印发新一代人工智能发展规划的通知》的指导要求来看，通过法律拟制的方式赋予机器人权利、深化人工智能法律法规已经成为时代发展的必然趋势。在此趋势下，我国应当积极应对机器人权利所带来的法律挑战，竭力降低机器人权利所带来的社会风险。因此，明确机器人权利边界及其法律保留、加强法律与机器人伦理规范的衔接、完善机器人权利监督体系就成为我国建设社会主义法治国家、全面实现依法治国的重要任务。

（一） 机器人权利的边界及其法律保留

机器人权利所引发的法律不周延性，给我国现行法律体系的正常运行带来了巨大的挑战。它不仅影响到我国公民之间、公民与国家之间的法律关系，还给国家治理、政治生态以及社会稳定等宏观法治秩序带来了安全风险。因此，我国在机器人权利的拟制上，应当明确必要的权利边界。从立法技术角度来看，无论是采取"例示规定"还是"列举式"的立法方法，② 都会引发机器人权利的不可穷尽性难题。与之相反的是"法律保留"。尽管法律保留难以明确机器人权利的具体内容，却能够在限定机器

---

① 《霍金预言终结人类三大方式 人工智能成首要威胁》，科技讯网，http://www.kejixun.com/article/201606/178266.html，最后访问日期：2021 年 7 月 21 日。

② 参见刘风景《例示规定的法理与创制》，《中国社会科学》2009 年第 4 期。

人权利边界上带来更好的效果。因此，根据机器人社会化应用的需求，"法律保留"不失为一种限制机器人权利的绝佳方案。

一是政治权利的法律保留。对于国家而言，政治权利是"公民依法享有参与国家政治生活，管理国家以及在政治上表达个人见解和意见的权利"。① 它关乎国家政治生活、政体以及治理形式等重大政治问题。尽管当前机器人的数量尚不足以改变我国的政治格局，但由于机器人的生产率远远高于我国的人口出生率——人口老龄化会进一步缩小人机数量差异，我国公民在政治问题的投票上可能丧失数量优势，进而失去国家的控制权。因此，无论机器人如何影响我国的社会经济文化发展，法律都不能赋予机器人政治权利。

二是自我复制权利的法律保留。机器人的自我复制，是指机器人非依据研发者和生产者的指令，自主生产人工智能产品的活动。目前，由于 3D 打印技术日渐成熟，机器人的自我复制已经不再是一个技术难题。② 但是，技术上的可行并不意味着法律上的许可。机器人的自我复制会扰乱我国机器人市场秩序，降低机器人资源的社会配置效率。更重要的是，机器人的自我复制权会改变我国社会中人机数量对比，进而引发我国公民的生存危机，严重危及我国的社会稳定与国家安全。除此之外，自我复制权构成机器人社会权利的基础。借由自我复制权的合法性，机器人可以衍生出"生育""婚姻""家庭""族群"等社会权利及相应的社会角色。显然，机器人的角色分化不利于其功能的有效实现，更有悖于人类社会的发展规律。因此，机器人的自我复制权应当纳入法律保留事项范围内。

三是紧急避险权的法律保留。紧急避险是一方为了防止人身、财产或其他权利免受正在发生的危险，而牺牲另一较小合法权益的行为，其内在逻辑是"两害相权取其轻"。③ 也就是说，紧急避险仅适用于两种损害能够

---

① 许崇德：《中华法学大辞典》（宪法学卷），中国检察出版社，1995，第 788 页。

② 参见〔美〕胡迪·利普森、梅尔芭·库曼《3D 打印：从想象到现实》，赛迪研究院专家组译，中信出版社，2013。

③ 有学者认为，紧急避险是一种正当避险形式，它的客观要件是"所保护的必须大于所损害的"。这暗合"两害相权取其轻"的内在逻辑。参见马荣春《中立帮助行为及其过当》，《东方法学》2017 年第 2 期。

做出衡量的情况，哪怕衡量结果存在些许误差。但对于机器人而言，紧急避险权可以成为机器人放任他人财产损害危险的正当性理由，却无法适用于公民人身危险。根据艾萨克·阿西莫夫的观点，机器人的社会化应用应当遵循三大定律：定律Ⅰ，机器人不得伤害人类，或者放任人类受到伤害而不作为；定律Ⅱ，机器人必须服从人的指令，除非违反定律Ⅰ；定律Ⅲ，在不违反定律Ⅰ、定律Ⅱ的前提下，机器人必须保护自己。① 其深层逻辑是，机器人有保护人类生命健康和保护自己（他人的财产）的义务。当我国公民、社会组织或者国家财产遭受损害危险时，机器人或许能够通过"两害相权"来规避自身损害——专门的救援型机器人除外，但在我国公民人身正在遭遇危险的情况下，机器人的价值无法同人的生命健康价值相权衡。为此，对于涉及我国公民人身安全的危险活动，机器人不因功能差异而享有紧急避险权。与此同时，我国应当建立机器人强制保险机制，以弥补机器人利他主义救助行为所遭受的损失。

（二）　加强法律规范与机器人伦理规范的衔接

机器人权利是机器人伦理不断发展的产物。一般认为，机器人伦理是约束机器人研发者或研发机构科研活动的伦理规范，其实质是保障人类利益，促进人类社会的健康、有序发展。在机器人发展之初，伦理规范的确能有效维持研发活动的合道德性，这也证明了为什么工业机器人、无人驾驶汽车、智能扫地机器人等类型的机器人较早得到研发，但随着社会需求的不断提高，家用机器人、暴力型机器人的研发开始突破伦理规范的限制，传统上关于机器人伦理问题的担忧逐渐转化为现实问题，例如老年人对陪护型机器人的情感依赖、② 儿童对宠物型机器人的过度关怀、③ 虐待机

---

① 〔美〕艾萨克·阿西莫夫：《机器人短篇全集》，汉声杂志译，天地出版社，2005，第273页。

② 罗伯特·斯帕罗和琳达·斯帕罗的研究发现，用陪护型机器人代替人类护理者的方式，会减少被护理者的交流机会。这有可能损害被护理者的健康。参见 Robert Sparrow, Linda Sparrow, "In the Hands of Machines? The Future of Aged Care," 16 *Minds and Machines* 2, 2006, pp. 141–161。

③ 在2010年，日本授予宠物机器人"帕罗"（Paro）以"日本户籍"，而其发明人在户口簿上显示为"父亲"。参见 Jennifer Robertson, "Human Rights vs. Robot Rights: Forecasts from Japan," 46 *Critical Asian Studies* 4, 2014, pp. 571–598。

器人、机器人杀人等。这意味着机器人伦理开始丧失规范作用，在这种情况下，我国必须借助法律规范来建立稳定、有序的机器人权利、义务和责任体系。当然，这并非说机器人伦理规范已然可以退出历史舞台。恰恰相反，机器人法律规范的制定只是弥补机器人伦理规范的部分缺陷，二者的衔接与沟通才是我国规制机器人权利风险的最佳模式。

机器人权利、义务、责任的法制化，应当遵循人工智能发展的阶段性特征，逐步扩大机器人法律的规制范围。首先，我国应当率先创制人工智能的基础性法律。长期以来，关于机器人伦理问题的争论都被归结为机器人研发方向上的差异，却忽略了我国人工智能基础性法律的缺失问题。在机器人伦理问题日益严峻、社会化应用程度不断提升的当下，我国应当针对机器人研发与应用的现实需要，率先出台人工智能的基础性法律，以规范机器人研发、应用中的伦理问题。其次，针对部分应用基础较好的机器人，我国应当加快制定专门的安全管理规定。目前，我国在智能驾驶、服务型机器人的社会化应用上，伦理问题较少且社会化程度较高，唯独在安全管理问题及法律责任方面缺乏明确的法律规制，例如智能驾驶汽车的交通安全隐患，以及其引发交通事故的法律责任等。[①] 因此，对于设计成熟、应用化程度高的部分机器人，我国可以制定专门的安全管理规定，以应对日益增加的智能机器人法律纠纷。最后，制定机器人科研、审查的行业规范。作为一种具有行为约束力的内部准则，机器人行业规范能够有效提升科研机构、科研人员、审查人员的道德自律性，树立 "维护国家与公民权益" 的基本宗旨。同时，行业规范还能够为机器人的研发、应用确立一种框架性制度，使机器人研发符合宪法法律的基本规定。尽管上述措施无法解决所有的机器人伦理问题，但法律规范同机器人伦理规范的衔接，将极大提升机器人研发、审查、应用的规范性。

（三） 建立机器人监管机制

在人工智能飞速发展的当下，我国不但要谨慎地赋予机器人权利，还

---

① 参见 Nick Belay，"Robot Ethics and Self-driving Cars: How Ethical Determinations in Software will Require a New Legal Framework，" 40 *Journal of the Legal Profession* 1，2015，pp. 119 – 130。

要积极地强化机器人的监管机制。从法律监管体系来看，我国主要采用领域性、行业化的分类监督模式（例如食品药品监管、金融监管、市场监管等），监管力量分散且专业性问题突出。这显然无法适用于机器人权利的法律监管：首先，机器人监管对专业性知识的要求很高，而目前我国设立的监督机构尚不具备机器人监管条件；其次，尽管机器人能够按照"功能"被划分到各个领域，却无法解决人工智能专家的配置问题，也变相导致监管力量的分散；最后，我国目前不宜采取较大幅度的监管体制变革，这样既缺乏效率又容易造成监管体制的动荡。① 为此，我国在保障机器人权利的基础上，应采取渐进式的监管模式。（1）设立独立的机器人监管机构。面对机器人所带来的机遇与挑战，专门性机器人监督机构的优势在于，它能够统一行使机器人伦理、研发、应用以及安全等方面的监管权力，实现对人工智能领域内部的全面监控。这不仅有利于提升监管权力的运行效率，还能保证"政出一门"，避免职能推诿现象的发生。（2）建立机器人强制登记制度。前文已述，编号及数据差异构成机器人身份识别的主要依据。即便机器人的数据遭受破坏，其编号也能提供机器人的身份信息，从而为确定各方权利义务关系、明晰法律责任提供证据。所以，我国应当建立机器人强制登记制度，确保机器人在推向社会之前获得唯一的编号。这既是机器人权责追溯的必要保证，也是确立个体机器人法律主体地位的基础。（3）确立机器人分级监管模式。根据机器人的功能差异，其可以分为生产型机器人、服务型机器人和暴力型机器人。前两者的社会风险较小，但伦理问题突出；后者的社会风险较大，伦理难题极易转化为法律问题。为此，我国在实施机器人监管上，应当根据机器人社会风险和伦理问题的不同，采用分级监管、重点治理的模式，优化机器人的监管效率，减少机器人社会化应用中的潜在风险。

综上，就权利谱系而言，机器人权利重新印证并发展了人类社会延续两千余年的"实力界定权利"理论。该理论直观地表现为法定权利确立过

---

① 美国白宫关于"人工智能发展"的研究报告显示，目前对机器人的监管应当以稳健为主，循序渐进地改革国家监管体制。参见曹建峰《十项建议解读欧盟人工智能立法新趋势》，腾讯研究院网站，http://www.tisi.org/4811，最后访问日期：2021年7月21日。

程中主体实力的强弱变化，也体现出达尔文物种进化论在法律领域的又一次胜利。但是，人们无须惊恐于机器人权利所带来的人类危机。在功能因素的影响下，机器人权利更多体现为国家对人工智能的必要保护，以及人们为了适应人工智能时代所做的自我改变。因此，当下最重要的问题不在于机器人权利会给人类带来多少危机，而是人类究竟采用何种眼光看待机器人的社会定位和角色问题。[①] 在机器人社会化应用不可避免的情况下，我国（乃至世界各国）应当肯定机器人的法律主体地位，赋予机器人必要的权利，并积极迎合人工智能时代的社会发展趋势。或许在短时期内，机器人权利、机器人立法难以展现出社会效果，但在人类社会迈向人工智能时代的转折期，上述努力至少有助于保证我国人工智能的顺利发展，提升国家的科技竞争力。

---

① 参见封锡盛《机器人不是人，是机器，但须当人看》，《科学与社会》2015 年第 2 期。

第三章
人工智能时代法律原旨主义的解释性反思*

　　人工智能技术正在全球范围内掀起法律治理模式的变革。作为人类社会的伟大发明，人工智能技术不仅推动了人类社会的整体进步，也存在巨大的社会风险。它既包括"技术—经济"决策导致的非理性风险，也包括法律保护下科技文明本身的风险，由此导致科技风险逐步转化为具备共生性、时代性、全球性特点的社会风险。同时，人工智能技术给当下的法律规则和法律秩序带来了一场前所未有的挑战，在民商法、著作权法、侵权责任法、人格权法、交通法、劳动法等诸多方面，均与现有法律制度形成了鲜明冲突，凸显法律制度供给的缺陷。对于人工智能技术引发的负面影响，我国有必要采取制度化的风险防范措施，即预防性规制和因应性制度，进而形成制度性、法治化、现代化的社会治理体系，引导人工智能技术合法、安全地发展。而在建设中国特色社会主义法治国家的进程中，法律成为人们辨别是非、区分善恶的重要规范。即便人们并不知道法律的具体内容，也往往能依据世代传承的社会共识（排除明示性除却事由的影响，人们信任前人的行为方式能够为后人所适用），来判断自身行为的合规范性。这也正是社会共识弥补法治弊端的重要意义。

　　然而，社会共识下的行为规范性并不总是同法律文本的规范性相统一。例如，人们在社会生活中对于"枪支"这样一个基础性科技产品的理解，就同法律意义上的"枪支"概念发生了明显的冲突，由此引发了"赵

---

　　* 本章内容曾发表于《法律方法》2018 年第 1 辑。

春华非法持枪案"等一系列超越社会共识的法律事件。从规范主义视角来看，上述案件所涉及的行为确实触犯了法律的相关规定。所以，司法机关的判决是于法有据的。而从社会公众的角度出发，利用玩具枪摆摊打气球的行为，仅是一种娱乐活动，远未触及刑法规范。但吊诡之处在于，司法机关对"枪支"的解释已经从单纯的杀伤性武器扩展至宽泛的枪形物品，由此引发了社会共识同法律规范之间的冲突问题，[①] 以及人们对司法机关"咬文嚼字"的批评。[②] 这是"赵春华非法持枪案"产生巨大社会影响的诱因之一，却非唯一的症结。隐藏在该案件背后的真实难题是原旨主义解释（方法）的司法适用问题。原旨主义的解释旨在维护法律文本的至高权威，坚持从法律文本反映出来的语义、意图、目的等要素出发，探究立法者的意图。但应当警醒的是，原旨主义解释一方面严格按照法律文本的语义加以裁判，不仅能够保证法治的统一性，还能够有效地实现社会秩序的稳定，降低暴力犯罪的发生概率；另一方面，它又通过"高位阶文本—低位阶文本""文本—语词"的语义推敲，转换语词的法律界限，进而扩大法律的控制范围，在"赵春华非法持枪案"中突出表现为国家对枪支犯罪的打击范围，甚至可能波及整个枪型物品产业链。由此来看，"赵春华非法持枪案"所透露出来的严格的"枪支界定标准"，仅仅表明法律对待暴力犯罪的打击力度，而隐藏在"赵春华非法持枪案"背后的法律解释原理，才是该类案件所反映出来的核心难题。

一　原旨主义解释的实践难题

原旨主义解释方法是一套借助文字表意系统，并经由语义与（立法）历史要素交织而成的解释方法。在世界各国的司法实践中，原旨主义解释方法被运用的频率是最高的。原因在于，它能够直接通过法律文本的解

---

① 吴英姿认为，社会公众对司法的期待同司法实践的吻合度将直接影响司法的社会认同程度。参见吴英姿《论司法认同：危机与重建》，《中国法学》2016 年第 3 期。

② 经过心理学实验可以得知，语词意义的模糊性常常导致社会公众同法官之间的认知差异，并由此增加"息讼止争"的难度。参见张玉洁《法律文本中模糊语词运用的认知差异及立法规制》，《广州大学学报》（社会科学版）2017 年第 11 期。

读，来发现和解释立法者的规范意图。相较于扩充解释、限制解释而言，原旨主义解释具有高效且高说服力的优点。因此，自 20 世纪 50 年代开始，美国法学界以及司法实务界对原旨主义解释表现出高度的热忱。按照保罗·布瑞斯特的观点，原旨主义解释是指"依据制宪者的意图或者宪法条文的含义来解释宪法"的方法。① 而且，受到原旨主义解释自身发展的需要，其所解释的对象已经不限定于宪法文本，而是扩展至整个法律体系。但是，原旨主义解释的理论进步常常遭遇司法实践的抵抗，甚至将法官裁判置于两难境地。本部分选取"赵春华非法持枪案"作为分析对象，通过观察案件裁判过程中原旨主义解释方法的适用难题，来解释现代司法对传统原旨主义解释的排斥。案例概要如下。

> 2016 年 8 ~ 10 月，赵春华女士在天津市河北区李公祠大街经营一个"用气枪打气球"的游戏摊位。其中，摊位设置了可正常发射塑料子弹的枪形物品 9 把。2016 年 10 月 12 日 22 点左右，公安巡查人员以违反国家对枪支的管理制度、非法持有枪支为由，将赵女士抓获归案，并当场查获 9 支涉案枪形物品及若干塑料子弹。后经天津市公安局证物鉴定中心鉴定，有 6 支涉案枪形物品属于"以压缩气体为动能、可正常发射的枪支"。同年 12 月 27 日，天津市河北区法院一审判决赵春华非法持有枪支罪成立，并判处有期徒刑三年六个月。② 随后，赵女士以"量刑过重"为由提起上诉。2017 年 1 月 26 日，经天津市第一中级人民法院的二审审理，维持一审法院所定罪名（"非法持有枪支罪"），但因情节轻微，改判赵女士有期徒刑三年，缓刑三年。

上述案件从表面上来看是司法机关的量刑合理性问题，但实际上反映出关于"枪支"的社会共识同不确定法律概念之间的巨大差异。众所周

---

① Paul Brest, "The Misconceived Quest for the Original Understanding," *Boston University Law Review* 60, 1980, p. 204.
② 天津市河北区人民法院刑事判决书：（2016）津 0105 刑初 442 号 [Z]。

知，法律文本是由语言文字组合而成的表意系统。在原旨主义解释论者看来，司法机关解释的焦点在于法律文本中的明确语词，而那些文本含义较多且语义界限并不清晰的法律概念显然无法为法律解释提供助力。① 然而，法律解释过程及司法实践证明，原旨主义解释从来不是针对明确语词来进行的，因为明确语词几乎无法为解释提供任何语义扩张空间。相反，不确定法律概念虽然难以显示立法者的目的、意图以及文本含义，却恰恰充当了法律解释的语义空间。由此可见，原旨主义解释看似在追寻立法时的真实情境，实际上却无法为解释行为提供圆满解答，甚至有可能违背立法原意。下面以"赵春华非法持枪案"为样本，来分析原旨主义解释的规范性问题。

传统的原旨主义解释只能容忍两种解释进路的存在：一是依照法律文本进行严格解释的进路，即以法律文本为解释对象，并且解释范围局限于文本的可选择语义范围之内；二是历史解释的进路，即以法律文本为原点，企图以历史的视角来追溯立法当时的具体意图。② "赵春华非法持枪案"中对"枪支"概念的解释，首先就遵循了前一种解释路径，并将"枪支"的定义限缩在文本语词的简单理解上。按照我国《刑法》第128条、《枪支管理法》第46条的规定，枪支是指"以火药或者压缩气体等为动力，利用管状器具发射金属弹丸或者其他物质，足以致人伤亡或者丧失知觉的各种枪支"。由此来看，天津赵女士摆摊所设置的枪形物品，完全符合"以压缩气体为动力""利用管状器具发射""发射某种物质"的形式要件，但一审法院对"足以致人伤亡或者丧失知觉"的界定，则源于公安部2010年印发的《公安机关涉案枪支弹药性能鉴定工作规定》，即"对不能发射制式弹药的非制式枪支，按照《枪支致伤力的法庭科学鉴定判据》（GA/T 718 - 2007）的规定，当所发射弹丸的枪口比动能大于等于1.8焦耳/平方厘米时，一律认定为枪支"。由此来看，"即便法官有意适用公安部的前述两个规范性文件，他也能够在法律解释的流程中发现适用部门规

---

① William N. Eskridge, *Dynamic Statutory Interpretation*, Cambridge：Harvard University Press, 1994, p. 208.

② William N. Eskridge, "Dynamic Statutory Interpretation," 135 *University of Pennsylvania Law Review* 6, 1987, pp. 1479 - 1555.

章可能引发的不良社会后果。"① 另据《刑法》第 128 条、《最高人民法院关于审理非法制造、买卖、运输枪支、弹药、爆炸物等刑事案件具体应用法律若干问题的解释》（以下简称《枪支问题的解释》）第 5 条之规定，天津赵女士用玩具枪摆射击气球摊位的行为的确符合法律文本所言明的"非法持有枪支罪"的构成要件，依法应当被判处"三年以上七年以下有期徒刑"。然而，该案所适用的文本解释方法忽略了这样一种事实：语言总是无法全面且真实地表达纷繁复杂的社会现实。倘若简单的文本解释能够清晰地发现法律条文中所蕴含的法律意义，那么，以法律文本为依据展开的文本解释当然具备司法适用的正当性。但问题在于，原旨主义解释往往无法解决那些疑难案件中的概念界定难题，如"广州许霆案"中盗窃概念的界定、"宜兴胚胎案"中继承概念的界定、"深圳鹦鹉案"中野生动物的界定等，而这些案件又恰恰需要从语词解释上发现法律。因此，原旨主义解释在面对疑难案件的概念界定难题时陷入了语义不确定性困境。

受制于语义的不确定性，法官必然借助法律文本的语境加强解释的说服力。为此，法律文本所透露出来的立法者意图和立法目的就成为法官分析语境的重要参照。埃斯克里奇认为，"立法者的真实意图"是法律解释的起点和终点，它是以法律文本为基础来展开的。在探寻立法者意图上，法官被假定为具备理性认知的一类人，即能够"以理性的方式追求理性的目标的理性人"。② 并且，法官同立法者拥有共同的社会经验、语言习惯和思维方式。在这种假设性前提下，法官就能够通过法律文本中"明显含义"的分析来发现立法者的意图。然而，对立法意图的探寻表现出某种超现实主义和浪漫主义倾向。在"赵春华非法持枪案"中，法官对枪支概念"明显含义"的探寻，遭遇了四种障碍。（1）语境的变化导致立法语言的语义转换。法官除非能够准确地把握立法当时枪支管制的具体情况，否则其对立法意图的解释是有待商榷的。（2）假设法官能够获知立法时的具体情境，但是对于"赵春华非法持枪案"而言，《刑法》《枪支管理法》的

---

① 魏治勋：《司法判决与社会认知的冲突与弥合——对理解"天津老太非法持枪案"两种范式冲突的反思》，《东方法学》2017 年第 3 期。

② William N. Eskridge, *Dynamic Statutory Interpretation*, Cambridge：Harvard University Press, 1994, p. 26.

制定者是否认同 "玩具枪" 构成法定意义上的 "枪支"，也未能得到明确判断。（3）即便法官从法律文本的明显含义出发，来发现 "非法持有枪支案件" 中的立法者意图，但他无法保证对 "枪支" 的认定未掺杂个人偏好在内。毕竟相较于法律制定过程中的民主参与程度以及民主程序，法官的解释过程则表现出更强的专断性、主观性。（4）《枪支管理法》的出台显然是立法主体之间多次博弈的结果。在立法主体人数众多的情况下，法官所获知的 "立法意图" 能否体现多数立法主体的决策倾向是无法判断的。鉴于上述四种解释障碍，法官以意图解释的方法来阐明 "枪支" 的外延时，显然需要更充分的解释来提升说服力。

不仅如此，法官也试图通过立法目的来佐证原旨主义解释的规范性。目的论者认为，当法律概念模糊难以确定内涵、外延时，司法机关可以从立法的目的出发，明确 "法律究竟在规范何种行为"。而且，司法机关基于立法目的所采取的演进式解释，能够发现立法机关对社会行为的合理预期。[①] 由此发现，立法目的的司法探寻隐藏了以下两种假定条件：（1）任何法律条款都是可以依从立法目的进行解释的；（2）法律文本已经为解释活动提供了立法目的。基于上述两种假设，原旨主义解释对不确定法律概念的界定就更为灵活。但问题在于，立法目的也会传递某种模糊信息（或者说 "立法片段"），令法官产生如下错觉：立法者基于某种目的而将一种行为规定为犯罪，那么遵从这种目的路径的演进，与其相近似的行为同样也会被视为犯罪行为。例如，我国《刑法》《枪支管理法》对 "枪支" 的管控是以降低社会危险性为目的的。因此，公安部门将认定枪支的标准确定为 "枪口比动能达到 1.8 焦耳/平方厘米以上"，相较于美国的 78.6 焦耳/平方厘米、日本的 20 焦耳/平方厘米，我国所确立的枪支界定标准明显偏低。鉴于天津赵女士所持有的游戏枪形物品枪口比动能在 2.17 焦耳/平方厘米至 3.14 焦耳/平方厘米之间，属于国家对枪支的管控范围，故一审法院判定赵春华构成 "非法持有枪支罪"。但上述解释缺乏足够的客观标准来证明以下事实，即他们所寻获的立法目的既是真实的立法目的，也符

---

① 参见〔英〕威廉·布莱克斯通《英国法释义》（第一卷），游云庭、缪苗译，上海人民出版社，2006，第 72~73 页。

合社会共识。因此，就目的解释方法而言，法律文本所渗透出的立法目的似乎更容易成为法官自由裁量权的"挡箭牌"。

综上所述，原旨主义解释对法律文本的敬畏，虽然保证了司法机关依法履行裁判职能，但也受到部分不确定法律概念的影响，形成了开放性、主观式的司法解释进路。在"赵春华非法持枪案"中，立法机关对刑法文本中的"枪支"概念未加明示，从而导致社会公众、执法机关、司法机关的理解不一。面对此种诘难，司法机关企图以一个"解释者"的姿态来解读刑法中的"枪支"概念，并广泛援引《刑法》《枪支管理法》《枪支问题的解释》《枪支致伤力的法庭科学鉴定判据》等规范性法律文件来论证判决的合法性。虽然司法机关的裁判方法符合法律规范主义的要求，但法律解释方法同裁判方法所导致的裁判结果同社会公众的普遍认知相冲突。由此来看，规范化的原旨主义解释方法能否当然地获得正当性裁判，就成为一个亟待反思的话题。

二　原旨主义解释的规范性反思

原旨主义解释为司法机关寻找"枪支"概念的法律边界提供了一种逻辑严谨的方法，但论证逻辑的严谨性并不代表论证结果的可接受性。众所周知，原旨主义解释者将法律文本视为发现社会正常秩序的"圣经"。它可以被解读，但不可被质疑，由此导致法官在论证不确定法律概念的过程中，先验地肯定法律文本的正确性。事实上，不确定法律概念在法律文本中的运用，受制于历史时期（例如"枪支"概念在战争时期、和平时期的不同理解）以及文本语境的影响，或多或少会影响法律规范的语义范围。在法律概念的内涵和外延持续变化的情况下，法律文本的正确性很难通过原旨主义解释方法来探寻。

从法律体系的整体视角来看，原旨主义解释虽然在形式上保留了法律的规范性追求，但实质上无法满足法律同司法解释之间的逻辑自洽性（规范性的表达方式之一）。其原因在于，模糊语词的大量运用，稀释了法律条文中语义的规范性，从而导致成文法中出现了一种基于文本无法探明的行为规范。德国法理学家伯恩·魏德士认为，语义学上的"规范"可以作两种解释：一是指调整人们行为、关系的应然规范，如道德规范、行业惯例、法律规范；二是衡量事物之间客观关系的实然规范，即自然规律。① 显然，法律规范应当属于一种人为创设的应然规范，而且此种强制性社会规范的规范性源自自身的逻辑自洽性，② 并外化于法律文本与法律概念的周延性。由此可以发现规范主义在司法解释层面的以下几项特征。

（1）文本性。对于成文法而言，法律的意义是透过语言文字来体现的，并固化于法律文本的"字里行间"。韩大元曾以"宪法文本"为例说明文本性之于法律规范主义的意义。他认为，宪法文本本身难以解决宪法问题，人们应当回到宪法文本之外寻找解决路径。③ 由此观之，以语词符号来呈现的"文本性"，不仅是原旨主义解释规范性特征的表达载体，同时也是司法解释规范与否的重要反映。可以说，文本性的遵从程度直接决定了司法解释的规范化程度。④

（2）可预见性。它是人们对国家立法的一项基本要求，也是判断司法解释规范性的重要标杆。规范主义者认为，法律之所以成为人们行为的规范，就在于它预见到何种行为属于"合法行为"，何种行为属于"违法（犯罪）行为"。无法满足此种可预见性，又如何实现自身的规范性？因此，在规范主义者看来，可预见性当然构成法律规范主义的一项特征。而司法机关将"可预见性"特征从法律的表达程式中进一步发展，强调司法解释的结果同法律文本之间的可预见性。按照保罗·乔斯科的观点，客观世界的每一种事物都可以被列举穷尽，或者在可能的限

---

① 参见〔德〕伯恩·魏德士《法理学》，丁晓春、吴越译，法律出版社，2005，第47页。

② 英国法学家马丁·洛克林认为，法律规范主义关注的是法律中的规则和概念问题，并旨在通过研究该问题实现法律的逻辑自洽。参见〔英〕马丁·洛克林《公法与政治理论》，郑戈译，商务印书馆，2002，第85页。

③ 参见张伯晋《宪法学研究：规范与事实、文本与实践，何者为依归?》，正义网，http://www.jcrb.com/procura - torate/theories/academic/201212/t20121213_1008270.html，最后访问日期：2015年5月13日。

④ 对此，有学者不免以英美法系中的判例法作为反驳例证，并坚持"非文本性"并不影响法律的规范效力。实际上，反对者忽视了这样一个事实：判例法的存在同样是由许多见诸文本的判例构成的，英美法系的法官可以从中梳理出现代法治所提倡的法律精神和规则。并且，伴随着成文法与判例法的融合，美国、英国等英美法系国家制定的成文法并不在少数。因此，无论从形式特征还是实质内涵看，文本性及文本的语言意义都构成法律规范主义的一项重要特征。

度内被预见。① 因此，司法解释的规范性能够确保公民从预设法定秩序中发现自由行为的空间和不自由行为的边界。

（3）普适性。法律作为一种规范，其主要特征之一就在于它所设定的行为规则是普遍适用的（不排除存在某些倡导性条款和宣示性条款）。普适性特征确保了法律规范在所有社会公众之间得到适用。这也说明，原旨主义解释所遵从的法律文本，构成司法机关与社会公众的共同规范。那么，法官对不确定法律概念的解释，就应当符合社会公众的当然理解，否则将违背"普适性"这一规范主义特征。

基于法律规范主义的上述三种特征可以发现，由法律概念、法律原则、法律规则等要素构筑起来的法律规范体系，同原旨主义解释之间存在某种分歧。在保罗·博格赫森看来，语义规范性是人们表达某一事物具体样态的必要条件。某一语词表达之所以能够被人们所理解，是因为人们能够从该语词的正确运用过程中发现其真实意义。为此，博格赫森假定"绿"（green）的真实意义即为绿色，那么，当人们说出"绿"这个词时，其他人就能够在头脑中形成一个绿色事物的形态，而非其他颜色的事物。② 由此推之，在"赵春华非法持枪案"中，"枪支"概念的解释，割裂了法律规则与语词规范性表达的条件，进而导致人们无法预知法律究竟在规范什么。就法律适用者而言，法律文本中"枪支"概念的弱语义规范性，打破了传统立法观念中关于法律明确性的追求，并将"人们如何行为"的规范性指引置于执法者、司法者以及法律适用者的个体判断之下，使得法律从反复适用的制度性价值中脱离出来，由此导致了三种后果。一是社会公众无法凭借"枪支"概念的日常解读来预知自身行为的合法性与否。因为人们无法确信，在自己认为某一行为合法的情况下，其他人同样会做出此种判断。二是司法机关、执法机关的判断代替立法机关的判断。三是道德上的"善"与"正义"观念判断的失灵。从某种程度上来说，法律上的"善"与"正义"观念同道德价值判断是一致的，从而使得人们在不知晓

---

① 参见 Paul L. Joskow，"Commercial Impossibility, the Uranium and Westinghouse Case,"*Journal of Legal Studies* 6，1977，p. 157。

② 参见 Paul Boghossian，*Is "Meaning Normative" in Content and Justification Philosophical Papers ?*，Oxford：Clarendon Press，2008，pp. 95 – 99。

法律规定的情况下，仍然能够以道德标准来约束自身行为。然而，关于 "枪支" 概念的原旨主义解释改变了法律规则同道德标准的统一性。这不仅不会澄清法律的规范范围，甚至有可能导致法律边际区域的秩序混乱，从而动摇法律规范逻辑自洽的基础。

在 "赵春华非法持枪案" 中，法官对 "枪支" 概念的解释主要源自《刑法》《枪支管理法》《枪支问题的解释》等法律法规以及行业标准。吊诡之处在于，上述规范性法律文件并未形成逻辑自洽、合乎法理的裁判依据。（1）法官援引《刑法》第 128 条，违反枪支管理规定、非法持有枪支的行为构成 "非法持有枪支罪"。该条款显然构成了一种框架性秩序，即仅规定 "非法持有枪支" 这样一种犯罪行为，而未明确 "非法"、"枪支" 以及 "情节严重" 等核心判断标准。（2）有赖于 "违反枪支管理规定" 的语言表述，《枪支管理法》获得了 "枪支" 概念界定的授权。按照《枪支管理法》第 46 条的规定，枪支是指 "以火药或者压缩气体等为动力，利用管状器具发射金属弹丸或者其他物质，足以致人伤亡或者丧失知觉的各种枪支"。由此来看，上述定义条款进一步明确了枪支的内涵、形式要件和实质要件。其中，"以火药或者压缩气体等为动力""利用管状器具发射""发射金属弹丸或者其他物质"构成枪支认定的形式要件，而 "足以致人伤亡或者丧失知觉" 则构成枪支认定的实质要件。既然玩具气枪、水枪、仿真枪、气枪、射钉枪等枪形物体都满足 "枪支" 认定的形式要件，那么对刑法意义上的 "非法枪支" 的界定，就应当注重实质要件的解释。（3）鉴于《刑法》《枪支管理法》《枪支问题的解释》的抽象规定以及枪支认定中的专业性难题，立法机关与司法机关并未对 "枪支" 概念的外延、实质要件的解释做出明确规定，反而是由公安机关依据行业需求标明了 "（枪支）足以致人伤亡或者丧失知觉" 的行业标准。《公安机关涉案枪支弹药性能鉴定工作规定》第 3 条规定，"对不能发射制式弹药的非制式枪支，按照《枪支致伤力的法庭科学鉴定判据》（GA/T 718 - 2007）的规定，当所发射弹丸的枪口比动能大于等于 1.8 焦耳/平方厘米时，一律认定为枪支"。在 "赵春华非法持枪案" 中，由于赵女士持有的 6 支枪形物体发射弹丸的枪口比动能大于 1.8 焦耳/平方厘米，因此被一审法院判定为刑法意义上的 "枪支"，从而被一审法院判定为 "非法持有枪支"。但问题在于，上述逻辑严谨的法律推理过程，掩盖了法律本身的合法性与合理性冲突。首先，《枪支致伤力的法庭科学鉴定判据》属于推荐性行业标准，而非强制性行业标准，从而在刑事案件中的可采纳度饱受质疑；其次，行业标准能否成为犯罪与刑罚的裁判依据有待商榷，毕竟行业标准并非由民主代议制机关通过民主立法程序来制定；最后，1.8 焦耳/平方厘米的枪口比动能作为枪支界定的实质标准，明显低于美国、日本以及欧洲等国的相关规定，其合理性值得反思。

从"赵春华非法持枪案"中一审法官的原旨主义解释过程可以发现，原旨主义解释信奉法律文本所附带的"教义性"力量，并试图通过文本之间的规范性约束，来实现解释的规范性、有效性。单从《刑法》文本到《枪支致伤力的法庭科学鉴定判据》的文本推理来看，法官对原旨主义解释的运用的确符合规范性要求，且逻辑周延。但凭《枪支致伤力的法庭科学鉴定判据》的推荐性标准，人们无法触碰到法律规范性的边界所在。而且，原旨主义解释的规范性将法律的强规范性转换成一种弱意义上的解释规范性，即关注语词关联上的规范性，而忽略规则关联上的规范性。更为危险之处在于，一旦法官在运用原旨主义解释方法过程中从法律文本的解释逐步向语词解释过渡，就势必需要寻求词典的支持——无论是专业性词典还是非专业性词典，因为词典的规范性能够规避法官解释的主观性弊端，而且在社会公众心理上更具权威性。但是，词典能够拯救原旨主义解释吗？

三　词典定义能否规范科技问题的
原旨主义解释？

从法律文本的解释到（非）专业语词的解释，原旨主义解释对语词界定难题的解决逐渐回归到语词的基本认知上来。词典的出现不仅强化了单个语词解释的规范性，同时也加强了语词解释的说服力。随着词典在司法领域中运用次数的不断增加，美国各级法院将词典视为法律语词解释中的重要工具。据统计，美国在晚近两个多世纪里，参考词典的案件有 600 件之多。① 在这种背景下，法官势必回归到语词层面来探讨原旨主义解释中的微观问题：语词的语义解释。事实上，这种解决进路的回归并非一种逃避问题或实践倒退现象。相反，词典的引入不仅提升了法律适用者解决问题的自信，而且在一定程度上重新激发了原旨主义解释的活力。因此，有学者认为，作为语词运用典范，词典常被视为语词意义的规范用法与表达载体。② 在语言学界，语词的概念界定问题常常同词典交织在一起。一个语词在词典中包括几种含义，就意味着该语词存在几种用法。任何超越词典范围的语词运用均被视为缺乏规范意义的用法。因此，词典所囊括的语义范围常常被视为界定语词运用规范与否的标准。简言之，词典意味着人们理解方式的集合。

然而，语词的用法则是由该语词在社会生活中运用的具体情境所决定的。维特根斯坦认为，"字词的用法就是他们的意义"。③ 在此，维特根斯坦将社会生活作为人们探明语词意义的起点，而将集合所有语词意义的词典作为终点，人们通过社会生活中语词的具体用法型构出词典的内容。而法律适用者将词典视为一种可信赖的、包含所有语词意义的范本。法律适用者在面对法律语词解释难题时，希望从词典中获得明确的语义指引。因此，对于法律适用者而言，词典是他们明晰语词意义的起点（并不追寻到社会生活本身），而社会生活中产生的法律难题则成为他们翻阅词典、找寻语词意义的终点。简言之，语言学对语词意义的把握，多是以"社会本位论"为出发点；而法律适用者对语词意义的解释，则以"文本主义"思想为主，并将词典视为文本、语词的当然解释权威（之一）。

吊诡之处在于，词典在"社会本位论"与"文本主义"两种解释方向上产生了冲突。在语词的意义、用法固化于词典的过程中，词典编纂者一

---

① 参见"Looking It Up: Dictionaries and Statutory Interpretation," 107 *Harvard Law Review* 6, 1994, pp. 1437 – 1454。在此说明，该文章实际上是《哈佛法律评论》的一个短评，未标明作者。

② B. T. Sue Atkins, Michael Rundell, *The Oxford Guide to Practical Lexicography*, New York: Oxford University Press, 2008, p. 2.

③ 〔奥〕维特根斯坦：《哲学研究》，陈嘉映译，上海人民出版社，2001，第33页。

方面无法穷尽所有可能事项，而仅将某些惯常出现的用法纳入其中；另一方面难以预测语词意义的动态变化，减少语词的适用场域。在社会持续发展过程中，词典中语词意义与社会实践的不同步性则可能削弱词典的权威性。因此，人们无法通过"社会生活中的语词用法—语词意义/文本主义—法律语言理解难题"的认知过程，合理地解决法律语词的理解难题。而且，词典在语词界定和司法解释实践之间发挥的作用是有限的。词典编撰家兹古斯塔认为，词典被视为语言集合经过社会化整理而形成的语言清单，每一个适用者都能够通过阅读该语词含义来明白其所指代的社会事实。① 由于认知差异和事物类属不明，人们即便能够从词典中获取相关的概念信息，仍然难以对某一语词做出明确的界分。例如我们日常语言中所用的"枪"的概念。《现代汉语词典》对"枪"的解释之一是："口径在 2 厘米以下，发射枪弹的武器。" 由此推断，能够通过某种动能击发弹丸等物质的、用于杀伤或破坏对方作战人员、设施的器械，均应当属于枪的外延。但问题在于，能够致人伤亡的枪形器械一定构成枪的本源意义吗？如果按照《现代汉语词典》的严格解释来看，玩具枪明显具备"枪支"的三项特征：以动能发射、发射某种物质、足以致人损伤。但是，人们根据日常生活习惯，往往并不将玩具枪划归"枪支"之列，而将其视为一种玩具。显然，依靠词典界定"枪""枪支"的方法在实践面前遭遇了阻碍。

事实上，美国最高法院在 1883 年审理过一起关于"西红柿"的案件，即尼克斯诉赫登案（Nix v. Hedden）②。在该案中，被告赫登（纽约港海关税收员）要求原告约翰·尼克斯③为其进口的西红柿缴纳关税，理由是：依据《关税法》的规定，进口蔬菜应当缴纳相应的关税。但是，尼克斯及其律师认为，《韦氏词典》、《帝国词典》以及《伍斯特词典》中关于"水果"（Fruit）的释义，均将植物果实、可食用作为重要的界定标准。由此

---

① Ladislav Zgusta, *Manual of Lexicography*, Academia Publishing House of the Czecholsovak of Science, 1971, p. 71.
② 案卷号：149 U. S. 304（1893）。
③ 在尼克斯诉赫登案中，原告除了约翰·尼克斯外，还包括其合伙人乔治·W. 尼克斯和弗兰克·W. 尼克斯。

来看，西红柿应当属于水果的范畴。① 而且，从植物学的角度而言，果实与水果共同适用 "Fruit" 一词，因此，既然西红柿被视为一种植物的果实，那么它当然应当共享 "水果" 这一概念。除此之外，原告律师传唤了两名贩卖水果和蔬菜的证人，并借助实践认知证明了 "水果" 与 "蔬菜" 二词的意义与词典一致。原告律师同样借助词典的力量，并以《韦氏词典》《伍斯特词典》中部分蔬菜的定义为例，驳斥了被告的观点。该案法官哈瑞斯·格雷认为，词典中的段落将 "果实" 界定为植物的种子或者包含种子的部分。它特指水分多、果肉状的植物产物，其中包括一些种子。这些界定并未说明西红柿是 "水果"，也没有将其同日常用语和关税语言中的 "蔬菜" 相区分。而且，《关税法》中的 "水果" 并非植物学意义上的水果，而是以日常语言意义为基础的。既然人们在日常生活中将 "西红柿" 视为蔬菜的一种，那么，西红柿在《关税法》上也应当视为一种蔬菜。显然，格雷大法官承认词典在法律语词（尤其是模糊语词）界定中具有重要作用，但并不迷信词典能够解决所有的法律语词界定难题。因此，格雷大法官在引用词典的基础上，仍附加了解释性说明，以说明法律文本与词典释义的差异。

我国法院在审理案件中也出现了大量的词典引证现象。例如，截止到2022 年 5 月，我们以 "北大法宝" 的司法案例数据库作为检索源，并以 "争议焦点" 为搜索范围、以 "词典" 作为关键词进行搜索，获得相关案件 60 件。受到检索词数量的限制，本次检索结果显然并非所有的案例样本，但上述案例样本能在一定程度上反映我国法院引用词典的情况。从表 3-1 可知，我国法院在词典运用上几乎涵盖了所有诉讼类型。其中，民事诉讼类最为常见，其次是行政诉讼类，最后是刑事诉讼类。值得注意的是，在众多刑事诉讼案例中，词典仅使用过 1 次，明显少于民事案件、行政诉讼案件。其中涉及 "何某某妨害公务、危险驾驶" 案②。在该案中，法官使用《现代汉语词典》解释了 "暴" 一词的概念，并认定被告人

---

① 《伍斯特词典》中的 "水果" 有 6 种释义：有营养或供食用的植物果实、植物枝端生长的种子、开花植物的成熟子房、孢子植物、动物生产的后代以及某些行为的影响或后果。显然，《伍斯特词典》对于 "水果" 的界定较为泛化，并未局限于植物学意义之内。
② （2016）云 2601 刑初 358 号。

何某某的行为不构成妨害公务罪。由上述词典使用情况来看，刑事诉讼中的法官对词典释义持一种审慎的态度。这一方面是由于"罪刑法定"原则的约束，法外因素很难介入刑法中；另一方面，在刑事诉讼中，法官的自由裁量权受到严格限制，而且只能以法律作为裁判的依据。因此，相较于其他两种诉讼类型，刑事诉讼中的词典使用率明显较低（见表3-1）。

表3-1　我国司法裁判中的词典使用情况对比

单位：次，%

案件类型	词典出现数量	占样本总数的比例
民事类	41	68.33
刑事类	1	1.67
行政类	8	13.33
知识产权	9	15
执行	1	1.67
合计	60	100

资料来源："北大法宝"数据库。

即便如此，词典的大量引用仍引发了现实主义法学家的反思。他们认为，词典的大量引用并不一定预示着国家法治的强大，相反，法学不应当是以词典堆砌而成的。在某种意义上，法学与词典的关系也成为评判一个国家法律发展程度的标尺。法学发展的程度越高，国家法治对词典的依赖性越低。相反，则对词典的依赖性越高。由此判断，一个国家只有依靠法学或者法律的内部力量来解决法律语言的界定问题时，其法治发展水平才能够具备内部自洽性。否则，我们难以说这样一个法治国家是建立在规范性基础之上的，毕竟词典对于法律语词的解释缺乏公平、正义等法律价值观的考量。

回归到原旨主义解释与词典释义上来。有学者认为，在强调制定法权威和强制力的法律领域，日常语言规范——词典——很难达到完美无瑕的程度。[①] 相较于法律的行为规范作用，词典更注重的是语言规范性和思维

_____

① 参见陈中绳《〈布莱克法学词典〉点评》，《比较法研究》2001年第2期。

规范性。显然，两者所言之规范性并非处于同一层面。前者规范的是人的肢体行为、言说行为所附带的实际后果；而后者则更倾向于从思维与语言文字上产生一定的表意规则，这些规则促使人们对事物或行为产生一致的认知。当法官试图借用词典去理解法律语词时，有可能混同语词的语义范围，而这些语义范围又是极具主观性、个体化的。倘若这种个人化的语词释义超越了人们的语言共识，那么，社会公众显然难以认同该项法律规定的规范价值。而且，无论是法律语言还是日常语言，语词的含义都会随着社会实践的发展而发生变化。《布莱克法律词典》的撰写人就曾对法律词典的运用做出警示：随着国会、法院以及其他国家权力机关的不断定义，法律语言的真实含义将会不断变化，加之各地方乃至国家范围内法律术语的界定差异，都会影响某一法律语词的具体用法。因此，词典释义只能作为法官探究语词含义的起点，而不应当毫无怀疑地接受。[①] 总而言之，词典在法律实践中已经反映出一定的工具性价值，这是无可辩驳的。但是，语词释义绝不能固守于词典和法律文本本身，它的适用不仅需要受到法律语境的约束，同时也要在不同案件中做出适当变通。

四 原旨主义解释的后果式规制

原旨主义解释展现了一种"向后看"式的法律解释进路。它更注重解释与法律文本、裁判效果之间的相互关系。对于司法裁判而言，法官试图解释的是法律文本（或者说法律语词）原本已携带的信息，只是某些信息并未自然地呈现出来，或是以模糊状态呈现出来。因此，法官需要通过原旨主义解释来明确法律文本的语义范围。但从司法实践来看，司法机关对法律文本的解释绝非限于过往的制度性事实，其同样关注法律文本以外的事项，例如同类解释的效果、个案公正、立法机关的回应等。[②] 忽视了语言变迁与语境的差异性，原旨主义解释有可能脱离法律解释的现实需求。

---

① Ellen P. Aprill, "The Law of the Word: Dictionary Shopping in the Supreme Court," 30 *Ariz. St. L. J.* 304, 1998, p. 304.

② William N. Eskridge, *Dynamic Statutory Interpretation*, Cambridge: Harvard University Press, 1994, p. 47.

换句话说，"针对疑难案件，法律人不仅要牢记法律术语，更重要的是要学会评估司法可能带来的社会后果，因为凭机械规则办案、机械适用法律，是绝对无法适应复杂社会纠纷处理需要的"。① 就目前来看，原旨主义的确遇到了这样一种实践难题，即原旨主义解释的保守性如何解决社会变迁过程中的新问题。

从"赵春华非法持枪案"的二审裁判来看，原旨主义解释并未放任规范性裁判与社会效果的冲突。面对司法意识形态对司法裁判的公正性要求，以及该案件所引发的"枪支"认知冲突，过分执着于法律文本的权威性和规范性，显然无法为社会变革和公共需求提供有效的制度支持。二审法院为了满足社会变迁的需求以及个案正义，并未固守传统原旨主义的解释进路，而是催生出一种"后果主义"的原旨主义解释方法。该方法极力避免原旨主义解释同社会效果的正面对抗，进而采取后果论原旨主义的解释方法，来实现法律文本、法官解释与社会效果的一致性。孙光宁认为，后果主义是由于重视裁判结果的现实价值而从结论反推出判决依据的裁判方法，② 其实质是设证推理的司法适用。③ 申言之，法官在解释法律文本之前，已经确定了案件的裁判结果。而其依赖法律推理、法律修辞、法律解释方法等诸多复杂法律方法的过程，只是依从解释结果的司法技术和修饰技巧。例如在"宜兴胚胎案"的裁判过程中，法官对解释方案的筛选，即采用了后果论原旨主义的解释方法。④ 他既需要注重解释结果的可接受性，同时也需要将超越法律文本的"解释"技术回归至法律条文本身，以提升解释的正当性和合法性。由此来看，"在那些无法根据明确的强制性规则得出判决结论的场合，或者规则本身语焉不详的场合，依靠对后果的考量作出判决实乃必要之举"。⑤ 面对法律文本和立法语言的模糊性，法官采用

---

① 孔祥俊：《法律规范冲突的选择试用与漏洞填补》，人民法院出版社，2004，第 12 页。

② 孙光宁：《"两高"指导性案例的差异倾向及其原因——基于裁判结果变动的分析》，《东方法学》2015 年第 2 期。

③ 孙光宁：《设证推理的正当性及其运作——基于司法过程的考察》，《海南大学学报》（人文社会科学版）2013 年第 3 期。

④ 张婷婷：《司法三段论逆向推理模式的适用——基于"宜兴胚胎案"的分析》，陈金钊、谢晖主编《法律方法》（第 20 卷），山东人民出版社，2016。

⑤ 〔英〕尼尔·麦考密克：《法律推理与法律理论》，姜峰译，法律出版社，2005，第 147 页。

后果论原旨主义解释方法，是一种更为有效、更为智慧的解释策略。而且面对疑难案件，后果论原旨主义解释方法也能产生一种有利于社会正常发展的非制度性激励结果。此时，对后果的考量就为法官选择裁判方法提供了标杆。无论是采用文本解释、意图解释还是目的解释，后果论原旨主义解释的结果都将推动社会与法律的发展，而其解释结果却是源于法律文本本身。可见，后果论原旨主义改变了传统原旨主义 "向后看" 式的法律解释进路，它是解释者对众多解释方案比较后的最优选择。

但值得注意的是，后果论原旨主义解释的有效性并不意味着它具备形式合法性。前文已述，后果论原旨主义解释释放的是一种非制度性激励，它更多地依赖于法律之外的因素（如道德、政策、公序良俗等）来产生公众认同感，并辅之以国家权力机关的外在权威，以提升公众对解释的认同感。由于该解释进路超越了法律文本所限定的核心语义范围，或者有意规避了某些语词选择，因而人们很难在该解释中发现常规的、可视为 "解释规则" 的要素。伴随着解释数量的增加，后果论原旨主义解释的无序变通极易导致法律的虚置，甚至引发不正义的裁决。由此来看，后果论原旨主义解释除了提高了解释的灵活性与可接受性之外，并没有真正从法律文本中获得足够的支撑。因此，后果论原旨主义解释 "只能在一种极其有限的范围内发挥作用，并且在多数时候我们看到后果主义裁判如果想要获得合法性，最终所采取的是一种隐藏在法条背后的后果考量，从表面上看它所采纳的仍然是一种法条主义的推理形式"。[①] 这或许可以归结为后果论原旨主义解释的技术性胜利，却也值得人们保持警惕。

就 "赵春华非法持枪案" 而言，原旨主义解释毫无保留地展现了现代法治对法律文本的推崇与信仰。肯定法律文本的权威是对法律确定性与规范性的追求，这在强调规则之治、程序正义以及依法裁判的当下，并无明显的不妥。同时，崇尚原旨主义解释也是对社会规范的不确定性、标准多元以及认知差异的恐惧。另外，法律确定性与科技风险不确定性的冲突，严重考验了我国公权力机关的社会治理能力。因此，通过法律化解风险、

---

① 孙海波：《"后果考量" 与 "法条主义" 的较量——穿行于法律方法的噩梦与美梦之间》，《法制与社会发展》2015 年第 2 期。

吸纳风险，将风险社会置于法治社会之中，强化公权力机关对科技风险的治理措施，就成为科技变革期间法治发展的必然方向。因此，在科技巨变期，哪怕司法裁判结果被上级法院推翻，也不存在重大的司法错误。鉴于裁判风险的高低不同，坚持谨小慎微的原旨主义解释策略当然是一个稳妥的选择。但是，"非法持有枪支罪"中"枪支"的界定导致原旨主义解释陷入规范主义辩难之中。一方面，原旨主义解释完全遵从法律文本的规范性价值取向，并严格按照"文本—文本"的逻辑推理方式，得出合乎法律依据、逻辑自洽的解释结果；另一方面，原旨主义解释过分注重语词本身的意义，进而依赖词典等释义工具来提升解释的规范性程度。这在一定程度上损害了法律的逻辑自洽性，也将法律的强规范性转换成一种弱意义上的解释规范性。事实上，在"赵春华非法持枪案"中，法官从刑法文本到枪支鉴定判据的条款援引，已经逐级削弱了解释依据的规范等级。但我们也应当看到，二审法院在适用原旨主义解释方法上增加了后果主义考量。这种"向前看"式的原旨主义解释进路有效弥补了法律文本的僵化性缺陷，提升了解释的可接受性。"欲想使得裁判结果能够获得更多的合理性，就不能将两种裁判思维对立起来，而应当将两者结合起来。"① 值得注意的是，后果论原旨主义解释并非法官解释法律的常态方法，因此，原旨主义解释仍将是法官裁判案件过程中的惯常解释方法，只有遭遇疑难案件或者法律规范本身缺乏说服力时，后果论原旨主义才可能获得适用。

---

① 杨建军：《法律的系统性危机与司法难题的化解——从赵春华案谈起》，《东方法学》2017年第 3 期。

中　篇

法律变革

第四章

人工智能时代的立法变革：管窥无人机[*]

随着人工智能技术的飞速发展，无人驾驶飞机（以下简称"无人机"）以微型化、易操作、低成本等优势，正在从军事应用领域逐渐扩展至行政执法、森林防火、搜救行动、空中运输[1]及航空摄影等领域。然而，民用无人机[2]的快速社会化，打破了我国现行法律体系的空域治理结构，使得空域监管成为新时代国家空域治理的一大难题。据统计，截至 2017 年 6 月 12 日，我国民用无人机的登记数量已经超过 4.5 万架。[3] 因无人机无序飞行而影响军（民）用飞机起降的事件也频繁发生。为此，2018 年 1 月，国务院、中央军委空中交通管制委员会办公室组织起草了《无人驾驶航空器飞行管理暂行条例（征求意见稿）》（以下简称《征求意见稿》），公开听取社会各界意见。这是自 2013 年颁布《民用无人驾驶航空器系统驾驶员管理暂行规定》（已于 2016 年废止）以来，我国在无人机监管立法上的一项重大变革。但法学界对此褒贬不一。批评者认为，《征求意见稿》的语言运用缺乏规范性，而登记程序的设置也加重了购买者的负担，并且不利于对个人信息的保护。[4] 即便是温和的批评者，也认为《征求意见稿》应

---

* 本章内容曾发表于《山东大学学报》（哲学社会科学版）2019 年第 3 期。

[1] 参见张晓光《国内首家，顺丰获无人机物流合法飞行权》，第一财经网，http://www.yic-ai.com/news/5309061.html，最后访问日期：2021 年 2 月 26 日。

[2] 为了便于表述，如无特殊情况，下文中的"无人机"仅指"民用无人机"。

[3] 参见冯其予《民用无人机实名登记达 4.5 万架》，《经济日报》2017 年 6 月 14 日，第 3 版。

[4] 刘胜军：《无人机立法将推动相关管理进入新阶段》，《中国民航报》2018 年 3 月 9 日，第 3 版。

当在隐私保护与飞行管理之间寻求平衡。而《征求意见稿》的支持者则对上述批评不以为然。在他们看来，严格的监管措施比事后救济方式更为高效。

面对无人机的实际监管难题，上述关于《征求意见稿》优劣的评论都显得缺乏合理性和可验证性。考虑到民用无人机监管的经验缺失以及相关成果的稀疏，以重庆、四川、深圳等省市的民用无人机立法实践来测度《征求意见稿》的可能效果，似乎更具有说服力，毕竟各省市的民用无人机立法在某种程度上可以视为《征求意见稿》的制度蓝本。在开启规范主义分析之前，对无人机监管的基本理论加以总结，将有助于我们更好地厘清无人机监管立法的症结所在。在此基础上，规范主义分析与比较分析的交叉研究范式，也将检验出《征求意见稿》的可能影响。在某种程度上，这种研究范式会弥补传统立法对未来社会的肆意性缺陷，并澄清制度设计与社会回应之间的诸多错误认知，从而发现我国无人机监管立法的客观需求。

一 无人机监管立法的理论困境

无人机监管之所以引起世界各国的广泛关注，最主要的原因在于无人机的社会化应用改变了社会公众的活动场域。公民行为向空域的延伸，诱发了传统空域监管权与公民空间使用权之间的制度性冲突：究竟是空域监管为先，还是公民权益保障为先？在这种情况下，无人机监管立法的质量高低，实质上反映为低空空域权力（利）分配的较量。

（一） 空间 （使用） 权

空间是一个相对概念，"在物权法上，空间是指土地上下一定范围的立体上的位置。对空间所享有的支配和利用的权利就是空间权"。[①] 这一概念暗含了空间权的三种基本属性。一是基于不动产空间的权利属性。传统物权法将空间权限缩为 "地上建筑垂直空间内的权利"，而将移动物

---

① 王利明：《空间权：一种新型的财产权利》，《法律科学（西北政法大学学报）》2007 年第 2 期。

体的垂直空间排除在空间权之外。二是公民空间权的使用权属性。在我国，土地归属于国家所有或集体所有，其范围"既包括横向范围也包括纵向范围……其纵向范围包括能够满足权利人需要的土地地表上下一定的空间"。[①] 这也意味着，空间是一种国有资源，并且不动产所有人仅享有土地地表上下一定空间的使用权。三是空间权的非排他性权利属性。考虑到我国空间权对不动产的依附性，多层建筑中的垂直空间重叠现象决定了单一空间范围内可能存在多个使用权。由此可以推知，空间权在我国属于一种非排他性权利。综合上述空间权的三种属性，无人机监管立法的关键就在于在地表上下一定空间范围内的空间使用权的分配。

在我国现有法制框架下，空间这一国有资源，由地方政府通过建设用地使用权出让合同的方式来确定其归属与范围。根据《物权法》第 136 条、第 138 条的规定，地方政府可以就地表、地上以及地下空间分别设定建设用地使用权。其权属范围包括"建筑物、构筑物及其附属设施占用的空间"。而在建设用地出让实践中，"对基地使用权空间的约定大多是划分横向平面的范围，对于纵向空间则并非合同成立的要件，故而实务中少有约定（城市规划上对建筑物高度的限制只是公法上的限制）"。[②] 因此，无人机的社会化应用，首先侵占了国有资源，并造成了空间秩序的混乱；其次，它也激化了建筑物垂直空间内稳定的空间使用关系矛盾，使得多个相互重叠的空间使用权之间相互争夺活动空间；最后，建筑物垂直空间成为一种具有价值的、可供普通公众利用的资源，甚至成为建筑物所有权人稀释高昂房价、获得更多空间利益的商品。但是，"现行法律体系下的空域管理方式存在明显的缺陷，航空业迅速发展的背景下空域资源未能得到充分利用，空域需求的高增长与空域利用的低效率形成鲜明对比，由此，对空域利用体系改革的现实要求越发紧迫"。[③] 在这种情况下，无论是国家还是社会公众，都将开始认真对待并主张自己的空间权利，同时这也成为无人机监管立法必须率先解决的问题。

---

① 孙宪忠：《中国物权法总论》，法律出版社，2003，第 134 页。
② 梁慧星：《中国物权法草案建议稿》，社会科学文献出版社，2007，第 453 页。
③ 王锡柱：《空域私法权利建构论纲》，《河南财经政法大学学报》2017 年第 5 期。

（二）空间隐私权

在社会交往不断加深的当下，网络与科技正在全方位地改变着"隐私"的公共认知，甚至以往封闭（或相对封闭）的空间都在发生结构性变化。在无人机社会化应用过程中，以高空视角窥探他人私人空间的活动，正在成为一种广泛存在却缺乏明确法律规制的侵权行为，由此也催生了一种全新的权利类型——空间隐私权，即"权利人对自己的隐私空间所享有的人格性权利"。① 相较于传统的隐私权，空间隐私权削弱了前者的人身依附性与空间封闭性，转而强调个人空间与公共空间的融合，以及公共空间内个人获得隐私的合理预期。"虽然隐私预期在家庭之外大大降低，但是，以非官方机构使用 UAS 来捕捉个人在公共环境中的图像和其他信息，仍然可能构成对隐私权的入侵。"② 由此可以发现，"空间隐私权的出现，绝不是原有的财产法保护逻辑的自然延伸，而是对法律空间概念的彻底颠覆"。③ 尽管法学界与实务界尝试采用多种方式来保障公民的隐私权，但在高空航拍他人隐私的行为仍旧缺乏适当的惩罚措施与法律依据。而且，无人机侵犯他人隐私权的监管效果在很大程度上依赖于公权力机关的执法强度。但监管意味着公共资源的投入。国家或地方政府必须投入足够多的资源才能够维持这种不算太好的空域秩序。考虑到无人机数量正在以"井喷"式的速度增长，其技术本身可能将个人隐私权延伸至权利预期之外的高空领域——在涉及隐私权的动态保护问题上，普通法系或大陆法系似乎没有任何区别。作为一种免受侵入和滋扰的权利，空间隐私权正在演变为一种宪法权利和期待权利。④ 为此，无人机监管立法必须考虑在公权力之外增加一种新的纠错机制，即公民空间隐私权的自我保障机制。

---

① 李奕霏：《空间隐私权在欧美的发展及其对我国的启示》，《未来与发展》2014 年第 5 期。

② John Villasenor, "Observations from above: Unmanned Aircraft Systems and Privacy," 36 *Harvard Journal of Law & Public Policy* 2, 2013, pp. 457 – 517.

③ 参见马新彦、石睿《论知识经济时代空间隐私权的侵权法保护——以美国侵权法空间隐私权保护为启示的研究》，《法律科学（西北政法大学学报）》2010 年第 2 期。

④ George Cho, "Unmanned Aerial Vehicles: Emerging Policy and Regulatory Issues," 22 *Journal of Law, Information and Science* 2, 2013, pp. 201 – 236.

（三） 空域管理权

空域管理历来被视为国家行使领空主权的重要表现形式。在广阔的高空领域，之所以没有出现民用航空器肆意飞行、秩序混乱的状况，就是因为我国对全国民用航空活动实施统一监督管理。按照《民用航空法》第 3 条的规定，国务院民用航空主管部门负责全国民用航空活动的统一监督管理；国务院民用航空主管部门设立的地区民用航空管理机构依照国务院民用航空主管部门的授权，监督管理各个地区的民用航空活动。这种管理模式的优点在于，单一管理机构能够全盘掌握全国空域的飞行信息，并据此做出科学的决策；其劣势是管理机构的财政支持力度与总体分析能力决定了航空器的数量上限。在无人机数量过于庞大的情况下，民用航空管理机构不仅难以胜任无人机的监管工作，还有可能降低大型民用航空器的飞行管理效率。同时，京东、[1] 阿里巴巴以及苏宁等商事公司与地方省市合作建立无人机航空运输网的尝试，已经否定了国家统一监管模式的可行性。理由在于，无论是对飞行高度、飞行范围的限制，还是以机体重量为标准的无人机分类方法，均无法满足无人机商业化应用的客观发展需求。"公共安全"这一理由也在地方政府同上述公司的"积极商业开发"中居于次席。因此，在国家无力全面管辖的领域，适度放松监管或者吸引社会公众自我管理才是更为可行的策略。我国《飞行基本规则》与《民用航空法》便在"空域统一监管模式"之外，开始探索空域分类管理模式。而随着国务院、中央军委印发《关于深化我国低空空域管理改革的意见》（国发〔2010〕25 号），全国 14 个省、自治区和直辖市约 33% 的低空空域由过去的全域管制调整为管制、监视、报告三类不同属性的管理。[2] 这说明，在国家空域监管机构退出某类空域，或采用分级分区域监管模式的情况下，空域治理效率会有所提升，而传统的空域统一监管模式仍然在特定空域发挥着重要作用。

---

[1] 参见赵争铮《小无人机载起陕西大经济——京东与陕西合作打造全球首个低空无人机物流网络》，《中国城市报》2017 年 2 月 27 日，第 7 版。

[2] 《国家空管委：简政放权　提高空域运行效率》，民航资源网，http://news. carnoc. com/ list/326/326495. html，最后访问日期：2021 年 3 月 10 日。

二　我国无人机监管的立法比较与差异分析

飞行科技的发展，改变了空间权力（利）的分配。随着无人机在全国范围内的普及，以及《新一代人工智能发展规划》的要求，国家在空域管理上面临全面的革新需求。在此背景下，为了更为准确地评估《征求意见稿》的制度设计、可能的实施效果，笔者将以重庆、深圳、四川、无锡等省（市）无人机监管的地方政府规章为参照系，分析《征求意见稿》的制度设计与可能效果。

（一）　无人机立法目的与规制对象的立法比较

立法目的与规制对象的不明确有可能会削弱立法效果。按照《征求意见稿》的规定，其立法目的是 "规范无人驾驶航空器飞行以及相关活动，保障飞行管理工作顺利高效开展"；所规制的对象是无人机，即 "机上没有驾驶员进行操作的航空器，主要包括遥控驾驶航空器和自主航空器"。然而，无人机立法不仅是为了将各类遥控驾驶航空器、自主航空器纳入国家航空监管机构的管理之下，也是对社会公众隐私权、人身安全、财产安全的一种保障。当无人机监管立法无法实质性地保障公民的基本权利时，它的社会价值也将大打折扣。同时，在《征求意见稿》的监管对象上，热气球、风筝、飞机模型等空中飞行物则明显被排除在外。这样，狭义的 "无人机" 概念也将削弱无人机监管立法的实施效果。倘若这种论断具有主观臆断性或不科学性，那么，《征求意见稿》同重庆、四川、无锡、深圳等地区立法例的对比性分析（见表4-1），将为我们展现更为客观的立法样态。

表4-1　不同立法例中 "无人机" 概念的差异

制定机关	规范名称	立法目的	规制对象	关键词
国务院、中央军委空中交通管制委员会	《无人驾驶航空器飞行管理暂行条例（征求意见稿）》	规范无人驾驶航空器飞行以及相关活动，保障飞行管理工作顺利高效开展	机上没有驾驶员进行操作的航空器，包括遥控驾驶航空器、自主航空器*	

制定机关	规范名称	立法目的	规制对象	关键词
中国民用航空局	《轻小无人机运行规定（试行）》	规范此类民用无人机的运行	由控制站管理（包括远程操纵或自主飞行）的航空器	
四川省政府	《四川省民用无人驾驶航空器安全管理暂行规定》	加强民用无人驾驶航空器安全管理，维护公共安全和飞行安全	没有机载驾驶员操纵、自备飞行控制系统，最大起飞重量大于0.25千克（含0.25千克），并从事非军事、警务和海关飞行任务的航空器	重量用途
重庆市政府	《重庆市民用无人驾驶航空器管理暂行办法》	加强民用无人驾驶航空器管理，维护社会公共安全	没有机载驾驶员操纵、自备飞行控制系统，并从事非军事、警察和海关飞行任务的航空器	用途
无锡市政府	《无锡市民用无人驾驶航空器管理办法》	加强民用无人驾驶航空器管理，维护社会公共安全	没有机载驾驶员操纵、自备飞行控制系统，并从事非军事、警察和海关飞行任务的航空器	用途
深圳市政府	《深圳市民用轻型无人驾驶航空器管理办法（征求意见稿）》	加强民用轻型无人驾驶航空器安全管理，维护公共安全和飞行安全	没有机载驾驶员操纵、自备飞行控制系统，最大起飞重量大于等于0.25千克、小于7千克，除用于执行军事、警务、海关飞行任务外的航空器	重量用途

注：＊《征求意见稿》第5条规定："本条例所称无人驾驶航空器，是指机上没有驾驶员进行操作的航空器，包括遥控驾驶航空器、自主航空器、模型航空器等。遥控驾驶航空器和自主航空器统称无人机。"

资料来源：笔者整理。

分析上述6个立法例可以发现，无论是国家层面的无人机监管规范，还是地方政府规章的相关规定，都将"规范飞行""加强无人机管理""保障公共安全"作为立法目的，并把"无机载驾驶员"或"自备飞行控制系统"的无人机作为规制对象。其界定方式符合当下无人机立法的主流趋势，而且在语词释义上也能够为社会公众所理解。但从现代立法的基本理念来看，上述6个立法例过分注重立法的监管意味，而忽视了公民权利保障的条款化设置。特别是在空间隐私权保障上，虽然我国尚未发生太多侵犯空间隐私权的案例，但基于立法的超前性特征，此一规定应当纳入无人机监管立法中。但现实情况是，不管是国家部委层面的立法还是地方政府规章，均未对此有足够的关注。

另外值得注意的是，上述6个立法例在规制对象上显现出较大的差异，这显然不利于公民权利的保护。例如，《深圳市民用轻型无人驾驶航空器管理办法（征求意见稿）》第 3 条、《四川省民用无人驾驶航空器安全管理暂行规定》第 2 条在 “无人机” 的概念界定上设置了 “重量” 和 “用途” 两个要素，从而限缩了该规定的监管范围；而《征求意见稿》却采用列举的方式，确定该条例仅用于监管所有类型的遥控驾驶航空器、自主航空器。由此可以发现，规制对象上的差异实际上决定了无人机立法的实践价值及效用。在不包含公民权利（尤其是空间隐私权）保障内容的前提下，立法能否承载社会公众对无人机监管的制度性需求将充满疑问。因此，无论立法目的与规制对象如何描述，无人机监管立法首先应当满足 “人民日益增长的美好生活需要”，其次才需要考虑规范制定者的特殊考量。从前述 4 个地方政府规章的立法样本来看，这种观点获得了较多的支持。

（二） 驾驶员资质的制度审视与立法比较

在航空领域，各国对飞机驾驶员资质都有十分严苛的要求和测试标准。[①] 表面上来看，这是高危行业与公共安全的内在要求，其实质是提升空间（使用）权的配置效率。这种抽象性解释或许难以展现空域（使用）权分配的真实样态，为此需要引入数据来提升其说服力。截至 2017 年 6 月，我国共有 230 家获得飞行训练资质认证的无人机驾驶员训练机构，4.5 万架民用无人机。其中，仅有 15545 名民用无人机驾驶员取得了合格证（83.15% 的无人机驾驶员持有多旋翼的驾驶员合格证）。[②] 也就是说，具有驾驶员资质直接影响着公民空间（使用）权的行使，否则将会被定义为 “黑飞”。然而，在无人机的飞行上，驾驶员的身心功能已经不再是影响飞行质量的核心要素。特别是在小型、轻型无人机占有较大比重（83.15%）的情况下，飞行技能的好坏更多的是影响着驾驶员自身的财产安全。因此，无人机驾驶员是否必须获得飞行执照或驾驶资质，是否必须经过严格的飞行培训，有待各省市的地方政府规章加以检视（见表 4 - 2）。

---

① 取得飞行执照的要求包括学员必须年满 17 周岁；身体高度、腿的长度、听力、视力等身体条件都要合格；此外还要有良好的道德品质；能正确读、听、说、写汉语；无影响双向无线电对话的口吃和口音；具有初中或者初中以上文化程度等。

② 数据来自中国航空器拥有者及驾驶员协会发布的《2017 上半年民用无人机驾驶员报告》。

表 4 - 2　不同立法例对无人机驾驶员的要求

制定机关	规范名称与相关条款	飞行执照要求	备注
国务院、中央军委空中交通管制委员会	《无人驾驶航空器飞行管理暂行条例（征求意见稿）》第 20 条、第 22 条	1. 微型机，不要求 2. 轻型机，不要求。超出适飞空域，需培训合格证 3. 小中大型机，要求执照 4. 分布式无人机系统或集群，操作者无须执照，但组织者应取得安全操作合格证	年龄限制：轻型，14 周岁，或成年人现场监护；小型，16 周岁；中大型，18 周岁
四川省政府	《四川省民用无人驾驶航空器安全管理暂行规定》第 13 条	要求资质或执照	除外情况：（1）空机重量 ≤ 4 千克、起飞重量 ≤ 7 千克；（2）在室内运行的；（3）拦网内等隔离空间飞行的
重庆市政府	《重庆市民用无人驾驶航空器管理暂行办法》第 12 条	要求执照或飞行手续	驾驶员资质属于义务性规定，该办法本身没有对驾驶员资格做出规定
无锡市政府	《无锡市民用无人驾驶航空器管理办法》	不要求	飞行要求：能够熟练操作，或接受培训，或成年人陪同
深圳市政府	《深圳市民用轻型无人驾驶航空器管理办法（征求意见稿）》	不要求	

　　表 4 - 2 中的"飞行执照要求"一栏表明，"无人机驾驶员资质"要求在不同立法例中分化出三种不同的制度。（1）不要求飞行执照。该制度设计对无人机驾驶员持宽松态度，仅要求其掌握熟练的飞行技能。特别是在无人机数量多、种类杂、市场大的深圳，放弃"飞行执照"的监管策略更代表着地方政府积极推动无人机发展的态度。（2）要求飞行执照。高新科技"极易引发人们对技术理性、程序理性和操作理性的心理崇拜，进而忽视了技术前提假设的虚假性和有害性"。① 因此，在无人机飞行自由与社会公共安全相冲突的情况下，四川省、重庆市将"飞行执照"作为无人机飞行的基本要求之一，旨在防御无人机的空域飞行风险，加强新型飞行器的管理。（3）按照机型区别对待。无人机分类管理理念是当今世界各国实施

---

① 刘璐、金素：《金融发展中的科技风险研究》，《科技进步与对策》2011 年第 21 期。

无人机监管的主要理念，同时也成为《征求意见稿》的重要制度创新。相比于我国地方政府的"一刀切"态度，《征求意见稿》在"飞行执照"的规则设定上更注重无人机的机型、重量、操作者年龄等主客观要素。这种创新性的制度设计无疑是具有建设性的，在一定程度上提升了我国无人机驾驶员的自由度，降低了监管成本与难度。

然而，对"无人机驾驶员资质"制度的设计，除了考虑无人机的机体重量之外，还必须关注无人机社会化应用中的功能分化，即无人机的具体用途。从人工智能技术发展的客观趋势来看，"功能分化"与"形体分化"始终代表着不同的发展方向，二者是无法互相替代的。[①] 同时，"形体分化"中的"重量"分类方法也存在某些不完备之处，最主要的问题就是重量配比变化可能实质性地改变无人机的管理分类（见表4-3），例如机翼大小与主机身重量的调整、机身材质变化等，这也是国外无人机立法例明确规定"严禁非法改装无人机硬件设施和出厂性能"的主要原因。对于《征求意见稿》而言，以"机型（实际上是'重量'）"与"年龄"作为是否需要无人机飞行执照的分类方法，固然能够提升无人机的安全性与监管效率，但也因此容易将无人机用途掩盖在机身重量标准之下，[②] 进而偏离无人机监管立法的初衷——公共安全保护、空域管理与无人机发展。为此，"功能分化"及其内涵的"用途"分类方法，似乎能够在另一个角度上弥补"形体分化"的缺陷。这是我国无人机监管立法过程中尚未加以重视之处。

表4-3　无人机运行管理分类

单位：千克

分类	空机重量	起飞全重
I	$0 < W \leqslant 1.5$	
II	$1.5 < W \leqslant 4$	$1.5 < W \leqslant 7$

---

① 人工智能产品的功能分化，实际上是社会化大生产以及人类的工具性需求对人工智能技术提出的必要要求。正是人类的需求，决定了人工智能技术的发展趋势。参见张玉洁《论人工智能时代的机器人权利及其风险规制》，《东方法学》2017年第6期。

② 我国90%以上的无人机属于轻型无人机，重量分类的实际作用有限。参见齐中熙《空域管控 你的无人机到底应该怎么飞？》，新华网，http://www.xinhuanet.com/2018-01/28/c_1122328808.htm，最后访问日期：2021年3月15日。

续表

分类	空机重量	起飞全重
Ⅲ	4 < W ≤ 15	7 < W ≤ 25
Ⅳ	15 < W ≤ 116	
Ⅴ	植保类无人机	
Ⅵ	无人飞艇	
Ⅶ	可 100 米之外超视距运行的Ⅰ、Ⅱ类无人机	

注：无人机运行管理分类注意事项：（1）实际运行中，Ⅰ、Ⅱ、Ⅲ、Ⅳ类分类有交叉时，按照要求较高的一类分类；（2）对于串、并列运行或者编队运行的无人机，按照总重量分类；（3）地方政府（例如当地公安部门）对于Ⅰ、Ⅱ类无人机重量界限低于本表规定的，以地方政府的具体要求为准。

资料来源：中国民用航空局飞行标准司颁布的《轻小无人机运行规定（试行）》。

（三）　空域管理权及无人机适飞范围的立法比较

受到有人驾驶飞机超高飞行速度与飞行范围的影响，我国的空域管理权的分配一直未采用行政区划管理模式，而是采用国家空域管理部门统一监管模式。这在重庆、四川、深圳等省市政府制定的无人机管理规范中得到了普遍体现。例如，《重庆市民用无人驾驶航空器管理暂行办法》第6条、第7条分别规定，由飞行管制部门依法实施民用无人机飞行管制工作；公安机关负责民用无人机销售和寄递信息实名登记管理工作；工业和信息化部门、工商部门、安监等有关部门按照各自职责做好民用无人机管理工作。然而，民用无人机的飞行速度与飞行范围均无法同有人驾驶飞机相媲美，却依然受到我国空域管理法律体系的限制。在立法实践中，这种统一监管模式已经显现出飞行管制部门监管能力不足的问题，同时也无可奈何地形成了地面执法与空中执法相分立的局面。因此，我国的无人机立法应当重新明确空域管理权的分配，并赋予地方政府一定高度的空域管理权限。否则，各省市在制定无人机管理规范时，极易造成国家监管空域与地方无人机适飞高度相冲突的现象。

空域管辖权向地方政府的转移，不仅是各地解决无人机"黑飞"问题的必然选择，同时也暗含着适飞高度的地方化倾向。郝秀辉认为，应"解决通用航空市场存在的监管不足、职责不明、限制过多等重大缺陷，促进通用航空市场实现模式多元、主体多元和活动多元的发展态势，保障通用航空市场'统而不死'、灵活高效发展，建立统一、开放、竞争、有序的通用航空市场秩序"。① 对比不同的无人机立法例可以发现，各规范的制定机关对于无人机适飞高度的具体规定不尽相同，甚至在某种程度上存在相互冲突的现象（见表4-4）。但这种差异与其说是地方实际情况使然，不如说是空域管理方式的欠规范化、欠科学化。

表4-4　不同立法例对空域管理的分配

制定机关	规范名称与相关条款	空域管辖权的规定
国务院、中央军委空中交通管制委员会	《无人驾驶航空器飞行管理暂行条例（征求意见稿）》第6条	管控空域、适飞空域和隔离空域 微型机：真高50米以下 轻型机：真高120米以下 植保机：真高不超过30米，且在农林牧区域上方
中央军委空中交通管制委员会	《低空空域管理使用规定（试行）（征求意见稿）》	管制空域 报告空域 监视空域 目视飞行航线
中国民用航空局飞行标准司	《民用无人驾驶航空器系统驾驶员管理暂行规定》	融合空域 隔离空域
四川省政府	《四川省民用无人驾驶航空器安全管理暂行规定》第13条	管控空域 报备空域 自飞空域
重庆市政府	《重庆市民用无人驾驶航空器管理暂行办法》第12条	管控空域 报备空域 自飞空域
无锡市政府	《无锡市民用无人驾驶航空器管理办法》	飞行半径不得大于500米，相对高度不得高于120米；飞行半径内最高障碍物高于120米的，飞行高度不得超过最高障碍物上方20米
深圳市政府	《深圳市民用轻型无人驾驶航空器管理办法（征求意见稿）》	昼间目视飞行，飞行半径不得超出500米，且相对地面高度不得超出120米

资料来源：笔者整理。

---

① 郝秀辉：《我国低空空域管理法规体系建构论》，《北京理工大学学报》（社会科学版）2012年第1期。

从表 4-4 可以发现，不同立法例对无人机飞行高度的规定并不统一，甚至出现"区域管理"与"高度管理"两种飞行管理模式。在区域管理模式（如四川、重庆）下，对无人机的飞行高度并未做出明确限定，飞行范围普遍被限制在"驾驶员视距"可达范围内。但这并不意味着无人机驾驶员可以无限制地提升飞行高度。通过目前我国无人机（如"大疆"牌无人机）的"产品说明"可以发现，无人机生产厂商仅在"飞行高度 ≤120 米"的范围内承担产品责任。倘若无人机驾驶员擅自修改飞行高度限制，那么生产厂商将不再对此负担产品责任。换句话说，区域管理模式借助产品责任机制以及无人机驾驶人自我保护意识，来实现无人机的适飞高度管理。在高度管理模式（如无锡、深圳）下，飞行半径与飞行高度成为约束无人机驾驶员飞行活动的重要标准。其中，"500 米以下飞行半径"确保了驾驶员的目视效果，有助于提升无人机的飞行安全；"120 米以下的飞行高度"则有效分离了有人驾驶飞机与无人机的飞行高度。综观上述两种无人机飞行管理模式，"高度"与"范围"均成为地方政府实施无人机监管的主要方式，并为《征求意见稿》的制度设计提供了立法蓝本。值得深思的是，单纯的适飞高度设置和适飞区域管理都是针对微型无人机、轻型无人机的制度设计，它无法普遍适用于中型、大型无人机。尤其在面对商用无人机时，《征求意见稿》与其他地方政府规章都受到不同程度的制约。因此，在无人机适飞高度和范围上，我国应当进一步完善空域分级管理制度，甚至基于"通航业务的需要，可以考虑做变通性的修改，比如，为从事通用航空业务，如快递业的无人机划定飞行通道等"。①

三　无人机监管立法的制度完善

人工智能技术的社会化应用，常常暴露出政府规制手段的匮乏。"对人工智能的过度期待或者误解可能导致现代法治的制度设计分崩离析，引

①　高国柱：《中国民用无人机监管制度研究》，《北京航空航天大学学报》（社会科学版）2017 年第 5 期。

起社会结构出现矛盾、混乱乃至失控的事态。"① 同时，短视的监管理念以及执法成本的考虑，也在很大程度上限制了法律规范的实施效果。前述无人机监管的制度性回应，从多个方面印证了这一论断。在人工智能时代，国家已经不能再谨守"守夜人"的角色，更不能希冀高科技人员来解决技术进步背后的社会风险——事实上，科技发展越发迅速，国家也就越发需要提前介入科技风险的治理。从《征求意见稿》的立法理念、制度设计以及责任设置来看，规范的制定者已经敏锐地意识到航空秩序与公共安全的重要性，却忽视了"立法是对社会根本需求的回应"这一基本立法原则。为此，结合前述实证研究的结果，笔者对《征求意见稿》提出以下意见和建议。

（一）确立 "私权利保障 + 公权力监督" 的立法导向

上文的探讨为我们还原了一个国家公权力扩张、公民权利退缩的无人机立法样态。从《征求意见稿》的立法文本来看，该立法例从立法目的、篇章结构到条款设计，均未给予公民权利足够的保障空间。这种立法实践不仅游离于社会公众的客观需求之外，也过度消耗了国家的公共资源。严格来讲，立法的首要目标是保护公民权利，其次才是"限制权力的任意行使，因而在法治拓展过程中做好权力与权利、权力与权力之间的平衡。这种平衡的根本是改变传统文化中的权力本位或权力绝对化"。② 恰是因此，各国关于无人机的立法均是对公众权利保护的回应，同时兼顾无人机的飞行监管。例如，美国加利福尼亚州议会曾于 2015 年，以 21∶12 票通过了一项关于无人机飞行的法案。其中规定：无人机在私人领地上空以低于350 英尺（约 106.68 米）的高度飞行，则相当于非法侵入领地。但是该法案在审议之后，被该州州长杰里·布朗予以否决，他意在平衡社会公众与无人机飞行爱好者的权利关系。③ 而英国《无人机安全管理规范》对装有摄像头的飞行器提出以下要求：不得在距离人、车辆或建筑物 50 米以内的

---

① 季卫东：《人工智能时代的司法权之变》，《东方法学》2018 年第 1 期。
② 陈金钊：《法治拓展的路径探究》，《东方法学》2017 年第 5 期。
③ 参见李明《美国加州州长否决限制无人机飞行法案》，新浪科技网，https://tech.si-na.com.cn/it/2015 - 09 - 11/doc - ifxhupin3496470.shtml，最后访问日期：2022 年 4 月 22 日。

地方飞行；不得在人群聚集场所 150 米范围内飞行。① 澳大利亚则规定，无人机应当同他人保持 30 米以上的安全距离。② 从上述立法例可以发现，尽管各国对无人机监管立法的具体制度不尽相同，但总体上兼顾了公民权利与国家监管职权。我国在加强无人机飞行的规范化、法治化进程中，也需要出台空间隐私权的相关保护措施。从国家的社会义务来看，公民权利保障与社会风险防范（或监管）应当成为国家立法的核心组成部分。鉴于无人机行业迅猛的发展趋势，《征求意见稿》"既要充分考虑无人机商业市场的需求，又要平衡商业利益，航行安全及民众隐私保护等多方因素"。③

　　具体说来，《征求意见稿》应当坚持以"私权利保障 + 公权力监督"为立法导向。目前，《征求意见稿》第 1 条仅将"规范飞行活动""保障飞行管理"作为立法目的，而忽视了公民权利保障对于立法的核心价值。这也导致《征求意见稿》的整体制度设计偏重于无人机监管。一旦公民因无人机航拍而产生隐私权纠纷，作为专门性政府规章的《征求意见稿》实际上无力为其提供法律保护。因此，在《征求意见稿》中增加"公民权利保障"条款，一方面可以实现我国无人机立法同国外立法实践的对接，另一方面也是我国回应无人机发展趋势以及公众需求的必然结果。更为重要的是，公民权利保障弥补了公权力监管机制效率低、监控难的弊端。假设无人机驾驶员与他人之间因无人机拍摄、碰撞等行为引发侵权纠纷，在《征求意见稿》现行文本的规定下，无论是无人机驾驶员还是被侵害人，均无法从中获得直接的纠纷解决依据——前者仅能援引《征求意见稿》来证明己方按规定飞行，而无法证明拍摄、碰撞等行为的正当性（或不正当性）；后者则可能援引《侵权责任法》的规定，主张侵权损害赔偿，同时也难以明确自身行为将在何种程度上得到法律保障。以"私权利保障 + 公权力监督"为导向的立法模式将能有效解决此种法律难题。纠纷双方仅需根据无人机立法的具体条文来确定双方的权利与关系，而不必通过诉讼形式来消

---

① 参见左荣昌《国外无人机立法及对中国的启示研究》，《齐齐哈尔大学学报》（哲学社会科学版）2018 年第 1 期。
② 参见《无人机国外游须知：各国无人机管理条例》，航拍网，http://www.chinahpsy.com/detail-40190.html，最后访问日期：2022 年 4 月 22 日。
③ 柯莉娟、谢一飞：《规范民用无人机商业使用的重点问题》，《中国律师》2015 年第 11 期。

除纠纷。这样，当公权力监督比公民权利保障更具强制力，公民权利自我保障比公权力监督更有效率之时，公民权利保障与公权力监督的结合，就会造就出一种更为高效、更具操作性的法律规范。

（二） 建立无人机 "用途＋重量" 双重分类体系

结合前述无人机分类实证研究可以发现，我国对无人机基本上采用的是重量分类方法。此一方法也在国外无人机立法中得到普遍适用，例如美国《联邦航空局改革和修正法案 （2012）》（Federal Aviation Administration Mordernization and Reform Act of 2012）。但这并不意味着国外仅采用一种无人机分类方法。事实上，澳大利亚民航安全管理局 （Civil Aviation Safety Authority，CASA） 在坚持重量分类方法的同时，也依照无人机飞行用途的差异，将其分为以下三类：娱乐休闲飞行 （recreational flying）；商业飞行 （commercial flying）；在自己领地上空飞行 （flying over your own land）。用途分类方法除了将 "执行军事、警务、海关飞行任务外的航空器" 排除在民用无人机的管理序列之外，还对以 "娱乐休闲" 为目的的飞行器施加飞行许可和飞行器登记豁免，从而以更为简便的方式实现了空域监管目的。在我国无人机立法中，这种用途分类方法仅存在于无人机的概念界定中，而未扩展到无人机的飞行器登记、飞行执照以及飞行范围等条款中，由此也形成了一个封闭的无人机分类管理体系。然而 "封闭" 并不等于周延，它无法容纳变化，更难以应对发展。在无人机行业迅速发展的当下，其弊端不证自明。因此，我国在无人机分类管理体系的建立上，应当兼采重量分类方法和用途分类方法两种方法。

对于重量分类方法的适用，《征求意见稿》已经做出了较为完善的制度设计。而用途分类方法的融入，应当从军用、公务、商用以及民事用途方面（见表4－5）加以考虑。（1）军用无人机基于国防的特殊性，当然不纳入我国无人机立法管辖范围内。（2）公务无人机因具体用途上的差异，亦无法通过重量来限定其飞行高度与飞行范围，但由于公用无人机同民用、商用无人机共享同一高度范围内的空域，因此其应当依据用途来接受我国无人机监管体系的管理。这是《征求意见稿》中重量分类方法的重要缺陷。（3）商用无人机因其用途广泛，不应当一概而论。布瑞恩·哈维尔等学者认为，商业化用途的推广将加剧无人机与有人驾驶飞机之间的竞争。无论是从商业用途还是从国家安全的角度考虑，现实都会更加复杂。[①]在我国，"电力巡检""新闻报道"等用途的商业无人机已经开启了无人机与有人驾驶飞机之间的竞争。而且此类用途的无人机本身体积小、重量轻，故此对机体重量要求不高，反而是对无人机的用途要求严苛。对于"快递运输""农药喷洒"等载重型无人机而言，为保证空中运输与地方人财物的安全，对无人机的用途、重量均应当施加严格限制。[②]（4）消费级无人机在我国以"微型机""小型机""轻型机"为主，其用途也主要集中在"娱乐"与"航拍"领域。对于此类无人机，我国应当采用用途与重量的双重管理标准，但可以视无人机的用途来免除飞行许可备案。

表 4 - 5　我国无人机的主要用途构成

主要类别	以用途区分	是否区分重量	是否排除管理
军用无人机	防空预警	不区分	排除管理
	远程攻击		
公务无人机	野外搜救	不区分	不排除管理
	植物保护		
	环境监测		
	海关巡检		
	公务执法		
	飞行娱乐		
商用无人机	电力巡检	不区分	不排除管理
	新闻报道		
	快递运输	区分	
	农药喷洒		
消费级无人机	航拍摄影	区分	不排除管理
	飞行娱乐		

① Brian F. Havel, John Q. Mulligan, "Unmanned Aircraft Systems: A Challenge to Global Regulators," 65 *DePaul Law Review* 107, 2015, pp. 107 - 121.

② 对于快递物流领域的无人机规制，参见郑翔《无人机物流业发展的法律障碍和立法思考》，《北京交通大学学报》（社会科学版）2018 年第 1 期。

（三） 构建多元空域分类管理体系

空域分类管理是国际民用航空组织（International Civil Aviation Organi-zation）所创立的空域管理方案。它将空域分为 A 类、B 类、C 类、D 类、E 类、F 类和 G 类七大类，以此提升不同空域的有效使用率。目前，欧洲以及亚太等国家（或地区）所采用的空域分类方案皆源于此，并依据各国实际情况有所改动。例如，美国将空域分为六类："A 类为绝对管制区，横跨美国全境，只有 IFR 飞行；B 类为终端管制区，建立在繁忙机场附近，IFR、VFR 均可飞行；C 类为机场雷达服务区，建立在中型机场，与 B 类空域的最大区别是，C 类飞行员要保持和管制员的通信联络；D 类为管制地带，建立在有管制塔台的机场；E 类为过渡区，空中交通管制只负责 IFR 间的间隔，E 类空域是美国面积最大、应用最广的一类空域；G 类，非管制空域，由飞行员本人负责飞行安全。"[1] 这种空域分类方式的优点在于，它将有人驾驶飞机、无人驾驶飞机均纳入同一监管平台加以考量，并且对无人机的低空飞行给予了较为宽松的空间条件。我国在空域分类管理体系的建构上，也借鉴了国际民用航空组织的管理方案。例如，我国国务院、中央军委在《关于深化我国低空空域管理改革的意见》（国发〔2010〕25 号）中按照管制空域、监视空域和报告空域划设低空空域。但是，根据《征求意见稿》的规定，我国同时又将空域划分为管控空域、适飞空域和隔离空域，而且每年的空域划分方案由省级人民政府、军区以及飞行管制部门会商后决定。这就导致我国的空域管理体系出现混乱、杂糅的局面。

为了进一步推动国家空管调整改革，扩大民航的可用空域资源，提高民航空域使用效率，[2] 我国的空域监管应当从以下三个方面加以完善。（1）统一空域分类标准。空域分类标准是在考虑到我国不同地势、不同建筑高度下无人机飞行高度的标准测算方式。一般认为，空域测算分为三种

---

[1] 美国在完成空域分类的同时，将"仪表（IFR）飞行"和"目视（AFR）飞行"同空域分类管理相结合，有效地区分了飞行器的适飞空域。刘光才、刘美君：《我国低空空域开放的法律探讨》，《中国民用航空》2009 年第 11 期。

[2] 参见张千帆等《建立统一的中国航空法体系——理论初探与立法建议》，《北京航空航天大学学报》（社会科学版）2008 年第 2 期。

计算标准，即"海拔高度""地面高度""相对高度"。既然我国的陆地部分的高度差较为明显，且城市空域构成无人机飞行频率较高的地带，那么，以"地面高度"作为我国空域分类的计算标准较为恰当。（2）确立诸法一致的空域分类体系。在统一空域分类标准的基础上，我国应当对不同立法例中"空域分类管理体系"加以整合，形成不同地区、不同层级空域相一致的空域分类管理体系。其中，各空域的名称、所涉高度以及例外事项等，均应当做出明确、统一的规定，以实现我国空域管理的体系化、标准化。（3）确立"民航监管＋区域监管＋行业监管"三级监管机制。[1]　其中，民航监管部门主要负责无人机飞行监管、空域分配的立法与政策制定；区域监管由地方政府与地区航空管理部门统筹协调，并结合地方空域环境、飞行需求以及行业发展状况来制定地区性监管规范；行业监管则利用飞行器行业协会的自律功能，加强无人机登记、飞行计划以及飞行数据备案等事项。

综观各国无人机监管的诸多立法例，各国行政机关已经普遍认识到无人机无序飞行所带来的公共安全危机。为此，"行政监管"模式成为世界各国（尤其是我国）对于无人机规范化应用的主要应对措施。然而，从现代法治的基本理念出发，无人机的社会化应用与其说是对传统垄断性空域使用方式、空域监管模式的强力冲击，不如说是公民权利的空间延伸。因此，我国虽然在无人机的飞行管制上着墨颇多，却忽视了无人机监管与"黑飞"背后所暴露出来的深层次空域管理难题。例如，我国仍旧将"空域使用"看作国家给予公民的一种"施舍"，从而导致空域利用率较低；无人机遥控技术改变了航空器的空地关系，进而要求分离中的"空—地"二元执法模式加快整合。由此观之，无人机的社会化应用及其立法实践，充分反映出新型高科技产品对行政监管模式创新、变革的强力推动，也从一个侧面展现出科技发展对传统行政法中"公权力—私权利"关系的积极影响。

诸多立法例样本的规范主义分析说明，我国的无人机立法不仅借鉴了

---

① 参见刘洋《探索：民用无人机驾驶航空器监管体系》，《中国民航报》2017年8月16日，第8版。

大量的国际立法惯例，而且还形成了独具地方特色的无人机监管规则与制度创新，涉及无人机类型划分、驾驶员资质、无人机飞行范围等事项。然而，我国针对无人机立法的实践，仍然有许多问题未得到解决。例如，我国缺乏一部无人机领域的基础性法律，从而导致诸多规范无人机飞行与应用的行为缺乏统一的法律规制。目前看来，我国对待无人机立法的定位，仍然是以《民用航空法》为基础，参考通用航空管理模式进行监管。但实际上，无人机的特点及应用领域与通用航空具有极大的差异。因此，《无人驾驶航空器飞行管理暂行条例》的出台或许能够在一定程度上改善无人机领域基础性法律欠缺的局面，但仍需制定无人机领域的专门性法律。而各地无人机立法对"地方特色"的创新性追求，一方面实现了地方政府规章制定的创新，另一方面也隐含了不同地区立法之间的巨大差异，加剧了我国在无人机监管立法上的不统一问题。因此，《征求意见稿》对地方立法例的借鉴和改进，仍需要实践去检验。此外，《征求意见稿》及各地方政府规章应当进一步加大对无人机无线电的监管力度，采用以协议监管为主、以能量源管控为辅的新型监管模式。① 倘若中央空中交通管理委员会能够借助《征求意见稿》广泛征求意见的契机，注意解决上述立法冲突与立法遗留问题，那么，对于我国无人机监管的实际需要而言，其无疑具有建设性作用。

---

① 参见国家无线电监测中心、国家无线电频谱管理中心《无人机无线电管控技术研究报告》，中国无线电管理网，http://www.srrc.org.cn/article18739.aspx，最后访问日期：2021年3月20日。

第五章

人工智能时代的行政法变革：聚焦无人驾驶汽车[*]

近些年来，人工智能的发展已经深刻影响了人们的生活、工作，特别是百度无人驾驶汽车、谷歌无人驾驶汽车、特斯拉智能汽车的实地测验，更是带给全球真正意义上的人工智能体验。但是，无人驾驶汽车测验背后所掩藏的法律难题——百度无人驾驶汽车的"道路通行权"和违规处罚对象问题、[1] 谷歌无人驾驶汽车的交通事故责任认定问题、[2] 特斯拉智能汽车交通肇事致人死亡的问题等[3]——却令各国不得不反思人工智能的法律规制问题：人工智能的发展需要受到规制吗？它同现有的法律规制又有什么不同？法律应当如何在人工智能的保护与规制之间取得平衡？从我国行政法的现有框架来看，学者们普遍将无人驾驶汽车视为"科技创新"的产物，并试图通过创设法律规范与伦理规范的方式，来解决无人驾驶汽车的法律规制问题。对于传统科技而言，上述措施不失为一种高效且经济的方案。它既能借助行业惯例、人类伦理等来降低无人驾驶汽车的社会风险，

---

* 本章内容曾因篇幅较大而拆分成两篇文章，分别发表于《网络法律评论》2018 年第 1 辑，以及《行政法学研究》2018 年第 1 期。

[1] 李勇：《人工智能发展推动信息安全范式转移——基于百度无人驾驶汽车的案例分析》，《信息安全研究》2016 年第 11 期。

[2] Harry Surden, Mary‑Anne Williams, "Technological Opacity, Predictability, and Self‑Driving Cars," 38 *Cardozo Law Review* 121, 2016, pp. 121 – 182.

[3] 参见姜伯静《无人驾驶汽车，发展的最大障碍在哪？》，《金融经济》2016 年第 17 期。

又能凭借法律体系自身的强制力预防科研人员的机会主义研发行为。但是，受人工智能的自主性、可交流性特征的影响，无人驾驶汽车远非传统科技所能比拟，这也导致事后的监督与处罚机制往往缺乏实际效用。而且，百度和谷歌无人驾驶汽车的处理方式也凸显出传统法律的规制措施很难在无人驾驶汽车侵权问题上发现适格的惩罚对象。为此，在人工智能与现代法治的变革时期，对于无人驾驶汽车的法律规制远比法律保护更为迫切。不仅如此，无人驾驶汽车的法律保护尚能套用现行法律体系的保护机制，但风险预防、行为监管与责任认定等法律规制事项鲜有可借鉴的措施。为此，本书无力解决人工智能与法治这一宏大议题，而仅试图以无人驾驶汽车的社会风险为出发点，探讨行政法规制的局部变革（如规制因素、规制类型和规制方式等）问题。细观之下可以发现，人工智能的公共安全风险源自它的技术风险，如市场驱动风险和科技自有风险。当该技术应用于社会时，科技风险将带来一系列公共安全风险。这是传统"社会规范"规制路径以及"事后惩罚"模式难以解决的。当然，经由社会风险所阐释的客观环境变化也可以发现，社会正在逐渐要求行政机关承担起更多的风险规制职能，而非事后救济，这种需求在传统行政治理模式下被忽视或者掩盖了。这也意味着，本书对无人驾驶汽车行政法规制的关注，并非来自法学界一厢情愿的理论假想，而是行政法应对风险社会的必然变革。因此，我国针对无人驾驶汽车等人工智能产品，应当明确监管与规制主体，强化阶段性规制方式，创新惩罚模式。

一 无人驾驶汽车及其社会风险

随着人工智能技术的发展，身体缺陷、智力障碍对人类的约束越来越低，并且对人工智能产品的需求越来越高。反映在交通工具领域，则表现为无人驾驶汽车的迅速社会化、驾驶技术和驾驶资格的迅速边缘化。自2005年谷歌公司的机器人汽车获得美国国防部高级研究计划局（DARPA）第二届"挑战杯"（Grand Challenge）大赛冠军以来，无人驾驶汽车的研发成为众多汽车公司（如奔驰、特斯拉、丰田等）的战略性决策。不仅如此，谷歌对无人驾驶汽车的研发也在很大程度上改变了传统科技公司的发展思路，百度、腾讯、苹果等高科技公司纷纷加入无人驾驶汽车的研发行列。目前来看，无人驾驶汽车作为一种社会化程度较高、社会受众较广的人工智能产品，已经开始引领人工智能的社会化潮流。但是，由于社会公众对无人驾驶汽车的安全顾虑较深，百度无人驾驶汽车、谷歌无人驾驶汽车在实地测验过程中所带来的科技不确定性（如交通标示识别不清、违规变道和行驶路线难以控制等），在某种程度上已经加重了人们对交通安全的注意义务。尽管这些科技问题尚未引发大量的交通事故——有研究显示，90%以上的交通事故源自驾驶者的操作过失，而人工智能的引入将减少这种操作失误，从而极大地降低交通事故发生率[①]——但基于人工智能的发展趋势以及人们对智能产品的高度依赖性，我们或许能够预测到一种看似微不足道却影响深远的变化，即人们正在将自身安全交由人工智能来支配，并且逐渐丧失抵御风险的能力。"科学争议折射到公共领域，形成了明显的风险社会放大效应。"[②] 这一效应已经在高德地图、百度地图导航功能的应用上初现端倪，却一直未能引起法学界和控制论专家的注意。更严重的是，这一微不足道的变化已经不是科学实验所能够解决的了，其必将带来一系列的社会风险。

（一）　无人驾驶汽车引发人类能力的退化

从原始社会到现代社会，人类的高度智慧与肢体协调性成为一种天然的社会优势。因此，无论是在工作还是生活中，人与人之间的关系都是主体价值的竞争；而人类与机器之间的关系也总是以人为主，并在人类智慧与力量的推动下实现社会进步。所以，持续学习成为人与人之间保持竞争力、实现自我价值的内在动力。如今，以无人驾驶汽车为代表的人工智能时代的到来，正在悄然影响着人们的学习欲望。越来越多的人宁愿依靠智能导航系统来决定行驶路线，也不愿依从过往的行驶经验或道路指示牌，

---

① 参见杨海艳《无人驾驶能使交通事故率降低 90%》，《第一财经日报》2015 年 5 月 4 日；〔美〕约瑟夫·A. 达利格罗《谷歌无人驾驶汽车将如何改变一切》，李鲁译，《中国科技翻译》2015 年第 2 期。
② 赵鹏：《政府对科技风险的预防职责及决策规范——以对农业转基因生物技术的规制为例》，《当代法学》2014 年第 6 期。

更无须说询问或听从他人的建议。智能导航系统已然成为现实世界中道路交通秩序的"虚拟指挥者"以及车辆行驶路线的决定者。而无人驾驶汽车与智能导航系统的结合，更加剧了人类学习动力的不足及驾驶意识的退化。一方面，人们学习和提升驾驶技术的动力会持续减弱。由于交通安全与行驶路线可以交由无人驾驶汽车来负责，公众不再需要经过严格的驾驶能力考核就能够成为无人驾驶汽车的使用者。因此，在人工智能时代，基于深入学习才能获得的驾驶技术和驾驶资格证书，将日益为无人驾驶汽车所取代——自动泊车系统在汽车选购中的影响力逐渐提升，就证明了这种趋势——即便某些突发状况需要手动处理，人们也可能因为疏于操作而丧失应变能力。[①] 另一方面，人类的路况预判、风险规避意识将逐渐退化。有研究显示，人类对大脑的持续利用是保持和改善人类智慧的重要方式。这种关于大脑内在运行机制的科学判断，实际上验证了经验对于人类思维意识的重要性。人们只有经常性地从事某种行为，才能在大脑中预存有效的处理方案，以应对某些突发状况。对于无人驾驶汽车而言，驾驶技术的弱化尚能通过练习来弥补，但路况预判、风险规避意识的减弱则会影响人们规避风险、感知风险的整体能力（不限于交通安全风险）。这样，人们只会对无人驾驶汽车的依赖愈加严重，同时对道路交通的安全性更加挑剔，交通秩序将承受越来越大的压力。

（二） 无人驾驶汽车对现代交通秩序的威胁

无人驾驶汽车的技术优势（雷达、摄像头传感器、全球定位系统）正在逐步转化为一种社会优势：一方面，它能够有效降低交通事故的发生率，提升公共交通的安全性；另一方面，它有利于保护汽车内部乘客的人身安全，减少社会冲突。但是，这种社会优势仅仅描述了无人驾驶汽车发展中的理想状态或者完美状态。在我们迈向人工智能时代的过程中，无人驾驶汽车与机动车[②]的并行使用，有可能威胁现有的交通秩序。例如，在

---

① 杰夫·霍金斯已经注意到智能机器所带来的人类危机，因此提出警告，"对于智能机器我们也要谨慎，不要太过于依赖它们"。参见〔美〕杰夫·霍金斯、桑德拉·布拉克斯莉《人工智能的未来》，贺俊杰等译，陕西科学技术出版社，2006，第 224 页。
② 此部分将"无人驾驶汽车"之外的以动力装置驱动或牵引的轮式车辆统称为"机动车"。

百度无人驾驶汽车、谷歌无人驾驶汽车的实地测验中，多次出现无人驾驶汽车与机动车相碰撞的事故，在这些交通事故中，少数事故由无人驾驶车引起，多数事故由机动车驾驶人的疏忽导致。① 尽管有证据显示，无人驾驶汽车在多数情况下遵循了道路交通规则，但机动车的驾驶人却抱怨无人驾驶汽车的行驶方式不符合人们的惯常思维，导致机动车驾驶人躲避不及时。由此来看，在无人驾驶汽车与人类驾驶者之间，相同的行驶规则并没有产生相同的驾驶思维，进而出现了驾驶方式的外在冲突，如两种交通工具在急转、急停以及紧急避险上的反应差异。② 众多学者曾以无人驾驶汽车版本的"电车难题"（Trolley Problem）影射两种驾驶思维的区别：面对忽然冲进快速车道的孩童，无人驾驶汽车急转向会损伤乘车人，而直行则将撞击孩童。无论做出何种选择，无人驾驶汽车都将面临伦理道德的拷问。然而，这个预设的伦理难题忽视了无人驾驶汽车独特的驾驶方式。它既不像电车一样，需要过长的距离减速，也不像人类驾驶者那样反应缓慢。在遭遇上述伦理难题时，无人驾驶汽车完全可以做到及时的刹车，而人类驾驶员则难以做到。正因如此，在无人驾驶汽车与机动车并行使用的情况下，无人驾驶汽车引发的交通事故才会较少，而机动车驾驶人引发的交通事故比较多，且呈现上升趋势。

在不考虑无人驾驶汽车技术缺陷，且相信无人驾驶汽车能够降低交通事故率的情况下，无人驾驶汽车的瞬时性反应无疑将交通安全风险转嫁给了机动车驾驶人，由此也引发了另一种伴生性现象：责任认定问题。无人驾驶汽车提高了机动车驾驶人的碰撞概率，使得机动车驾驶人因缺乏足够的规避时间而承担大部分（或全部）交通事故责任。同时，频发的交通事故又会提升机动车的保险费用，并引发机动车对无人驾驶汽车的主动避让行为——普通汽车对豪华汽车的避让便印证了上述论断——从而挤占机动车的行驶空间。更为重要的是，我国目前的法律并未规定无人驾驶汽车的

① 团子：《无人驾驶汽车事故不断　谷歌特斯拉 Uber 谁也没逃掉》，新浪网科技频道，http:// tech. sina. com. cn/roll/2017 – 03 – 26/doc-ifycspxn9900655. shtml，最后访问日期：2021 年 9 月 12 日。

② 在突发情况下，驾驶员从看到异常状况到做出行动需要 0.6 秒，而无人驾驶系统只需要 0.1 秒；驾驶员的视距一般在 50 米左右，而无人驾驶汽车的探测距离能达到 200 米。

责任承担问题。一旦遭遇交通事故，无论是无人驾驶汽车所有人还是机动车驾驶人，都无法在法律层面获得有效的保护或惩罚。因此，无人驾驶汽车之所以对现代交通秩序构成了威胁，并不完全在于自身的科技不完备性，也是因为它所带来的风险缺乏有效的解决方案。

（三） 无人驾驶汽车对网络安全的挑战

安全系数高且交通事故率低，使得无人驾驶汽车获得了巨大的市场优势。然而，社会对无人驾驶汽车安全性的考虑并不局限于汽车本身，而是扩展至所有的市政配套设施。在一起关于无人驾驶汽车安全问题的调查中，55%的风险分析师（受访者）表示，数据网络安全风险是无人驾驶汽车所面临的最重要的挑战，远高于技术安全本身（仅占6%）。[1] 申言之，交通事故风险是对某一品牌无人驾驶汽车质量的考验，它可以通过智能系统的改进来降低交通事故率；而网络安全风险的真正对手是汽车生产厂商或研发人员之外的人或事物，例如网络黑客。由于无人驾驶汽车必须利用网络数据来实现智能化操作，因此它的数据传输路径往往成为网络黑客攻击的对象。2015年，网络安全研究人员查理·米勒和克里斯·瓦拉塞克就利用车载联网系统的数据传输路径，成功侵入克莱斯勒汽车的智能化车载联网系统"UConnect"，导致车辆传动系统和发动机系统的运行失控。[2] 面对网络黑客的入侵，半智能化汽车尚且难以自保，更无须说完全依赖网络数据传输的无人驾驶汽车。因此，来自网络黑客的网络安全风险，被视为未来无人驾驶汽车所面临的主要难题。除此之外，智能化的道路基础设施故障将会成为影响无人驾驶汽车安全性的又一外在风险。对于当前的机动车而言，驾驶人尚能够通过人脑能动地辨别交通状况，分析交通指示牌和信号灯。但对于无人驾驶汽车而言，智能道路基础设施是其完成行驶指令、保障乘车人安全的基本要件。倘若智能道路基础设施受外力干扰影响无人驾驶汽车识别标识时，乘车人的人身安全将难以得到保障。更值得注

---

① 《在保险人眼中，网络安全是无人驾驶汽车最大的风险》，电子产品世界网，http://www.eepw.com.cn/article/201607/294721.htm，最后访问日期：2021年9月14日。
② 参见刘园园《美国黑客用网络"攻击"汽车——克莱斯勒UConnect车载信息系统存漏洞》，《科技日报》2015年7月23日。

意的是，智能道路基础设施的运行同样依赖于网络数据的收集、整理与分析，而且其作用对象是所有行驶于该道路的车辆。因此，在智能道路基础设施出现网络故障或者遭遇网络黑客入侵的情况下，整个社会的交通安全风险陡然提升。在此意义上，网络安全不仅关乎无人驾驶汽车的正常运行，更是对人类生命安全的巨大考验。

二　无人驾驶汽车的规制需求

（一）　基于公共安全的需要

迄今为止，无人驾驶汽车对人们生活的影响主要集中在智能科技带来的新奇感与忧虑感：前者满足人们对效率和便捷的另类体验，解放人们的肢体与思维；后者引发人们对自身和他人人身安全的忧虑，担忧无人驾驶汽车所带来的潜在风险。更有甚者，在无人驾驶汽车遭遇碰撞风险时，其在紧急避险行为与后果选择之间形成了道德两难困境，即便是研发人员也无法预判无人驾驶汽车的"决定"。鉴于新奇感与忧虑感的对立，人们或许对无人驾驶汽车形成一种偏见性认知，即持有新奇感的人会更加关注法律对无人驾驶汽车研发与应用的保护，从而满足自身的需求；持有忧虑感的人会强调严格的法律控制，甚至彻底禁止无人驾驶汽车的研发与应用。事实上，上述偏见性认知构成无人驾驶汽车发展过程中的两个极端，它忽略了无人驾驶汽车研发的国家干预。在现实社会中，国家基于公共利益的需要，既不会放任人工智能的过度开发，也不会彻底禁止人工智能的社会化应用——上述论断可以在我国《新一代人工智能发展规划》、欧盟人工智能立法方案以及美国人工智能立法规划中窥得一斑[1]——而是通过规制的方式引导人工智能的良性发展。因此，无论无人驾驶汽车带来何种优越的科技体验，抑或带来何种道路安全隐患，其社会化应用对国家而言都是一把"双刃剑"：（1）作为一种高科技产品，无人驾驶汽车有助于解放人

---

[1]　美国国会提出了 3 部涉及"人工智能"的法案，包括《2017 创新团法案》《2017 全民计算机科学法案》《2017 在科学技术工程及数学领域中的计算机科学法案》。参见刘强《人工智能势头猛　立法监管不可少》，《人民日报》（海外版）2017 年 8 月 14 日。

们的大脑与肢体，提升国家的科技竞争力；（2）作为一种具备行动自主性的新兴事物，无人驾驶汽车构成潜在的社会风险，威胁公共安全。这就意味着，在无人驾驶汽车的发展上，"基于公共安全的需要"可以成为国家规制无人驾驶汽车的正当性理由之一，但这个理由又不会强大到足以抹除无人驾驶汽车的社会价值。当无人驾驶汽车真正侵犯公共利益时，"科学技术的发展甚至会促使一套全新的制度发生"，[①] 以保证国家能够将社会风险控制在可承受的范围之内。简言之，公共利益只能引发适度的法律规制。

（二） 来自无人驾驶汽车的负面影响

无人驾驶汽车作为科技发展的高端产物，往往"能够在各类环境中自主地或交互地执行各种拟人任务"。[②] 相较于传统的交通运输工具，无人驾驶汽车显现出行为的自主性、人机可交流性以及对指令的服从性等特征。这些特征彻底打破了传统科技产品"工具理性与价值理性的分立"，[③] 使得无人驾驶汽车集价值判断与工具属性于一身，从而在更广阔的范围内参与社会活动。这既是无人驾驶汽车的优势所在，也衍生出诸多负面影响，例如无人驾驶汽车的"自主性"。一般认为，"自主"是关于行为能力和决策能力的判断。[④] 其中，行为能力是对决策的执行能力；而决策能力是依照环境因素、自身状况做出选择的能力。在无人驾驶汽车做出自主性判断之前，决策能力实际上运行了一个隐蔽的"思维过程"——其中不乏利益衡量、路况分析、路程远近等考虑——由此使得无人驾驶汽车的内部决策程序充满了不确定性、不可知性。这主要表现在：其一，无人驾驶汽车对指令理解程度的不确定性，可能违背指令发出者的预定目标，进而影响指令的实际效果；其二，无人驾驶汽车的自主性特征可能引发汽车行驶中的不可控风险，危及自身或他人的生命安全；其三，尽管无人驾驶汽车的安全

---

① 苏力：《法律与科技问题的法理学重构》，《中国社会科学》1999 年第 5 期。
② 丁世飞：《高级人工智能》，中国矿业大学出版社，2015，第 2 页。
③ 张婷婷：《科技、法律与道德关系的司法检视——以"宜兴胚胎案"为例的分析》，《法学论坛》2016 年第 1 期。
④ 在民法领域，具备完全的行为能力和决策能力的人，被称为"完全民事行为能力人"。随着行为能力、决策能力的减弱，法律又把人们区分为"限制民事行为能力人"和"无民事行为能力人"。

风险是潜在的，但风险本身是普遍存在的，并伴随着无人驾驶汽车的社会化应用而不断提高。此外，受到人机可交流性以及对指令的服从性特征的影响，网络黑客篡改汽车数据、无人驾驶汽车的交通肇事及避险决策等问题，都成为无人驾驶汽车危及社会安全的负面影响。由此观之，在无人驾驶汽车的自主性、人机可交流性以及对指令的服从性等特征之间，实际上型构出一种超越认知之外、"决策于未知之中"的隐蔽环境。① 这样，即便无人驾驶汽车的研发初衷是解放人们的肢体与思维，但在社会公众彻底明晰无人驾驶汽车的运行机制之前，它仍将被贴上"风险""不安全"等标签。而长期的行政治理实践表明，一旦人们恐慌于无人驾驶汽车的潜在安全风险，行政机关的任何解释都有可能削弱已有的政府权威。唯有同社会公众站在同样的视角上，才能保证行政措施的可行性和合理性。因此，即便社会公众对无人驾驶汽车高危险性认知来自不可捉摸的人类直觉，它仍然能够直接影响政府的社会治理方式与治理动机（醉驾入刑便是这个道理）。② 在此背景下，实现无人驾驶汽车的行政法规制是国家回应无人驾驶汽车负面影响的必然手段。

（三）　科技风险与公共行政的变革

当无人驾驶汽车的社会化应用内化为人类日常活动的一部分时，它的"安全风险"作为一种伴生性后果，将影响社会秩序的稳定。一般认为，风险是指"结果的不确定性，包括对行为与事件的正面机遇或负面威胁"③。在社会发展过程中，风险规制始终是人类自我发展的重要方式之一，例如早期人类利用群居方式抵御野兽侵扰风险、当下世界各国通过签署《不扩散核武器条约》来防止核战争的爆发等。无论何种风险规制措施，均需要人们预先针对潜在风险支付某种成本，并忽视该成本能否带来实际收益。由此来看，风险规制的直接影响是损耗大量的资源。因此，在

---

① 参见 Vern R. Walker, "Risk Regulation and The 'Faces' of Uncertainty," 9 *Risk: Health, Safety & Environment* 27, 1998, pp. 29 – 34。

② 参见戚建刚《风险规制的兴起与行政法的新发展》，《当代法学》2014 年第 6 期。

③ Strategy Unit of the Cabinet Office, *Risk: Improving Government's Capability to Handle Risk and Uncertainty*, Full Report: A Source Document, 2002, p. 7.

应对风险问题上，人们总是保持着理性的判断和合理的支付意愿，并且要求高风险必须换来高回报——这也是赌博、风险投资长久存在的主要原因——但这并不意味着所有的风险都能够带来收益。那些风险较高且收益较低（或净损失）的公共服务事项（比如食品风险、核风险、环境风险、疫病风险等），由于无法刺激私人的投资意愿，只能依赖国家采取适度的风险规制措施。因此，在风险社会中，行政机关的职责不仅包括处理常规的公共事务，还应合理地预见某些社会性风险的发生，并预先制定规制方案。

对于无人驾驶汽车的社会风险而言，"社会中技术风险的产生以及风险占据政治中心舞台引发的争议迫使社会反省治理制度正当性"。[①] 一方面，科技风险的规制不同于传统公共行政的事后处罚模式，它是对将来可能发生之社会活动的事前判断。因此，对科技风险的规制，要求法律采取一种"事先预见＋科学防范"的治理模式。另一方面，科学家需要容忍行政机关的预测误差。在科学家眼中，科技风险是产品研发不完备的表现。利用科学方法、反复试验填补这种不完备现象，才是防范科技风险的唯一方法。但对于行政机关而言，科技风险是一种客观存在的社会现象。在科学家消除科技风险之前，行政机关必须针对这种风险制定必要的规制措施。我们不妨设想一下无人驾驶汽车不受规制的情境。在无人驾驶汽车发展的初期阶段，个人的谨慎与注意或许可以防止科技风险的发生。但当无人驾驶汽车成为一个国家内部主要的交通工具，或者其他类型的人工智能产品遍布整个社会时，个人的谨慎与注意将应对频繁的侵权风险，由此引发常态化的谨慎义务以及高度的精神损耗，其结果是个人的谨慎和注意将呈现效果骤降趋势。此时，即便无人驾驶汽车发生交通事故的概率较低，无人驾驶汽车同行人之间的关系也将演变为侵权与被侵权的关系。在这种情境下，国家基于人本主义的考虑，必须制定关于无人驾驶汽车的法律规制措施。或许有学者会质疑行政机关实施科技风险规制的必要性，但必须承认，食品风险、核风险、环境风险等不确定性危机，已经改变了传

---

① 伊丽莎白·菲舍尔：《风险共同体之兴起及其对行政法的挑战》，马原译，《华东政法大学学报》2012年第4期。

统公共行政的职能配置方式。而且，社会风险的事前防治相较于事后救济，更具有经济性和社会可接受性。有鉴于此，在无人驾驶汽车真正成为主流交通工具之前，行政机关对科技风险的预先规制是一种"防患于未然"的表现。

三 比较法视角下无人驾驶汽车的立法规制

无人驾驶汽车对现代法律的冲击，一方面源自人工智能对公共交通安全的威胁；另一方面来自交通事故的责任承担困境。前者是国家以积极姿态保障公民人身、财产安全的义务，而后者则是在发生侵权行为之后，国家采用何种追责机制确保交通秩序回归到法治状态的问题。可以说，无人驾驶汽车与现行法律秩序的冲突首先表现为交通定位问题，其次才是国家治理问题、法律责任问题。世界各国（地区）关于无人驾驶汽车的立法例也印证了上述判断，并以政策、指南、标准等多种方式，全面建立了无人驾驶汽车的规制机制。

（一） 美国的立法实践

美国的交通立法深受《日内瓦公约》的影响，联邦政府及各州对无人驾驶汽车持开放性的态度。《日内瓦公约》要求，各国应当通过制定统一的规则来维护道路安全，并要求每一个交通运输工具都有一个"可以随时得到控制"的司机。尽管有学者诟病无人驾驶汽车有悖于现行交通法中的"司机"概念，但如果人们能够通过人工智能设备实现无人驾驶车辆的安全操作，那么，将"无人驾驶汽车"视为司机兼交通运输工具的结合体，未必不是谨守《日内瓦公约》内在精神的一种处置策略。在具体立法实践中，美国的无人驾驶汽车立法主要是由高科技公司来推动的。2011 年，内华达州议会率先通过了 AB511 法案（Assembly Bill No. 511 – Committee on Transportation），以应对高科技公司的无人驾驶汽车实地测验问题。该法案在第 8 章中规定，交通部门应通过法规（regulations）来授予无人驾驶汽车在内华达州高速公路上的行驶权。当然，为了应对无人驾驶汽车的社会风险，该法案对无人驾驶汽车的社会化应用附加了诸多限制性要求：（1）无人驾驶汽车必须满足在高速公路上行驶的要求；（2）在本国公路上测试或运行的无人驾驶汽车必须满足必要的保险要求；（3）无人驾驶汽车及其运行必须确立最低安全标准；（4）规定自主车辆的试验；（5）限制自主车辆到指定地理区域的测试；（6）订明该部决定需要的其他规定。[①] 2012 年 7 月，佛罗里达州仿效内华达州，由参议院颁布了 CS/HB1207 法案（CS/HB 1207：Vehicles with Autonomous Technology）。相比于内华达州的规定，佛罗里达州更注重现行交通法规与无人驾驶汽车的结合。首先，法案要求无人汽车的驾驶者必须拥有有效的驾驶执照；其次，对无人驾驶汽车的注册和测试做出了严格限制；最后，明确了自动驾驶与人工驾驶状态下的不同责任认定规则。2012 年 9 月，作为美国最大的汽车制造产业基地，加利福尼亚州紧跟佛罗里达州参议院的步伐，出台了更为宽松的无人驾驶汽车法规。在加利福尼亚州 SB1298 法案（Vehicles：Autonomous Vehicles：Safety and Performance Requirements）中，州参议院采取了 "促进和保障无人驾驶汽车安全" 的立法理念，将驾驶员定义为 "坐在驾驶座上的人，或驾驶座上没有人，但由智能技术参与操作的车辆运行活动"。显然，智能驾驶系统的驾驶员定位成为该法案的重要贡献，也为后续无人驾驶汽车的社会化应用以及责任认定确立了主体资格。在此基础上，加利福尼亚州的 SB1298 法案还进一步发展了内华达州 AB511 法案的保障措施。例如，SB1298 法案要求自主驾驶技术的制造商必须向买家披露车辆的数据与安全问题；设定无人乘坐的情况下，无人驾驶汽车的自主运行的程序问题；由加利福尼亚州机动车管理局制定无人驾驶汽车的测试规定，并将测试工作分为测试阶段和试用阶段。面对无人驾驶技术的飞速发展，哥伦比亚特区、密歇根州、马萨诸塞州等 20 多个州都开启了无人驾驶汽车立法活动。其主要目标是确立无人驾驶汽车的交通主体资格、高速公路的测试资格及其法律责任认定问题。

（二） 欧洲的立法实践

汽车制造是欧盟的支柱型产业之一，其中不乏奔驰、雪铁龙、法拉

---

① Bryant Walker Smith, "Automated Vehicles Are Probably Legal in the United States," 1 *Tex. A&M L. Rev.* 411, 2014, pp. 411 – 522.

利、劳斯莱斯等国际知名汽车制造公司。在人工智能科技的发展和影响下，欧洲传统汽车制造业正在遭受严重的技术危机。因此，与美国高科技公司主导的局面不同，欧洲无人驾驶汽车的立法是在传统汽车制造业自我发展的基础上促成的。它在汲取传统汽车制造业标准化经验的同时，又力求扫清无人驾驶技术的法制障碍。

从当前欧洲立法的实践来看，法国在无人驾驶汽车的立法规制上走在了前列。2014 年，法国公布了无人驾驶汽车发展路线图，并推动道路交通法律法规的修订，满足本国无人驾驶汽车在公共道路上测试的要求。2015年 8 月，法国议会在《生态转型法》（Ecological Transition Law）中，授权政府通过一项法令，允许汽车生产商以实验的目的在公共道路上测试无人驾驶汽车。2016 年，法国政府发布正式行政文件，批准法国本土与外国汽车制造商在公路上测试无人驾驶汽车。在此需要注意的是，法国采用行政命令而非立法的方式，主要是考虑到法国无人驾驶汽车规制经验的不足。采用行政命令更容易调整规制措施的方向，减少决策失误所带来的法律变动频率。

紧随法国的立法步伐，英国政府在 2015 年 2 月宣布，允许无人驾驶汽车生产商在英国进行实际道路测试。同年，英国政府在《车辆技术与航空法案》（The Vehicle Technology and Aviation Bill）中，阐明了如何分配无人驾驶汽车的交通事故责任和这些车辆所有者是否投保的责任,[①] 以及是否对车辆进行"未经授权的更改"或未能更新其软件的相关责任。该法案旨在"通过打破一些限制企业在这里进行测试的障碍，帮助英国成为这些技术的世界领先者"。2017 年，英国政府允许无人驾驶汽车的高速公路测试。同时，该国议会着手交通法规（政策）清理活动，以便于清除那些有违于无人驾驶汽车发展趋势的法规。由此可以发现，英国在无人驾驶汽车的规制上，采用了立法与行政命令相结合的模式，以求快速实现无人驾驶汽车测试的规范化。同时，这也凸显出英国规制无人驾驶汽车的紧迫性。

---

① 英国保险业协会（Association of British Insurers）已经支持了英国政府的这项保险规定。参见 "'Automated' vehicles—who pays for damage?"，http://www.out-law.com，2017 年 2 月24 日。

2017 年，德国加入无人驾驶汽车的立法规制阵营。德国议会于 2017 年 5 月通过了《自动驾驶汽车法律指导方针》。该方针承认无人驾驶汽车的驾驶主体地位，并允许汽车制造厂商在德国境内道路上测试无人驾驶汽车，但必须遵守一系列限制性条件。例如，该方针要求无人驾驶汽车必须安装方向盘，而汽车使用者（司机）必须坐在方向盘后面，以便于在突发情况下接手汽车控制权。无人驾驶汽车必须配备 "行驶数据记录仪"（黑匣子），记录车辆行驶状况，以此明确交通事故发生时的操作主体。如果事故发生时的操作者是汽车使用者，则由汽车使用者承担交通事故责任；反之，则由无人驾驶汽车的制造商承担赔偿责任。此外，该方针还要求无人驾驶汽车的操控软件必须以人为本，竭力避免交通事故中的人员伤亡。

（三） 日本与韩国的立法实践

日本与韩国是东亚地区两个重要的汽车产地。在无人驾驶汽车研发热潮中，日本的丰田、本田，韩国的现代、起亚等汽车制造巨头，纷纷将研发重心转移到自动驾驶技术的研发与应用上来。而且，无论是日本还是韩国，都对汽车产业的发展方向与市场竞争力给予了高度关注和立法支持。[①]

早在 2015 年，受人工智能技术发展的影响，日本政府就开始酝酿无人驾驶汽车的立法工作。2016 年，日本制定了《自动驾驶普及路线图》，并且着力规范无人驾驶汽车与无人机的法律行为。2017 年，日本政府允许无人驾驶汽车进行实地测试，并授权国土交通省起草 "高速公路同车道行驶的无人驾驶安全法规"。针对自动驾驶汽车引发事故的责任所属问题，2017 年 4 月，日本国家警察局公布了《公路测试无人驾驶车辆规则》。该规则将自动驾驶期间的交通事故列入汽车保险的赔付对象，但要求测试人员对交通事故承担法律责任，这是日本国内首例以无人驾驶汽车为对象的保险。此外，该规则还要求，测试人员在测试过程中应当检查无人驾驶汽车的安全性，并且通过让警务人员登上车辆检查其是否符合交通规则，以获得道路使用许可证。

---

① 参见金周英、白英《我国机器人发展的政策研究报告》，《机器人技术与应用》2009 年第 2 期。

韩国在无人驾驶汽车的规制上采取了较为稳妥的方案，即由政府职能部门开展无人驾驶汽车的前期发展规划和研讨。2015 年 5 月，土地、基础设施和交通运输部出台了"商业化无人驾驶汽车援助计划"。同年 6 月，韩国国家警察局在首尔总部举行"无人驾驶汽车的法律与政策研讨会"。此次会议的主要目的是针对韩国现行的《汽车管理法》与无人驾驶汽车的规制冲突提出有效的改善措施，为 2020 年韩国无人驾驶汽车的商业化做好准备。2015 年 8 月，科技部、信息通信技术与未来规划部联合主办了"无人驾驶汽车开发研讨会"，提出了无人驾驶汽车的开发标准：（1）汽车零部件企业在开发无人驾驶汽车过程中，应当推动国内（指韩国）基本汽车部件的生产和服务的提升；（2）制定最佳公路测试路线；（3）确立无人驾驶汽车之间、汽车与基础设施之间的通信频段等。尽管韩国尚未就无人驾驶汽车开展立法活动，但上述规划、政策、开发标准在一定程度上形成了无人驾驶汽车研发与应用中应当普遍遵守的规范。

四　我国无人驾驶汽车的行政法规制

从严格法治的层面来看，我国目前缺乏完备的技术和信息来判断无人驾驶汽车政策和立法的科学性，[①]但这并不意味着我国缺乏改进行政法治、监管机制的动力和需求。百度无人驾驶汽车、腾讯无人驾驶汽车的实地测验，已经将美国、欧洲以及日韩等国家和地区的无人驾驶汽车的法律问题映射于中国社会。虽然我国在人工智能技术的法律规制上缺乏足够的经验支撑和信息支持，但"信息不完美是决策的常态，不确定条件下的决策类似于赌博，我们可以根据已知的信息和已有的经验来提高赌赢的概率"。[②]同时，域外丰富的无人驾驶汽车立法经验也将为我国提供一定的智力支持。因此，在努力提升国家核心竞争力的当下，我国有必要根据自身无人

---

① 张婷婷认为，科技之间的相互可验证性是法律吸纳科技的一个前提条件。参见张婷婷《科技、法律与道德关系的司法检视——以"宜兴胚胎案"为例的分析》，《法学论坛》2016 年第 1 期。

② 桑本谦：《网络色情、技术中立与国家竞争力——快播案背后的政治经济学》，《法学》2017 年第 1 期。

驾驶技术的发展水平，从以下几个方面开创出符合自身发展阶段、发展特色的行政法规制机制。

（一） 开启 "政府＋公司" 的合作规制模式

无人驾驶汽车的科技发展与风险规制之间，夹杂着传统行政治理模式下"最低程度干预"的理念。目前，行政机关在社会治理（尤其是风险治理）上的先进措施——如事后监督机制、行政处罚机制——都旨在事后矫正或事后救济，而非"防患于未然"。因此，传统的行政治理模式既缺乏风险规制的前期经验，又难以抵御（和消化）科技发展的潜在危机。一旦这种潜在危机转化为现实问题（如无人驾驶汽车引发的风险预知能力下降等），社会及公众将面对一个不安全的社会。贝克等认为："风险概念表明人们创造了一种文明，以便使自己的决定将会造成的不可预见的后果具备可预见性，从而控制不可控制的事情，通过有意采取的预防性行动及相应的制度化的措施战胜种种副作用。"① 有鉴于此，为了维护社会公众的合法权益，并合理引导无人驾驶汽车产业的良性发展，人工智能影响下的行政治理应当转向 "政府＋公司" 的合作规制模式。其理由如下。

一方面，无人驾驶汽车的"高科技特征"要求公司介入社会治理中。人工智能技术的行政监管，却超越了当下行政机关的执法能力，也使得传统行政规制模式难以处理人工智能技术的核心问题，如软件设计纠错、操作系统审查以及系统升级等。即便行政机关可以补充一部分专业技术人员来解决技术难题，但随着人工智能技术的全面推广，行政机关对无人驾驶汽车的监管将力不从心。而无人驾驶汽车生产厂商、汽车服务公司、汽车保险公司等涉及无人驾驶汽车行业的企业法人，不仅占据了智能驾驶技术的高地，还拥有大量的专业人才和丰富的市场数据。因此，无人驾驶汽车行业的企业法人对科技行政领域的介入，实际上是"契约型安排在行政法中兴起的缩影，是对像命令和控制这样传统规制方法的规制的一种补充甚至是替代"。② 它

---

① 〔德〕贝克、威尔姆斯：《自由与资本主义》，路国林译，浙江人民出版社，2001，第 121 页。
② 〔英〕卡罗尔·哈洛、理查德·罗林斯：《法律与行政》（下卷），杨伟东等译，商务印书馆，2004，第 511 页。

"利用市场开放竞争法则、私人财力与专业等资源来实现公共任务与公共利益"，① 加深了国家和社会的合作程度，弥补了传统行政规制模式下科技人才不足的缺陷。

另一方面，市场评价与监管成本的综合影响要求建立"政府 + 公司"的合作治理模式。从目前的社会治理效果来看，行政机关的传统监管机制明显弱于无人驾驶汽车应用者的市场评价机制。在传统行政监管机制下，汽车生产厂商只要满足行政机关的硬件审核标准，就能够将产品推向市场，而无须担心产品的软件问题。但在无人驾驶汽车的应用上，智能驾驶系统的安全问题升级为公共安全的首要难题，并且仅在驾驶过程中得以全面体现。因此，市场评价就成为弥补传统行政监管缺陷的重要措施。当前共享单车、外卖食品等行业的市场评价机制已经证明，消费者的评价能够在很大程度上左右商品的市场竞争力。只有设计更加安全、服务更为周到的无人驾驶汽车，才能得到社会公众的高度评价，并保持足够的市场竞争力。相反，市场评价较差、安全系数较低的无人驾驶汽车，将通过评价机制展现出来，进而为行政机关的监督、检察提供相关数据。当然，市场评价并非一种制度性监管机制，它必须转化为汽车生产厂商的自我约束机制。鉴于无人驾驶汽车生产厂商需要从公众评价中获得市场竞争力，并在公共安全问题上同行政机关保持高度一致性，那么，将"公司"纳入国家治理体系中，有利于降低无人驾驶汽车的监管成本，提升行政机关的监管效果。

（二）　无人驾驶汽车的阶段化规制

无人驾驶汽车的发展，改变了世界各国交通运输的基本面貌，但也给社会治理与公共安全带来了两难抉择：一方面，如果放任无人驾驶汽车的自由研发与测试，有可能产生一系列的社会风险，例如不成熟的智能驾驶系统对公共交通安全的威胁；另一方面，倘若全力规范无人驾驶汽车的研发与应用，又难免抑制汽车制造商的科技创新动力，甚至波及其他人工智能产业。因此，国外丰富的无人驾驶汽车立法实践，均综合考虑法律规制

---

① 　高秦伟：《社会自我规制与行政法的任务》，《中国法学》2015 年第 5 期。

与科技发展的平衡问题。也就是说，面对无人驾驶汽车研发、测试和应用中的潜在风险，行政法规制既不是越全面越好，也不是越严苛（或放纵）越好，而是应当结合当下人工智能技术发展的客观状态，采用"适度超前、循序渐进"的立法措施，引导和规制无人驾驶汽车的研发与应用。考虑到我国无人驾驶技术尚处于实地测试与调试阶段——2014 年，百度无人驾驶汽车在北京市高速公路（和环城公路）上的实地测试，成为我国当前行政机关思考无人驾驶汽车的行政法规制问题的基本出发点——无人驾驶汽车所引发的法律问题主要体现为现行行政法（尤其是《道路交通安全法》）对人工智能技术的接纳难题。

受百度无人驾驶汽车、腾讯无人驾驶汽车实地测试的影响，我国目前既有规范无人驾驶汽车的需求，又面临相关行政立法的不足。首先，《道路交通安全法》第 19 条与《交通运输条例》第 9 条均将"机动车 + 驾驶证"视为"机动车辆"行驶的实质要件。而无人驾驶汽车的应用，实际上打破了机动车驾驶证或驾驶资格的束缚，残疾人、儿童或 80 岁以上的老年人都可以通过发出指令达到驾驶目的。其次，《道路交通安全法》仅将机动车驾驶人视为"交通违法行为"的责任人。在无人驾驶汽车应用过程中，因无人驾驶技术缺陷所造成的交通事故归责，就成为《道路交通安全法》的一大漏洞。最后，《道路交通安全法》和《交通运输条例》仅规定，只有在机动车及其驾驶人分别符合"机动车国家安全技术标准"和"国务院公安部门规定的驾驶许可条件"的情况下，才能够在公共道路上行驶。学界将这种情况归结为"道路通行权"，即行驶于公共道路的资格。① 而无人驾驶汽车显然无法满足上述形式要件。申言之，我国现行的交通法律法规并未赋予无人驾驶汽车"道路通行权"，因此，无人驾驶汽车不仅无法在公共道路上行驶，还无法进行实地测试。由此观之，上述法律缺陷在人工智能技术与现行行政法之间形成了一种规范性冲突。相较于英、美、日、韩等国积极出台无人驾驶汽车的法律保障机制，上述状况愈加凸显出我国推动无人驾驶汽车发展、完善无人驾驶汽车的行政法规制的紧迫性和必要性。

---

① 参见方芳《论道路通行权及其限制》，《学术交流》2017 年第 4 期。

有鉴于此，在无人驾驶汽车的行政法规制上，我国应当正视当前无人驾驶汽车的发展阶段，并制定符合实际情况并适度超前的立法措施。具体来说，我国在无人驾驶汽车的行政法规制上，首先应当合理规定无人驾驶汽车的道路行驶资格，即"技术标准"和"无人驾驶许可"。前者是对无人驾驶汽车软件系统和硬件设备的整体审查，旨在降低智能驾驶系统以及车辆外壳的安全性，提升乘车人和社会公众的人身安全；后者是赋予无人驾驶汽车"交通主体"身份的法律措施，以便于在道路行驶和交通事故责任分配上区分出不同主体。其次，在无人驾驶汽车的规范内容上，应当侧重于测试阶段的行政法规制，例如测试路段的限定、测试车况的记录、测试区域的安全风险防范以及测试过程中的责任承担等。最后，在交通事故风险的承担上，我国应当确立严格的测试方责任机制。尽管有证据证明，无人驾驶汽车测试过程中的大部分交通事故由其他社会车辆所致，但一如前文所言，无人驾驶汽车的测试，不仅提升了测试路段的安全风险，也影响了传统机动车驾驶人的驾驶习惯。因此，严格的测试方责任机制，将更有利于测试方采取审慎、安全的测试措施，从而保障社会公共安全。

（三）　无人驾驶汽车的规制方式

无人驾驶汽车的行政法规制，是一个兼具行政干预和市场调整的复杂工程。鉴于行政机关缺乏足够的科技力量来测试无人驾驶汽车的安全性能——在知识产权的保护下，研发者往往能够规避行政机关的过度干预——那么，确立完整的预防机制就成为我国降低无人驾驶汽车社会风险的一种有效措施。依据高风险行业的发展规律，我国应当善用以下两种行政手段来解决好无人驾驶汽车的行政法规制问题。

一是市场准入与准出规制。市场准入与准出机制是目前世界各国实行公共风险行业规制的首要方式，其目标是防止风险的社会化扩散、提升公共安全。而无人驾驶汽车量产所带来的社会风险（每一辆无人驾驶汽车就相当于一枚"不定时炸弹"），使得行政机关无法继续坚守"守夜人"角色，同时还要针对市场经济的盲目性，预先控制无人驾驶汽车进入市场的关口。这样，无人驾驶汽车的发展就脱离了传统经济状态下公平、公正的市场竞争模式，转而向"特许经营权"这种资格竞争模式发展。所谓"特许经营权"，就是在政府的主导下，以招标方式开展行业竞争，保留优势市场资源，剔除劣势市场经营主体的一种契约式市场干预模式。① 这种资格竞争模式采用契约（或者合同）管理的方式，要求受许可人必须在特许合同规定的权利义务范围之内从事产品研发、生产和流通工作，否则将会因合同违约而被剔除出无人驾驶汽车经营领域。虽然特许经营权可能引发无人驾驶汽车领域的垄断，但它无疑也提升了行政机关的规制效率和规制效果。更重要的是，行政机关据此能够严格把控无人驾驶汽车市场的准入与准出机制，确保无人驾驶汽车市场保持高度安全性和国际竞争力。

二是技术规制。无人驾驶汽车之所以存在较高的风险，并非因为汽车钢化结构所带来的人身危险性——当前机动车的钢化结构并未被国家、社会纳入高度危险的行列——而是由于其智能驾驶系统的不确定性。乘车人与社会公众很难预料到无人驾驶汽车能否按照预先设定的命令持续性工作，或者在危急情况下会做出何种决策，抑或能否全面应对各种路况等问题。特别是在遭遇"电车难题"的情况下——尽管这种情况有悖于无人驾驶汽车的发展预期，但在无人驾驶技术完善之前，学者与政府仍应当谨慎考虑这种情况——无人驾驶汽车的驾驶决策就会面临两难困境：选择侵犯乘车人以外的他人权益，将会触动社会公众的安全神经，进而抑制无人驾驶汽车的社会化应用；而采取紧急制动，又会损害乘车人的利益，最终会被市场所淘汰。毕竟没有人愿意支付高昂价格来购买缺乏安全保障的产品。因此，行政机关在无人驾驶汽车的技术规制上，应当首先强制性地安装"行驶数据记录仪"，确保无人驾驶系统运行过程的可视化；其次是确立以人为本的智能驾驶系统设计理念，确保乘车人与社会公众的人身安全；最后是设立完善的无人驾驶汽车审查标准，② 实现无人驾驶汽车软件

---

① 特许经营权是避免个体风险社会化的重要手段，但这种手段本身也存在一定的社会风险。诚如萨瓦斯的隐喻，"民营化就像拆除炸弹，必须审慎对待，因为错误的决定会导致危险的后果"。参见〔美〕E. S. 萨瓦斯《民营化与公私部门的伙伴关系》，周志忍等译，中国人民大学出版社，2002，第 305 页。

② 参见陈晓林《无人驾驶汽车致人损害的对策研究》，《重庆大学学报》（社会科学版）2017年第 4 期。

与硬件的可检测性。

综上所述，无人驾驶汽车只是人工智能发展中的一个缩影，却反映出科技发展、行政法规制与社会安全之间的多重矛盾。这在我国大力提升国家核心竞争力、全面推进依法治国的当下，更加显现出法律对科技的引导作用，以及对科技风险规制的必要性。而人工智能的国际市场追求，会缩短技术的检测周期，加大风险控制难度。所以，风险出现后的行政规制未必能够有效解决问题。这就需要政府从"事后救济"转向"事前预防"的规制模式，而政府和私人部门组成的协同行政，也不失为一种较好的规制策略。在变革时期，规制远比保护更迫切。为此，日本学者植草益建议采用"社会性规制"方式扩大公共安全的规制范围，例如政府采用直接干预市场配置机制，或改变市场供需决策等方式进行技术规制。各国应当推动国际规则一体化，降低公共安全风险规制成本，消除科技标准差异。国外对无人驾驶汽车的行政法规制，或许能够为我国提供诸多立法借鉴，但我国无人驾驶汽车的实际发展阶段，才应当是行政机关实施法律规制的重要参考系。受此影响，"政府＋公司"的合作规制模式或许只是一种勇敢的理论尝试，却是彰显中国制度自信、提升国家核心竞争力的重大进步。而且，立法者和行政决策者必须深谋远虑，考虑到无人驾驶汽车测试背后人工智能技术的发展趋势，并提前做好立法准备和应对措施，防患于未然。既然人工智能时代的到来不可避免，那么今后的法制发展唯有顺应并引导这一趋势了。

第六章

人工智能时代的责任变革：再论无人驾驶汽车[*]

　　无人驾驶汽车在经过多年的技术积累之后已经日趋成熟，并开始进入社会，美国和中国相继出现了无人驾驶汽车的商业试运营车队。作为一种高科技产品，无人驾驶汽车主要通过车载传感系统感知道路环境，自动规划行车路线并控制车辆到达预定地点。其优点是能够有效降低交通事故的发生率，提高公共交通的安全性，缺点是高度依赖乘车人指令、智能路政交通设施和网络大数据。当前，无人驾驶汽车已经到了进入人类社会生活的临界点，特别是随着人工智能技术的飞速发展，无人驾驶汽车已经开始引领人工智能技术的社会化潮流，如北京、深圳、芜湖、郑州等地启动的无人驾驶汽车实地应用，但其也带来了大量的科技不确定性风险以及法律监管空白。这在某种程度上加大了社会公众的安全风险。就我国而言，无人驾驶汽车的专项立法尚属空白，无人驾驶的法学研究（特别是法律责任的研究）亦十分稀缺。随着我国无人驾驶技术的飞速发展，其带来的法律责任空白容易演变为一系列的科技风险、社会风险、安全风险，由此使得我国必须在高科技产品的法律规制上做出超前的、符合科技发展规律的、创新性的法律措施与制度设计。这些制度设计尤其要解决无人驾驶汽车的法律责任问题，例如，是否会因为无人驾驶而导致新责任主体出现；无人

---

　　* 本章内容曾发表于《南宁师范大学学报》（哲学社会科学版）2021 年第 1 期。

驾驶汽车本身能否拥有独立的责任承担者；在各个部门法领域，原有的责任体系会受到怎样的冲击。在部门法领域中，具体而言，在民事纠纷中，旧有的机动车归责体系是否需要做出调整；在刑事领域中，原有罪名是否需要废除，是否需要创设新罪名，现行刑法体系能否调整无人驾驶可能带来的新刑事法律关系；在行政法领域中，事关行政相对人的现行法律责任是否还会延续，无人驾驶汽车会带来哪些新行政责任；等等。为了解决以上问题，本部分拟对无人驾驶汽车责任主体资格、责任体系受到的冲击以及如何做出法律回应等关键问题做出较细致的分析，并在此基础上提出新的责任分配方案。

一　无人驾驶汽车的法律定性

（一）　无人驾驶汽车法律问题的研究现状

当前，国外无人驾驶汽车技术的发展速度惊人。早在 2004 年 3 月，美国国防部高级研究计划局（DARPA）就成功完成了无人驾驶汽车的实验。2018 年，Alphabet 公司（谷歌母公司）旗下的 Waymo 公司计划采购 65000 台汽车在北美十个城市进行商业运营。2020 年，特斯拉首席执行官马斯克宣称，特斯拉可以在 2021 年实现较高程度的无人驾驶场景应用。这意味着，无人驾驶汽车早已不是实验室中的科学幻想，而是实实在在地进入了社会领域。可见，面向无人驾驶汽车的专门性法律责任治理也早已不是前瞻性的问题，而是一个亟待解决的现实问题。

无人驾驶汽车在中国的发展也相当迅速。2011 年，中国第一汽车集团公司研发的红旗 HQ3 智能无人驾驶汽车首次在高速公路上公开进行测试，为中国留下了"无人驾驶汽车道路行驶权"的法治难题。2015 年 12 月，百度无人驾驶汽车在北京市完成城市、环路及高速道路混合路况下的全自动驾驶，对公共交通安全提出重大考验。2017 年，李彦宏在"百度 AI 开发者大会"上视频直播了其无人驾驶汽车的道路实验。2017 年 7 月，国务院印发的《新一代人工智能发展规划》中强调，要增强风险意识，建立健全公开透明的人工智能监管体系，实行设计问责和应用监督并重的双层监管结构。自此，关于无人驾驶汽车法律规制的研究在全国范围内展开。

近年来，"无人驾驶汽车"的法律责任问题逐渐受到国内学者的关注，其法治化治理也逐步提上了日程。目前，无人驾驶汽车的法律问题主要集中于知识产权保护、科技与法律关系两个领域，但关于无人驾驶汽车社会化应用中的法律规制问题的研究成果很少。当前，无人驾驶汽车的法律"保护与规制"可以归纳为四个方面。其一，无人驾驶汽车的法律属性问题。我国学者普遍将无人驾驶汽车视为"科技创新"的产物。但是，人们对美好生活品质的追求进一步加快了技术革新的节奏，导致检测科技安全性的时间减少，风险控制成本增大。所以，在公共安全的需求下，一些可操作性较强的专门性规范（如防止知识产权滥用的反垄断规章）应当成为规制无人驾驶汽车的路径之一。其二，技术风险视角下无人驾驶技术与法律的关系问题。有学者认为，无人驾驶技术以网络安全、智能操作系统保护、算法保护为主，这些内容属于法律所保障的内容。但科技创新"极易引发人们对技术理性、程序理性和操作理性的心理崇拜，进而忽视了技术前提假设的虚假性和有害性"。[1] 为此，科技风险的治理应当以遵循公众参与性、共识性及民主规范性为原则。特别是在人工智能技术的作用下，传统法律体系将会失去其严谨的规范对象与规范效用。在这种情况下，加强无人驾驶汽车的法律规制，能够有效推动"法律规制理论"中法律主体理论与规制理论的发展。其三，无人驾驶汽车应用中伦理与法律的平衡难题。有学者探讨了人文关怀框架下如何对无人驾驶汽车社会化应用中的伦理难题进行重构。[2] 也有学者从功利论、后果论和智能论情境中分析无人驾驶汽车碰撞风险的抉择难题。[3] 相较于其他科学技术，与无人驾驶汽车相关的伦理难题在问题实质、抉择性质和行为属性等方面都有着自身的独特性，理应充分考虑情感等因素的重要作用。此外，隐私安全、暗箱决策、事故责任划分等也在一些学者的研究中被提及。[4] 但无人驾驶汽车作

① 刘璐、金素：《金融发展中的科技风险研究》，《科技进步与对策》2011年第21期。
② 李飞：《无人驾驶碰撞算法的伦理立场与法律治理》，《法制与社会发展》2019年第5期。
③ 王珀：《无人驾驶与算法伦理：一种后果主义的算法设计伦理框架》，《自然辩证法研究》2018年第10期。
④ 吴英霞：《无人驾驶汽车规范发展法律路径研究》，《科技管理研究》2019年第1期。

为"工具理性"与"价值理性"的集合体，确实改变了人际交流结构及复杂程度。如此一来，在理论层面上建立"科技行为与科技责任"的法治框架，能够有效回应法治现代化理论难题。其四，无人驾驶汽车应用中的法律难题。以民事侵权、交通事故认定、保险责任划分为主的法律难题，被学者们视为无人驾驶汽车社会化应用中的主要法律难题。当出现科技风险和市场失灵现象时，不仅需要新型法律规制机制的介入，还要从"以事后对抗式的法律救济为主"转向"以事前协商合作式的预防治理为主"，从而有效地提高科技产品的监管效率。另外，科技对传统道德与职业伦理的冲击，打破了社会发展中的柔性秩序、微观秩序。所以，在"事前协商合作式的预防治理"理论的协调下，以"无人驾驶汽车的责任规制问题"为出发点，能够拓展与强化我国法律体系的治理领域、治理深度、治理方式。具体而言，我国对人工智能技术的法律规制，应当采用"特许经营权"的方式，建立"政府＋公司"的合作规制机制，完善人工智能技术的市场准入和准出机制、技术规制机制、安全规制机制，以法律规制的方式来引导人工智能技术与社会的协调发展，为全面推进依法治国提供更科学的支撑。但这一方案并没有清晰地阐明无人驾驶汽车法律责任的分配机制。这一责任分配诉求在智能驾驶领域清晰地展现为无人驾驶汽车社会化应用中责任承担主体及其责任分配模式的问题。

与中国有所区别的是，有些国家认为，"无人驾驶汽车"的法律规制并不在于科技进步，而是指一种"人为创造的风险"，即"共同体本身应该被理解为一种生机勃勃的有机体，而社会应该被理解为一种机械的聚合和人工制品"。[①] 当前，人工智能技术的发展已经深刻影响了人们的生活、工作。其社会化应用会提高人们的安全风险，降低人们应对风险的能力，并对当下的网络安全构成严峻挑战。面对公共利益、科技风险防范以及社会发展的要求，美国、韩国、日本等国已在人工智能技术的法律规制上制定出较为完备的立法例和行政措施。总的来说，国外相关研究分为以下三个方面。一是传统法规范主义视角下的科技规制学说。欧美学者普遍认

---

① 〔德〕斐迪南·滕尼斯：《共同体与社会——纯粹社会学的基本概念》，林荣远译，商务印书馆，1999，第54页。

为，可通过创设法律规范与伦理规范的方式来解决无人驾驶汽车（高新科技）的规制难题。对于传统科技而言，上述措施不失为一种高效且实惠的方案。它既能借助行业惯例、人类伦理等来降低无人驾驶汽车的社会风险，又能凭借法律体系自身的强制力破除科研人员的机会主义研发行为。二是实证法视角下无人驾驶汽车规制学说。学者尼克·贝拉就从无人驾驶汽车的"电车难题"模拟实验着手，比较无人驾驶与人工驾驶之间的显著区别：面对突然出现的未成年人，无人驾驶汽车急转方向盘可能损伤车内乘客，但倘若坚持直行则将危及未成年人生命健康。[1] 这种抉择的难题有可能引发无人驾驶汽车的算法规制。而哈里·萨尔登、玛丽·安妮·威廉姆斯则从谷歌无人驾驶汽车的交通事故责任认定问题出发，认为无人驾驶汽车在"模拟人类大脑并解释其注意力和意图的交流"上，将引来安全性挑战。[2] 杰西·克罗皮尔则主张，应当建立以强制性数据共享、伦理衡量、公共安全、决策透明以及责任分担为主的无人驾驶汽车安全标准。[3] 三是法律规制理论下的无人驾驶汽车规制学说。为了避免不可逆转的科技风险与社会风险，人们需要面对的不只是科技的外部影响，还包括科技发展的必要限制。为此，日本学者植草益建议采用"社会性规制"，即通过创设法律规范、政策、伦理规范等方式，来解决科学技术与法律规制问题。[4] 考虑到人工智能技术应用中的国际化趋势，杰森·马里森敏锐地发现了科技风险规制中的规则趋同现象，从而提出降低科技风险的规制成本、消除科技标准差异、加快国际科技规则一体化的规制模式。[5]

综上可知，近年来国内外法学界关于无人驾驶汽车的研究存在以下三个薄弱点。第一，无人驾驶汽车的风险类型及其客观状况的实证经验缺

---

① Nick Belay, "Robot Ethics and Self-Driving Cars: How Ethical Determinations in Software will Require a New Legal Framework," 40 *Journal of the Legal Profession* 1, 2015, pp. 119 – 130.

② Harry Surden, Mary – Anne Williams, "Technological Opacity, Predictability, and Self-Driving Cars," 38 *Cardozo Law Review* 121, 2016, pp. 121 – 181.

③ Jesse Krompier, "Safety First: The Case for Mandatory Data Sharing as a Federal Safety Standard for Self-Driving Cars," *University of Illinois Journal of Law, Technology & Policy* 2, 2017, pp. 439 – 468.

④ 〔日〕植草益:《微观规制经济学》，朱绍文等译，中国发展出版社，1992，第22页。

⑤ Jason Marisam, "The Internalization of Agency Actions," 83 *Fordham Law Review* 4, 2015, pp. 1909 – 1953.

乏，导致各国关于无人驾驶汽车法律责任问题的研究缺乏实践检验，这一点对无人驾驶汽车法律责任分担的影响非常大，因为无人驾驶汽车应用中的风险转移、法律困境以及责任划分等，都建立在无人驾驶汽车风险类型与客观状况的基础之上。第二，无人驾驶汽车的责任规制方式创新问题。责任规制方式是否切中无人驾驶汽车法律问题的要害、是否符合具体国情、是否具有可操作性和现实指导意义，都影响着无人驾驶汽车未来的使用价值和实际效用。第三，无人驾驶汽车责任机制的专门立法与制度设计还属空白，且对社会公共安全、公众个体需求的法治关切不足。专门性立法是实现无人驾驶汽车有序性应用的最有效方式。它能否解决无人驾驶汽车发展与公共需求之间的平衡、能否有效地推动科技进步与公共安全之间的互助性发展，深刻地影响着无人驾驶汽车责任承担的现实价值。为此，在中国大力推进无人驾驶汽车的应用与发展，且在专门性法律法规与相关研究欠缺的情况下，针对无人驾驶汽车的科技风险、社会风险、安全风险做出具体性的、符合科技发展规律的、创新性的法律措施与制度设计，就成为中国当前法治建设面对人工智能挑战的一个突破口。当前，完全的无人驾驶汽车已是"激发态"上的电子产品，离走进我们的生活只有一步之遥。无人驾驶与既有法律体系之间是存在冲突的，现行的法律制度并不能很好地接纳它的存在。本书试图将"法律责任"作为重点，辨析无人驾驶汽车对现行责任体系的挑战及可能的应对路径。鉴于无人驾驶技术的飞速发展，本部分探讨的法律责任问题仅限于完全无人驾驶阶段，对路测阶段的无人驾驶问题暂不做考察。

（二）　无人驾驶汽车独立承担法律责任之可能性

无人驾驶技术属于人工智能的表现形式之一，但受到法律确定性与科技风险不确定性的困扰，无人驾驶汽车正考验着我国的社会治理能力。因此，通过法律化解风险、吸纳风险，将风险社会置于法治社会之中，完善行政机关对科技风险的治理措施和提升治理效果，就成为当前国家治理现代化的重要目标。然而，关于无人驾驶汽车是否能够成为独立的法律责任主体，目前学界尚有争议。当下对于此问题的争议可以归纳为三种观点。一是有限责任主体说。该观点认为，人工智能产品具有独立思考的能力是其与其他科技最大的区别，但人工智能产品在可预期范围内的工具属性不会被僭越，仅应具有有限的法律人格，并应确立"刺破人工智能面纱"的归责原则。① 二是非法律责任主体说。坚持该学说的学者较多，但理由各有不同。郑戈认为，不赋予人工智能产品法律责任主体资格是逻辑推导的必然结果，② 原因如下。其一，若适用"缴出赔偿"（noxoe deditio）原则，将人工智能产品交由被害人处理或者由人工智能产品支付赔偿金或坐牢，最终的责任承担者仍是其所有权人。其二，若适用人工智能产品罪责自负原则，又会因为其不可能拥有属于其自身的财产而导致由所有权人支付。由于最终责任人依然是所有权人，赋予人工智能产品独立的责任主体身份属于多此一举。尤其是在缺乏有责性要素的情况下，人工智能产品无法通过拟制方式获得主体资格。③ 王利明认为，人工智能在当下对民法主体理论的冲击，远未到伤筋动骨的程度，在可预见的一段时间内，维护现有理论可行且有必要，根本原因在于其权利义务能力尚未达到可独立承担的地步。④ 吴汉东认为，人工智能没有与人类匹敌的自由意志，计算机编程与人类 DNA 有天壤之别。⑤ 同样重要的是，人工智能产品的信息结构出于人类设计有其天然的限定性——有智能，却毫无人类的丰富心灵与细腻神经，将其法人格上同于人类是不适当的。三是可以赋予其独立的责任主体身份。司晓、曹建峰认为，可以模仿欧盟，在大胆创设独立法人格之后，通过丰富人工智能的权利、义务、责任能力来应对人工智能时代的法律挑战。⑥ 刘宪权认为，可以为人工智能产品创设刑事方面的独立法人格，理由有两点。一是刑事责任认定的基础是责任主义，即是否基于独立的意识实施不法行为。⑦ 对人工智能产品来说，编程预期之外的行为即由其自身

---

① 袁曾：《人工智能有限法律人格审视》，《东方法学》2017 年第 5 期。
② 郑戈：《人工智能与法律的未来》，《探索与争鸣》2017 年第 10 期。
③ 朴宗根、杨玥：《人工智能法律主体资格之刑法评判》，《南宁师范大学学报》（哲学社会科学版）2019 年第 5 期。
④ 王利明：《人工智能时代对民法学的新挑战》，《东方法学》2018 年第 3 期。
⑤ 吴汉东：《人工智能时代的制度安排与法律规制》，《法律科学》（西北政法大学学报）2017 年第 5 期。
⑥ 司晓、曹建峰：《论人工智能的民事责任：以自动驾驶汽车和智能机器人为切入点》，《法律科学》（西北政法大学学报）2017 年第 5 期。
⑦ 刘宪权：《人工智能时代的刑事风险与刑法应对》，《法商研究》2018 年第 1 期。

独立做出。二是法律行为的含义可以包括由人工智能产品做出的行为。综观上述观点可以发现，无论其如何看待无人驾驶汽车的责任主体资格，均否认无人驾驶汽车对现行法律体系的挑战。针对当前无人驾驶汽车应用中的各种情形，中国要么在法理上重塑责任主体观念，要么针对无人驾驶汽车的社会化应用创造出新的法律规制模式。后者可以参考"公司"这一法律责任主体的发展历程。回溯拟制法人的发展史可以发现，有限责任公司是在大航海时代背景下，远洋航运与国际贸易的风险系数增加，基于降低实际经营者的责任以促进经济活动的需要而诞生的。并且，由于公司自身参与经济活动，可有独立的财产，其自身承担责任是可行的。故此，无人驾驶汽车的责任主体身份问题在不久的将来会对法律体系提出更为严峻的挑战。

目前，我国在北京、深圳、郑州等地设置了无人驾驶汽车公共道路运行试点，试点区域的道路状况、天气状况以及车辆本身的先进程度等都存在较多差异。这一现实致使责任观测结果差异较大，其诱因表现为科技风险的分立性、社会风险的复杂性以及法律问题的模糊性，由此增加无人驾驶汽车责任分担的制度设计难度，影响了责任分配的信度、效度和普适性。倘若采用专门性立法模式，处理无人驾驶汽车的法律责任与现行交通法律体系的衔接问题将成为一大难点。

（三） 无人驾驶汽车的责任分配体系问题

无人驾驶汽车的发展一定程度上反映出科技发展、法律规制与社会公共安全之间的多重矛盾。在大力倡导国际核心竞争力、全面推进依法治国的当下，其更加凸显出法律对科技引导及对科技风险规制的必要性。同时，人工智能技术的法律规制，需要关注人工智能飞速发展的客观社会需求以及更为广阔的全球治理体系。并且，人工智能技术的社会需求与国际合作呈现陡增趋势。值得注意的是，我国目前尚未对无人驾驶汽车的法律规制做好立法准备和应对措施，这对我国的无人驾驶汽车发展及其国际化趋势是不利的。另外，我国现行的法律体系在对整个人工智能技术发展中的主体定位、权益保障、责任认定等方面，均缺乏专门的规制措施。也就是说，我国现行法律体系的制度供给不能满足人工智能技术发展的需要。

因此，如何设计科学的责任规制措施、无人驾驶汽车的发展要设计何种特殊的责任体系、法律应当如何在科技发展与社会保护之间取得平衡等，应当成为无人驾驶汽车责任机制设计中的重要关注点。国内外学者均对此开展了不少研究。

无人驾驶汽车存在算法歧视、决策不透明、驾驶系统易受侵袭等类型的技术性风险，由此带来潜在的社会安全隐患、公共交通失序、社会伦理以及个人数据泄露等类型的社会风险。这些风险反映在我国现行的法律体系上，则主要体现为无人驾驶汽车的交通主体定位缺失、隐私权保护不力、责任认定困难、行为规制失效等法律难题。对无人驾驶汽车的应用现状与法律体系进行直观的比较与判断可以看到，传统法律的责任认定及其归责方式较为低效，难以满足 "风险预防与规制" 的要求。美国纯粹法学派法学家凯尔森富有洞见地指出，法律责任是与法律义务相关的概念，一个人要在法律意义上承担责任，即其做出法律所不许可的行为时，会遭受制裁，在普遍情形中，法律责任的主体同为法律义务的主体。[①] 也就是说，在整体法秩序的权威昭告之下，有一些行为被定义为不法行为，生活于此法秩序之下的主体，有不去为该不法行为的义务，如若他没有遵守这个义务，他将遭受整体法秩序的现实有形者即国家的制裁。因此，"制裁" 与 "不法行为" 之间构成循环论证，以义务为纽带，展现法律责任的动态样式。在凯尔森 "整体法秩序" 的基本逻辑下，道路交通安全不能容忍的行为范围并未发生较大的改变。最大的改变在于，无人驾驶汽车使机动车的义务主体或不法行为承担者的范围扩大了。因为在无人驾驶汽车的应用上，车内人员是不参与驾驶活动的。相应地，对机动车行驶负有注意义务的主体也从之前的司机转变为无人驾驶汽车智能系统背后的制造商。随着这一法律义务承载主体的改变，无人驾驶汽车之法律责任也应做出相应的改变。

当前，我国现行法律体系并未给无人驾驶汽车的责任体系设置预留出足够的空间。特别是在传统的机动车法律秩序当中，法律责任体系围绕在

---

① 〔奥〕汉斯·凯尔森：《法与国家的一般理论》，沈宗灵译，中国大百科全书出版社，1995，第73~76页。

整体法秩序意志中。其意志的有形表现主要体现在《道路交通安全法》《刑法》《民法典》等所创设的各种不法行为当中。机动车驾驶员经过培训考试后知道并且应该遵守相关规定，如若违反，国家将会通过民事、刑事、行政三种手段对该行为人实施制裁。在无人驾驶汽车出现之后，有些交通法则确实会因其自身特质的改变而改变，这种情况导致无人驾驶汽车的专门性立法"牵一发而动全身"。它增加了无人驾驶汽车责任分担的制度设计难度。反观无人驾驶汽车的社会化应用，可以从两个大类进行讨论。一是个人自用、不参与经济活动的无人驾驶汽车。由于不参与经济活动，不创造财产，其独自承担责任没有基础，其责任分配或许可以直接嫁接于所有权人的责任体系中。二是参与经济活动的无人驾驶汽车，赋予其责任主体身份则显得极为必要。从无人驾驶汽车最引人注目的侵权损害纠纷中可以发现，若无人驾驶汽车自身享有独立法人地位，相当于一般劳动者，则其与公司或个人的关系为劳动或劳务关系。根据《民法典》"侵权责任编"第1191条"用人单位的工作人员因执行工作任务造成他人损害的，由用人单位承担侵权责任"所确立的归责规则，无人驾驶汽车造成侵权后果的责任主体依然是公司和个人。但实际上，无人驾驶汽车的决策后果与公司或者个人之间并无关系。否定无人驾驶汽车的责任主体资格，会严重损害道路交通安全以及交通秩序。最重要的是，汽车的本质属性不会离开交通工具之定性，无人驾驶汽车无论在智能上如何先进，其本质依然是一种工具。基于工具属性，其自身智能系统哪怕具有高度的识别判断能力，也仅仅是在一个特定的范围内承担责任。

二　无人驾驶汽车对相关责任规则之挑战及解决路径

目前，无人驾驶汽车在全球范围内掀起了法律治理模式的变革。作为人类社会的伟大发明，无人驾驶汽车推动了人类社会的整体性进步，也存在巨大的社会风险。它既包括"技术—经济"决策导致的非理性风险，也包括法律保护下科技文明本身的风险，由此导致科技风险逐步转化为具备共生性、时代性、全球性特点的社会风险。同时，无人驾驶汽车给当下的法律规则和法律秩序带来了一场前所未有的挑战，凸显了法律制度供给的缺陷。对于无人驾驶汽车引发的负面影响，我国有必要采取制度化的风险防范措施，即预防性规制和因应性制度，进而形成制度性、法治化、现代化的社会治理体系，引导无人驾驶汽车合法、安全地发展。我国目前的法律并未规定无人驾驶汽车的责任承担问题。一旦遭遇交通事故，无论是无人驾驶汽车所有人还是机动车驾驶人，都无法在法律层面获得有效的保护或惩罚。因此，无人驾驶汽车对现代交通秩序构成的威胁，需要通过填补法律规定上的空白予以解决。鉴于无人驾驶技术的快速发展，我国在无人驾驶汽车应用的初期，必定面临法律责任体系上的冲击和挑战。

（一） 民事侵权责任体系的冲击与应对

我国现行机动车侵权责任体系是由《道路交通安全法》和《民法典》"侵权责任编"共同组成的，即在《民法典》"侵权责任编"侵权行为、损害后果、因果关系和过错四要件诉讼结构下，再加上《道路交通安全法》在"过错"要件中具体细化的责任规则。简言之，责任体系由侵权主体法律关系和归责原则两个部分共同构成。具体来说，《道路交通安全法》强制引入了一个"三方"法律关系，可将其称为强制保险责任制度。在机动车发生交通事故的情形之下，先由保险公司对受害人在事故中造成的损失于保险限额内给付赔偿，超出的部分，《道路交通安全法》第76条明确规定了分类讨论式的归责原则，即机动车之间发生事故的情形之下适用"过错原则"，在机动车与非机动车或行人之间发生事故的情形之下适用"过错推定原则"。这两种责任划分原则中的"责任"，不能被定义为狭义上的法律责任，其更多的是对事故发生各方的一种事故成因或过错的认定。它以交警出具的交通事故责任认定书为形式，可在诉讼中作为证据类别中的书证使用，主要是为了在侵权法律关系框架下对"过错"部分进行论证。需要说明的是，这里对"过错"的认定，不是主观的，而是客观的，即机动车的行驶行为是否违反具体的交通规则，违反的一方即可在事故中被认定为有过错。

无人驾驶汽车的出现，是《道路交通安全法》立法时所未预料的，对现行机动车侵权责任体系固然构成挑战。但挑战主要不在规则原则方面，而是在侵权法律关系的主体方面。原因在于，无论是"过错原则"还是

"过错推定原则"，其认定都以机动车的行驶行为这一客观现象是否违反道路交通法律法规为标准，并不考察驾驶者的主观意识，对无人驾驶汽车主观意识究竟如何认定的担心可以不必存在。因为在现行的《道路交通安全法》的归责框架下，交警也完全不需要考察驾驶人的主观意识。如果无人驾驶汽车在道路上发生了交通事故，只需要看无人驾驶汽车自身的驾驶行为本身是否违反道路交通法律法规的构成要件要素即可。由于归责认定方式的客观属性，无人驾驶汽车不会对侵权责任体系中的归责原则部分构成挑战。

但另外，无人驾驶汽车确实对现行侵权责任体系的侵权法律关系的主体认定方面构成重大挑战。也就是说，受到无人驾驶汽车侵害的原告，如何去找到适格被告的问题。在传统的机动车事故中，由于机动车被人驾驶，机动车所造成的侵权行为由驾驶人所支配，故驾驶人当然是侵权行为人。但是对无人驾驶汽车来说，无人驾驶汽车没有人类驾驶者，其造成事故的行为应该由车主、乘客、汽车制造商当中的谁来承担责任呢？白云武主张应该由车辆所有者来承担，原因在于车主既然享有物权，对之便有相应的注意义务，理所当然要负担一定的责任。[①] 又因为民法"受益者与担责者同一"的价值原则，车主享有物权的时候就免除了请司机的成本支出，是确确实实的既得利益者，享受着生产力发展带来的优惠，却又豁免了法律上的义务，权利与义务失衡，是不公平的。本书对此有不同看法。一方面，物权人固然有妥善保管车辆的义务，但在完全无人驾驶时代，机动车的路线选择和反应决策都由其自身的人工智能系统做出，车主并不参与驾驶活动，期待车主在乘坐无人驾驶汽车的时候拥有与人工驾驶时代同样的注意义务，既与发展无人驾驶汽车解放驾驶人的初衷相违背，也是强人所难。另一方面，白云武根据"谁受益，谁担责"的民法原则推导出应该由车主承担责任的结论也是不能成立的。如若仅仅根据谁是受益者谁就应该承担责任的逻辑，那么，最应该承担责任的就是汽车生产商。他们通过出售无人驾驶汽车所获得的收益远远大于一个普通车主。既然车主不能

[①] 白云武：《无人驾驶汽车交通事故的法律责任分析》，《交通运输部管理干部学院学报》2016 年第 2 期。

违反权利与义务对等原则，那么获得巨大收益的汽车生产商则应该承担更大的责任。

此外，在确认责任主体和责任归责之前，更重要的是把事故发生的前因后果及其关系厘定清楚。有学者提出，可根据对方原因、自身原因、汽车所有人或管理人原因等设置分门别类的责任体系。① 笔者认为，这种方案并不可取。其一，对事实因果关系的精确追求对执法部门的鉴别能力提出了很高的要求。在全国范围内施行事故因果关系深入调查制度，需要高水平的执法人员和高精尖的执法技术，这在事实层面上难以做到。哪怕在事实上可行，将本就有限的财政支出放在道路交通事故纠纷解决上亦非良策。其二，高度细分的侵权责任体系将会对受害当事人提出很高的举证要求，如此一来，将会出现受害当事人难以寻求救济的局面，不利于当事人行使诉权，也不利于促进纠纷高效低成本的解决。

（二）刑事责任体系的冲击及其程度

围绕机动车的刑事责任体系传统上主要由"交通肇事罪"与"危险驾驶罪"这两个罪刑来实现。其中，"交通肇事罪"属于结果犯范畴，以出现重大侵害后果为既遂标准；"危险驾驶罪"属于行为犯范畴，以法定犯罪行为的完成为既遂标准。另外，在主观方面，"交通肇事罪"要求行为人对其事故发生及损害后果持疏忽大意或者过于自信的态度，"危险驾驶罪"要求行为人对其自身行为的后果持希望发生的态度，这两个都以道路交通安全作为法律保护的核心利益。

无人驾驶汽车的出现将会对传统机动车驾驶类犯罪的归罪路径构成一定的挑战，但潜在的涉罪现象依然可以在现行刑法框架下得到解决。根据刑法，交通肇事罪的违法性阶层构成要件有两个，一个是在交通运输管理法规上有行政性的违法事实，另一个是在结果上发生重大事故的事实。以此作为基础，交通肇事罪之成立要求行为人故意违反交通法规，但其对产生重大事故结果是基于疏忽大意或过于自信的过失。如若没有在行政法意义上违反交通法规的故意，在客观结果上发生了事故则属于意外事件。如

---

① 赵先飞：《无人驾驶汽车交通事故法律责任问题研究》，《蚌埠学院学报》2018 年第 1 期。

若不是过失而是故意，造成事故则可以被刑法评价为故意伤害罪或故意杀人罪。对于无人驾驶汽车来说，如若出现在行政法意义上违反交通管理法规的事实，出现了重大事故这么一个结果，那么不应该再用交通肇事罪这么一个罪名来调整。智能系统支配了无人驾驶汽车驾驶行为决策的做出，智能系统由制造商进行算法设计，故无人驾驶汽车的驾驶行为可以视为设计者意志的延伸。设计者在进行算法编程的时候，就会将交通法规的要求写进人工智能系统。如若设计者在设计时存在过失，导致无人驾驶汽车在行政法意义上违反交通法规，进而造成重大事故，那么这样的行为是不能满足"交通肇事罪"的构成要件要素的，因为设计者对违反道路交通法规没有故意。如若设计者在设计系统的时候就故意将违反道路交通法规的指令写进系统，那么其行为的性质在刑法上就可以故意杀人、故意伤害或以危险方法危害公共安全罪进行评价。总之，无人驾驶汽车在逻辑与事实上就与交通肇事罪这样一个罪名无缘。

根据刑法，对于"危险驾驶罪"来说，其构成要件有四种情形：一是机动车之间赛车，影响很严重的；二是醉酒后还执意开车的；三是校车、客车超速超载的；四是运载在化工意义上有大规模杀伤力，对公共安全构成威胁的。满足其中一种即构成此罪。由无人驾驶汽车的出现而构成挑战的，有可能是前两种情形。就追逐竞驶而言，该行为要求故意。如若设计者在进行系统编程的时候没有允许出现这种情形，而是由于意志以外的系统漏洞导致出现追逐驾驶现象，则不构成危险驾驶罪。如若设计者故意设计了竞逐模式，由于汽车生产的批量性，那么完全应使用以危险方法危害公共安全罪来调整之。对于醉酒驾驶的情形，该法条的立法原因是驾驶员醉酒导致控制判断能力下降进而危及道路安全。在无人驾驶的情况下，乘客完全不参与驾驶活动，醉酒后相当于乘坐他人驾驶的汽车，该行为不受刑法的评价。至于后两种情形，违反运输标准所造成的危险与有没有人驾驶无关，以实际支配该行为完成的人为刑事主体，适用危险驾驶罪。综上所述，无人驾驶的出现仅仅在罪名适用上构成冲击，对整个刑法体系冲击较小，现行刑法框架依然可以调整无人驾驶汽车领域可能存在的现象。

综上可知，无人驾驶汽车在刑法上的冲击体现在归罪路径和罪名选择上，即使刑法论证的结果与我们传统的观念不一样，无人驾驶及与其相关的所有行为仍旧可以被现行刑法典所吸收。所以，刑事体系尽管在具体的罪名使用路径上有所改变，但刑法原则和归罪逻辑本身并没有遭受挑战。

（三） 行政相对人的转移及其法律问题

传统机动车在行政法领域配备了一套以行政许可和行政处罚为形式的行政责任体系。作为行政许可的驾驶证制度和作为行政处罚的罚单和累计积分制度，共同保障了传统机动车时代的上路秩序和交通安全。无人驾驶汽车的出现，将对现行行政责任体系构成较大的冲击。

基于维护社会公众合法权益、预防科技风险的需要，我国在规制无人驾驶汽车的社会化应用上必须采取 "政府 + 社会组织 + 公司" 的多元合作规制模式，将政府、行业、市场糅合，形成多元、综合性的公共规制模式。其优势是能够提高行政规制的效率，提升行政规制过程中的公众参与度。更重要的是，高科技公司能够弥补行政机关监管职能的不足。而在严峻的制度挑战上，首先就是驾驶证制度。机动车是具有较高风险和潜在破坏性的一种工具，但其风险并非不可控制，只要驾驶员身体健康、掌握一定的技巧、习得相关道路交通知识、遵守相关法律法规，风险就能在很大程度上避免。所以，从保护公共整体的法律核心利益的视野来看，创设出一套通过考核确定驾驶能力的驾驶证制度是必要且合理的。但无人驾驶汽车因其自身核心运作机制革新而与上述论述格格不入，传统机动车驾驶员的注意义务已经完全转移给了无人驾驶汽车自身，车内的乘坐人员不参与驾驶活动，这就使得原来的驾驶证制度没有了事实基础。对无人驾驶汽车来说，乘坐人不需要通过任何资格类考试，就像市民乘坐公共汽车一样，没有任何特殊条件。但是，这并不意味着无人驾驶汽车就享有 "横行霸道" 的特权，出于和设立驾驶证制度同样的目的，为了保障道路交通的安全，应该由制造商来承担原来驾驶员的相应行政责任。正因如此，无人驾驶汽车的重大改变与现行制度多有难以融洽之处，我国现行《道路交通安全法》的规定在不做出修改的前提下显然与无人驾驶汽车之根本改变不兼容。其不仅限制了 18 岁以下、70 岁以上公民和残障人士自由出行的权利，更不利于无人驾驶这种安全系数高、经济成本低的新型出行方式的应用与普及。

累计积分制度是以《道路交通安全法》第 88 条规定的警告、罚款、暂扣或者吊销机动车驾驶证、拘留为样式所形成的交通违章行政处罚制度。在传统意义上，一整套的行政处罚制度通过作用于驾驶人，使整个交通安全秩序得以维护。但在无人驾驶汽车出现之时，由于驾驶的义务与能力被转移到无人驾驶汽车智能系统及其背后的团队之上，如若再将车辆违章的处罚施加给车主或车内乘员，旧有的行政规制不仅已不合理，而且将出现失灵的状况。在此背景下，以行政相对人发生转移为表象的责任主体转换就是我们要面对的新的问题。其实，在责任主义原则之下，再加上无人驾驶汽车属于工具这一事实，民事、刑事、行政三个部门法领域中的责任主体变迁有其相似之处。在由驾驶方式改变带来的注意义务主体改变的线索下，可以看出，无人驾驶汽车的制造商、车载智能系统的背后技术团队，相当于新时代下的驾驶人，虽然隔着智能系统这一中间载介，但依然可以将无人驾驶汽车的驾驶行为追溯至汽车制造商。以这一实质转换为核心，在行政法领域下，就是行政相对人的转移，并牵连其背后创设的法律责任与规制方式的转移。

在规制方式上，新制度将继承传统的罚单制和累计积分制，并可将其发展成特殊的累计积分制度。具言之，首先，积分标准应严格于传统机动车。传统机动车总积分为 12 分，无人驾驶汽车的总积分应低于 12 分。其次，区分处罚对象。传统处罚对象为机动车驾驶员，无人驾驶的时代对象应该明确为汽车制造商。最后，区分处罚形式与后果。传统机动车若积分已满则驾驶员需要重新参加驾驶证考试，对无人驾驶汽车来说，积分若满则需要返厂检查维修、给出报告并且需要由制造商来支付相应的罚单。[①]

三　无人驾驶汽车法律责任的完善措施

（一）明确无人驾驶汽车制造商的"无过错责任"

无人驾驶汽车确实冲击了现有的法律体系，使得一些新的法律规范亟

---

① 陈晓林：《无人驾驶汽车对现行法律的挑战及应对》，《理论学刊》2016 年第 1 期。

待制定，但在可以预见的将来，道路上将混杂着传统人工驾驶的机动车和无人驾驶的机动车，旧有的法律关系依然存在，现行的一些法律规范亦将得到保留。基于无人驾驶汽车发展的客观规律，我国对无人驾驶汽车的法律规制创新应当采纳多元主体规制、技术性规制以及自律性规制的全方位规制模式。它能够带来规制效率、规制深度和规制效果的整体提升，并一定程度上解决传统行政规制模式的独断性、欠科学性问题。特别是在交通事故中认定"过错"属于无人驾驶汽车前提下，在民事责任主体确定问题上应对无人驾驶汽车制造商实行"无过错责任"原则，原因如下。第一，根据《民法典》"侵权责任编"中侵权行为与行为人关联机制的分析，谁在客观上支配了侵权行为，谁就应该对该行为在事实意义上负责，谁就是侵权行为人。在无人驾驶汽车事故中，系统对无人驾驶汽车自身行为的做出起到了支配性的作用，而该系统作为一个产品，无论硬件装配还是软件算法设定，都由其制造商支配，制造出安全、符合道路交通法规的无人驾驶汽车也是汽车制造商的义务，故当无人驾驶汽车在实际运行中出现"过错"，其行为在事实意义上应该追溯到其制造商，制造商就是侵权行为人。第二，高度自动化的交通工具适用"无过错责任"原则早有先例，我国《民法典》"侵权责任编"就规定了民航飞机致人损害适用"无过错责任"原则。实践证明，该条款并无不当，切实可行。第三，对无人驾驶汽车制造商实行"无过错责任"原则不会起到遏制行业发展的作用。在无人驾驶汽车产业领域，各大企业与初创企业的竞争十分激烈，在技术上制造出最安全的无人驾驶汽车，既是公司的义务，也是最大商业利润得以实现的目标，因为在市场经济中，消费者有众多选择，他们对无人驾驶汽车的第一需要就是安全。并且，确立"无过错责任"将会在一定程度上打消消费者购买使用的疑虑，其对行业的促进效果与民航业被该原则促进的效果一致。第四，可以配套高额保费的强制责任险以打消汽车生产商的最后疑虑。自美国马萨诸塞州于1925年实行汽车强制保险制度以来，其在解决纠纷、保障受害人权益方面十分成功，被世界各国效仿。无人驾驶汽车的发展依然可以继承这一有益的制度。并且，基于无人驾驶汽车安全系数远高于传统人类驾驶汽车这一事实，完全可以设计出一种保费低、保额高的险种。

综上所述，对无人驾驶汽车制造商实施"无过错责任"的责任主体确认规则，也许是当前应对无人驾驶汽车对侵权责任体系挑战最好的方案。为此，我国可在《民法典》"侵权责任编"第三章中增设无人驾驶汽车赔偿责任主体的条款，将无人驾驶汽车制造商在侵权纠纷中适用"无过错责任"原则的主体地位清晰地写进去。

（二） 完善 《道路交通安全法》

在行政法领域，《道路交通安全法》应做出适时调整，在是否合乎法律的选择上，法律礼让于社会进步主义，使相关法律及其制度与技术发展相适应成为我们的当然选择。因此，相关规范如《道路交通安全法实施条例》《机动车驾驶证申领和使用规定》等内容应适时修订。与此同时，由于行政相对人的相关义务与责任已经从驾驶员转移到了汽车制造商，所以在行政许可问题上，除了废除原有的驾驶证制度，还应该建立规范的无人驾驶汽车企业设立的许可制度。必须形成统一的标准，对企业的技术、资金、规模、质量进行严格的考察。由于事关安全，并不是所有企业都可以生产无人驾驶汽车。所以，我国要对无人驾驶汽车实行特殊的牌照申请许可制度。只有符合各门类技术标准的无人驾驶汽车，才可以对其发放无人驾驶汽车生产牌照，以在生产环节管控无人驾驶汽车的质量，确保道路交通和社会安全。

可在《道路交通安全法》第二章"车辆和驾驶人"第19条中的"驾驶机动车，应当依法取得机动车驾驶证"后增设"使用无人驾驶汽车的除外"，在第24条中增设"若无人驾驶汽车出现违反道路交通安全、法规的行为，除对该无人驾驶汽车制造商给予行政处罚外，实行特殊的累计积分制度。公安机关对积分超标的无人驾驶汽车，勒令原汽车制造商对该无人驾驶汽车进行返厂检修，检验合格后，将该车归还给车主"，在第90条增设"无人驾驶汽车违反道路交通安全法律法规关于道路通行规定的，对无人驾驶汽车制造商处五十元以上五百元以下罚款"，在第99条"（一）""（二）"后增设"机动车属于无人驾驶汽车的除外"。此外，建议适时制定《无人驾驶汽车法》，明确其合法的上路地位。具体而言，在《无人驾驶汽车法》中对立法的目的、相关名词术语、行驶的基本原则、测试的路段与环境、监管的内容、制造商的义务、所有权人的义务、法律责任等主要内容予以详尽规定。

（三） 完善汽车保险机制

早在 1919 年，美国马萨诸塞州颁布的《赔偿能力担保法》就要求，车主在机动车登记之时以保单或债券担保发生意外时具有赔付的能力。该法的立法目的是确保事故受害人合法权利能够得到保障。但由于这种担保方式往往没有即时性，而且并不是强制履行，事故受害者的保障并不理想。为了进一步保障受害者，美国马萨诸塞州于 1925 年通过了《汽车强制保险法》，并强制规定车辆所有者必须持有汽车责任保险单。这样，一旦出现车祸，受害人的经济补偿在很大程度上能够得到保障。由于效果良好，这种做法很快被其他州效仿，也传播到其他国家。我国亦借鉴了这一制度，并在《道路交通安全法》第 17 条中明确规定了"汽车强制险"。该险种在三方法律关系框架下，将原机动车驾驶人赔付能力的风险降到社会可以容忍的程度。对无人驾驶汽车而言，虽然它的安全属性更高，但出现事故在所难免。尤其在汽车制造商适用"无过错责任"原则时，也许有论者会担心巨额的赔偿金额会对行业的发展起到抑制作用，为此，强制保险制度的完善，或可对这种担心做出正面的解答。

从横向来说，对无人驾驶汽车适用强制保险在国外早有先行者。英国的《自动与电动汽车法案》（AVE 法案）将为英国的无人驾驶汽车提供保险。AVE 法案在第一部分专项阐明责任与保险问题，修改了强制责任险的条款，使无人驾驶汽车也能被该条款所涵盖。并且，该法案延展了原强制责任险的保险范围，使车内人员所遭受的损害也能适用强制责任险。几乎同时，欧盟也设立专项计划，试图让无人驾驶汽车也适用强制责任险制度。在美国，被广泛借鉴的内华达州 AB511 法案也将无人驾驶汽车的测试和适用归入强制责任险框架，新加坡也吸收了这个制度。[①] 日本国家警察局在《公路测试无人驾驶车辆规则》中规定，自动驾驶期间的交通事故应当列入汽车保险的赔付对象，但要求测试人员对交通事故承担法律责任。

---

① 曹建峰、张娇红：《〈英国自动与电动汽车法案〉评述：自动驾驶汽车保险和责任规则的革新》，《信息安全与通信保密》2018 年第 10 期。

这是日本国内首例以无人驾驶汽车为对象的保险。但对于我国而言，无人驾驶汽车保险机制的设置，应当在符合我国国情的基础上，对上述保险机制加以完善。

所谓"保险机制完善"，即在明确沿用强制责任险制度的前提下，就保险产品的设计做出改变。巴菲特曾向金融业提出警告，无人驾驶的出现可能会终结保险业。原因在于，在以个人驾驶历史数据作为保费确定标准的传统之下，其核心逻辑是将金融业利润与承保对象风险进行具有一定相关性的绑定，而无人驾驶汽车会因为其发生事故的概率太低而使得保险业失去利润。巴菲特的担心不无道理，但那必然是属于远处的图景，在无人驾驶汽车刚刚兴起之时，无论是出于保留技术成熟度的角度还是出于解除公众对新事物的近乎本能的警惕的角度，强制无人驾驶汽车购买保险仍然是非常有必要的。同时，恰恰是由于无人驾驶汽车的高安全性，保险业可以开发出一款保费低、保额高的保险产品，这既能给整个市场吃下定心丸，也不至于给需要购买保险的制造商以太大的负担，完全属于帕累托改进。就保险业自身而言，其实也远远不会消亡，来自第三者责任险的保费可能确实会有所收缩，但无人驾驶汽车道路安全性的提升不会影响到盗抢险、玻璃单独破碎险、车辆损失险等其他商业险种，故保险业的利润来源依然存在。

综上，在人工智能飞速发展的当下，受到人工智能技术不确定性的影响，我国有必要"对人工智能的发展予以法律上的积极应对和引导"。[①] 无人驾驶汽车相较于传统机动车而言，在法律责任层面已经发生明显变化。一言以蔽之，由义务主体改变带来的是责任主体的改变。由于驾驶模式上本质的革新，道路公共安全的注意义务承担者也随之转移。但是，革新的结果不是使无人驾驶汽车本身成为新的义务主体，而是将原来属于机动车驾驶员的注意义务转移给无人驾驶汽车制造商。在这个深刻的事实/法理转变的内在逻辑的统摄下，各部门法的责任体系需做出相应调整，其指向立法调整的诉求结果是，刑法体系因既有罪名可吸收新态势故可以不改，

---

① 赵香如、潘雨：《利用人工智能侵财犯罪的刑法性质》，《南宁师范大学学报》（哲学社会科学版）2019年第6期。

民法体系则需增设对制造商适用"无过错责任"的主体确认原则，行政法体系则需将原来属于驾驶员的行政责任调整至由制造商来承担。无人驾驶汽车看似对现行法律体系冲击颇大，但其本身并不自外于法理分析的范畴，只需沿着义务主体转移这条逻辑主线，我们就能整合出新的法律责任体系，让无人驾驶汽车和谐地进入人类社会生活。对于当下的无人驾驶汽车治理而言，我国应当将其视为一个兼具社会治理、行政干预和市场调整的复杂工程。依据高风险行业的治理规律，我国在无人驾驶汽车的法律治理层面，应当通过"特许经营合同"的方式，发挥高科技公司的市场监控优势、人才优势、技术优势，弥补人工智能技术规制过程中的技术短缺。此外，还应当采用市场准入与准出规制、技术规制、价格规制、安全（责任）规制等规制工具，降低无人驾驶汽车的科技风险。因此，在立法过程中，我国应当率先明确无人驾驶汽车的自动驾驶分级，采取分级、分类管理；制定无人驾驶汽车上路测试申报许可制度，明确我国的公共路段测试区域；按照事故发生时的汽车操作状态，在驾驶人与汽车制造者之间划分责任；完善无人驾驶汽车保险制度；建立自动驾驶领域的个人隐私保护制度，明确个人数据的隐私等级与开放范围。

第七章

人工智能时代的司法变革：区块链证据[*]

　　自 2008 年中本聪设计出比特币（Bitcoin）以来，世界各国的互联网金融开始迈向区块链时代。区块链是一种以不可复制性、不可篡改性、去中心化、去信任、非对称加密以及时间戳为主要特征的数据信息运载技术。通过数据加密的方式，区块链技术得以将特定的数据信息存储于众多网络计算机之上，实现数据信息的共享，进而消除单一存储模式下的数据丢失难题。更为重要的是，区块链技术改变了当前金融市场的信用评价体系。例如，原本需要第三方附加信用保障而实施的市场交易活动，在区块链技术不可篡改性、安全性等特性的干预下，市场交易活动中的信息成本和信用保障已不再那么重要。① 区块链能够清晰地展现出交易物品的真实存在状态以及其流转过程。可以说，区块链技术的不可篡改性和安全性共同建立起一个互联网系统的"信用共识机制"，甚至成为"下一代全球信用认证和价值互联网的基础协议之一"。② 借由区块链技术的去中心化与"信用共识机制"的特征集成，区块链技术的现实价值不再局限于金融领域，它甚至能够推进并解决法学领域的诸多难题，例如选举、慈善捐赠、合同诚信、信息安全、公平交易等。有学者将区块链的司法适用分为初期、中期和远期三个发展阶段，指出"初期的区块链存证能够解决电子证据认定难

　　* 本章内容曾发表于《东方法学》2019 年第 3 期。
　　① 参见 Riley T. Svikhart, "Blockchain's Big Hurdle," 70 *Stanford Law Review*, 2017, pp. 100 – 111。
　　② 张波：《国外区块链技术的运用情况及相关启示》，《金融科技时代》2016 年第 5 期。

问题，中期基于法定数字货币的财产查控能够解决强制执行难问题，远期的债权行为'可视化'系统能够解决虚假诉讼等问题"。①

然而，环顾区块链技术的法律贡献可以发现，区块链技术所引发的法律论争主要集中在比特币的监管危机以及各界人士对区块链应用前景的美好畅想等方面。但从区块链技术的实践应用来看，真正造就"区块链神话"的经典案例仅比特币一例，其他区块链技术应用远未达到（或接近）比特币的技术高度。② 按照新兴技术的发展规律，当一个高端科技推进人类文明的发展进程时，它最需要关注的问题不是该技术本身所达到的高度，而是该技术如何影响其他技术的革新，从而推进人类文明的整体提升。③ 因此，单纯讨论比特币之于区块链技术的科技价值，既难以体现区块链技术作为划时代科技产物的历史地位，也难以回应法学界对区块链技术的学术关怀。适逢我国杭州互联网法院在一起信息网络传播权益争议案（以下简称"信息传播案"）中采用了区块链技术作为存证方式，并为《最高人民法院关于互联网法院审理案件若干问题的规定》所认可，从而在法律实践层面描绘了区块链技术的独特法律价值。既然个案裁判与司法解释均承认了区块链技术的证据效力，那么将区块链技术的学术探讨从传统的比特币监管扩展至司法适用中，无疑将进一步凸显区块链技术的时代价值与法律意义。

区块链技术的司法适用是一个宏大且复杂的议题，而实践层面的经验支撑也仅限于杭州互联网法院审理的信息传播案。为此，本部分将讨论对象聚焦于民事诉讼领域中区块链技术的证据化应用。严格来说，我国《民事诉讼法》第 66 条将互联网证据界定为"电子数据"，但基于论述的考虑，本部分将以"电子证据"代替"电子数据"类证据。本书将通过对信息传播案中区块链证据的微观考察与反思，对比传统电子证据与区块链证据的司法认定差异，进而推理出证据法变革的可能路径。在科技与司法交

---

① 史明洲：《区块链时代的民事司法》，《东方法学》2019 年第 3 期。

② Garry Gabison, "Policy Considerations for the Blockchain Technology Public and Private Applications," 19 *SMU Science and Technology Law Review* 3, 2016, pp. 327 – 350.

③ 参见陈立洋《区块链研究的法学反思：基于知识工程的视角》，《东方法学》2018 年第 3 期，第 100 页。

相推进的背景下，本书将为区块链技术的司法适用提供一种不同于著作权纠纷与科技剖析的分析视角——证据法学的视角，并由此解释司法活力、科技接纳与证据法变革的互动关系。这一点恰恰被传统证据法学忽视了。同时，因区块链技术的前沿性，我国目前司法区块链的适用尚缺乏统一明确和具体细化的区块链电子证据规则、区块链技术可信标准和存证业务规范。这反映出我国现行法律体系的制度和新兴的区块链存证体系发展与应用之间的矛盾。

一 区块链技术证据化的个案考察与理论争点

随着 2008 年比特币进入互联网以来，"区块链"就成为新兴科技的代名词，除了比特币引发的互联网金融变革之外，区块链技术的法律应用以及区块链技术的法律监管，也成为当前法学界争相关注的话题。① 但是，正如法学界已经观察到的，反复讨论区块链技术监管无助于全面地推进区块链技术与现代法治的对接。尤其当区块链技术进入立法和司法程序时，公权力机关以何种标准、态度来对待区块链，将直接影响整个法律体系的革新速度。倘若无法以动态、体系化的视角来全面审视区块链技术的立法定位、行政规制与司法裁判问题，那么，区块链技术同其他科技的任何一次整合、创新，都将成为现行法律体系的一次考验。因此，在我国区块链技术立法尚未出台的当下，区块链证据的司法适用或许能够给我们带来一个区块链技术与法律（理论与实践）相互碰撞、相互推进的检验场域。

（一） 区块链存证的个案反思

2018 年 6 月，杭州互联网法院针对一起信息网络传播权益争议案件进行了审理。基本案情如下。

2017 年 7 月 24 日，《都市快报》发表了《妈妈带 4 岁儿子进游泳

---

① 参见〔美〕凯文·沃巴赫《信任，但需要验证：论区块链为何需要法律》，林少伟译，《东方法学》2018 年第 4 期，第 83 页。

馆女更衣室被管理员阿姨骂得眼泪都掉下来》的文章（以下简称 "涉案文章"），作者为都市快报社记者郑亿、林碧波。同日，享有该稿件著作权的都市快报社，将该稿件的信息网络传播权独家授予该案原告杭州华泰一媒文化传媒有限公司（以下简称 "华泰一媒"）。但被告深圳市道同科技发展有限公司（以下简称 "道同科技"）主办的 "第一女性时尚网"（http://www.ladyfirst.com.cn）在未获得授权的情况下，原文刊登了该涉案文章，侵犯了华泰一媒的合法权益。

原告（华泰一媒）遂向杭州市互联网法院提起侵权诉讼。在案件审理过程中，杭州互联网法院首先从电子证据是否真实上传至网络、电子证据与本案的关系两个方面，审查了区块链存证方式的真实性和关联性，随后从侵权网页取证技术的可信度、区块链电子证据的保全性以及区块链存证方式的合法性三个方面，具体审查了区块链证据的证明力和法律效用，最终确认原告提供之区块链证据的有效性，并确定侵权事实。①

从案件的审理情况来看，该案件并不复杂，但区块链存证方式的司法适用引发法学界的深刻反思。首先，我国《民事诉讼法》第 66 条将 "电子数据" 规定为法定证据类型，但未对区块链技术的证据化应用做出制度预期。其言下之意是，区块链存证能否纳入电子证据的范畴，尚有待推敲。其次，作为一项新兴技术，区块链的不可篡改性、去中心化以及去信任等特征，已经成为它区别于其他网络技术的标签。但在司法领域，区块链的证据属性究竟来自区块链技术的载体身份——这种情况下，电子数据往往转变为 "书证"——还是基于区块链特性而成为一种实体证据？最后，区块链证据具有何种法律效力？信息传播案最引人注意的一个事实就是区块链基于自身的技术特征实现了自我信用背书。这是法院承认区块链的证据效力的前提，也是区块链同其他电子数据的关键性差异。围绕这一

---

① 该案件为杭州互联网法院于 2018 年 6 月 27 日审结的 "杭州华泰一媒文化传媒有限公司诉深圳市道同科技发展有限公司侵害作品信息网络传播权案"，案号为（2018）浙 0192 民初 81 号。

客观情况，区块链证据的法律效力能否重塑电子数据证明力，就成为区块链技术司法适用的最大疑问。

（二） 区块链证据的司法生成

作为一项新兴技术，区块链最有法学价值之处就在于，它为法学界和法律实务界引入了一种有别于传统电子证据论证模式的"证据自证"模式。在不久的将来，"所有涉及记录和验证的领域，包括司法过程中的证据保存、提交和验证，都可以借助区块链技术来完成"。[①] 这是因为，区块链不需要通过各类证据的组合以及链式论证来验证自身的真实性，它本身就能够完成自身的真实性检验。与之相对应，传统电子证据便无法做到自身的证成。尽管单独的一起信息传播案无法为法学界提供足够的经验支撑，但忽视这一案件的深层证据学价值，也将是中国法学的一大损失。因此，深入挖掘该信息传播案背后的证据学原理与运行逻辑，本身即是对证据法的推进。从信息传播案的裁判文书可以发现，区块链的证据应用大致划分为以下三阶段。

其一，区块链证据的技术生成。首先，华泰一媒通过第三方网络平台"保全网"提供的谷歌公司开源程序"puppeteer"对侵权网页中的涉案文章进行抓取，获得第一女性时尚网站的侵权网页截图。该网页截图表明，第一女性时尚网站所发布的文章同涉案文章完全相同。随后，保全网通过开源文件传输工具"curl"获得侵权网页的源代码，即 http：//www.lady-first.com.cn，并确认侵权网站系"道同科技"所有。之后，保全网通过浙江千麦司法鉴定中心，对取证工具"puppeteer"程序和"curl"程序的技术功能进行司法鉴定，确认"puppeteer"程序和"curl"程序具备网页截图和源代码调取的技术能力。最后，保全网将网页截图、侵权网页源代码和调用日志等内容计算出 SHA256（即哈希值），并上传到 Factom（公证通公司，一家使用区块链技术来保护和验证数据的科技公司）的区块链，以保证电子数据无法更改，保全了数据内容的完整性、可靠性。

其二，区块链证据的司法审查。由于缺乏区块链证据的有效经验，杭

---

① 郑戈：《区块链与未来法治》，《东方法学》2018 年第 3 期，第 83 页。

州互联网法院对区块链证据的可采信性保持了审慎的审查态度。该法院分别从 "区块链的法律性质"、"存证平台的资质审查"、"取证手段的可信度审查" 以及 "区块链证据的完整性审查" 四个方面，对涉案区块链证据的有效性进行了系统论证。① 具体说来，杭州互联网法院对区块链证据法律性质的界定，主要依据《电子签名法》第 4～8 条的规定，将区块链证据定性为 "数据电文"。随后，杭州互联网法院通过审查公证文书与审查区块链存证的双重印证方式，确认了数据电文存储的真实性和完整性。同时，法院通过审查保全网所在公司（浙江数秦科技有限公司）的经营范围，认可了存证平台的资质。

其三，区块链证据的司法认定。杭州互联网法院认为，使用区块链技术存证确应该受到客观、公正的对待。当前的证据审查不仅要排除区块链技术的 "信任" 光环，还应当审慎地对待区块链技术不可篡改和不可删除的技术特征，并严格坚持证据链审查的真实性、合法性和关联性标准。鉴于此案中 "技术公证" "区块链存证" "存证平台资质" 等多重证据要素的相互印证，且被告没有提交有效的反对证据，法院最终承认区块链证据的有效性。

通过上述区块链证据的司法认定过程可以发现，杭州互联网法院仅将区块链证据作为证据链中的一个普通证据——技术公证与存证平台资质似乎发挥了主要证据作用——却未真正体现区块链技术的去中心化存储、去信任等特点。② 因此，该信息传播案仅是区块链技术的表层应用，甚至可以说是一种区块链 "假象"。但必须承认的是，区块链证据同传统电子证据的异同点，终将成为未来电子证据的重要分水岭。事实上，法治的进步总是伴随着科技与法律的相互摩擦。在区块链技术证据化应用实践的推动下，最高人民法院审判委员会制定并公布了《最高人民法院关于互联网法院审理案件若干问题的规定》。该规定第 11 条第 2 款明确肯定了区块链的

---

① 参见童丰《公证介入区块链技术司法运用体系初探——从杭州互联网法院区块链存证第一案谈起》，《中国公证》2018 年第 9 期，第 61 页。

② 参见周正《区块链存证第一案落定，然后呢?》，2018 年 7 月 20 日，"智合东方" 百家号，https://baijiahao.baidu.com/s? id = 160484080604556688&wfr = spider&for = pc，最后访问日期：2021 年 9 月 8 日。

证据定位："当事人提交的电子数据，通过电子签名、可信时间戳、哈希值校验、区块链等证据收集、固定和防篡改的技术手段或者通过电子取证存证平台认证，能够证明其真实性的，互联网法院应当确认。"这意味着，关于区块链技术的个案判断经由最高人民法院的司法解释，已经上升为司法职业共同体的共识性标准。虽然司法实务界目前还无法检验最高人民法院司法解释的合理性、科学性，但必须认真反思区块链证据合法化的系统性影响。例如，区块链证据的合法化是否会改变当事人的存证类型、存证态度；区块链证据是否会取代其他证据类型；受区块链技术证明力的驱使，电子数据内部将产生何种分化；等等。对于上述设想，单纯地分析一起信息传播案，难免会有样本不足和判断失衡的嫌疑。为此，引入电子数据的系列性裁判，以及传统电子数据与区块链证据的比较分析，不失为一种更为科学和可信的方案。

（三） 区块链证据与传统电子证据的司法比较

司法机关接纳新科技的活力远超于立法，但这并不能证明司法的非理性。事实上，司法机关仅在新科技出现之初展现出强烈的接纳意愿，而在科技发展过程中展现出更为审慎的态度，以便于认真审视科技与法律的辩证关系。这一点深刻地体现在我国电子证据的司法适用现状中。为了清晰地说明我国电子证据的司法适用现状，并科学对比传统电子证据同区块链证据之间的异同，在此以中国裁判文书网 2012～2018 年的"民事案件"为样本，对"电子数据"和"电子证据"两个关键词进行检索，分别获得4777 个、15541 个案例样本。从案例样本的反映情况来看，我国传统电子证据的司法适用大致遭遇到以下难题。

第一，传统电子证据的司法采信度普遍较低。据统计，在司法诉讼过程中，"绝大多数情况下法庭对电子证据未明确作出是否采信的判断，其占比 92.8%；明确作出采信判断的只是少数，仅占比 7.2%"。[①] 经分析实际司法案例发现，这种情况主要是受到电子证据鉴定难度大的影响，各地

---

① 刘品新：《印证与概率：电子证据的客观化采信》，《环球法律评论》2017 年第 4 期，第110 页。

方基层法院缺乏足够的技术能力来辨别电子证据的可信度，由此导致各类电子证据因 "未加公证"[①] "无法证明电子证据的真实性"[②] "上传时间及内容具有容易被更改的特征……其真实性、关联性均无法确认" 等原因无法采信。[③]

第二，电子证据的虚置与转化应用。在民事诉讼中，当事人需要通过私力取证的方式来印证电子证据的真实性、关联性以及合法性。但电子证据的科技成分越高，当事人私力取证的难度越大，以致民事诉讼领域电子证据的证明种类繁多、证明力却极低。[④] 最终导致电子证据虚置的后果。加之基层法院在专家证人以及电子证据鉴定方面仍存在较大压力，因此，司法机关在采信电子证据时总是采取一种大胆且稳妥的方案——转化式应用。所谓转化式应用，是指司法机关将电子证据转化为书证、言词证据、物证等形式加以采信，[⑤] 例如网络浏览记录转化为书面证据、视频音频证据转化为视听资料，以及证人远程（或视频）作证转化为证人证言。其后果是抹杀了电子证据的特定性，否定了电子证据这一独立证据类型。

第三，电子证据对国家公证的高度依赖性。法官是一个法律专家，并非全知全能的 "哲学王"。[⑥] 他可以依据法律规定解决法律纠纷，却无法洞悉复杂的自然科学，尤其是先进的科技产品。因此，鉴于司法机关科技鉴定能力不足以及电子证据易篡改的风险，司法机关一般不轻易接受电子证据作为案件的主要证据，除非由公证机构予以预先公证，这实际上是借助法律运行体系转嫁司法成本。在公证机构对特定电子证据的真实性、关联性与合法性加以认定的基础上，司法机关仅需对该电子证据进行形式审

---

① 中色物流（天津）有限公司、河北银行股份有限公司青岛分行金融借款合同纠纷二审民事判决书，案号：（2016）最高法民终 322 号。

② 李××、饶××民间借贷纠纷再审审查与审判监督民事裁定书，案号：（2017）最高法民申 2877 号。

③ 程×、佛山市顺德区伟侑家具有限公司与翁××侵害外观设计专利权纠纷二审民事判决书，案号：（2015）粤高法民三终字第 301 号。

④ 参见刘显鹏《电子证据的证据能力与证明力关系探析——以两大诉讼法修改为背景》，《北京交通大学学报》2013 年第 2 期，第 89 页。

⑤ 参见刘哲玮《民事电子证据：从法条独立到实质独立》，《证据科学》2015 年第 6 期，第 681 页。

⑥ 参见〔古希腊〕柏拉图《理想国》，郭斌和、张竹明译，商务印书馆，2012，第 217 页。

查。这样，作为法律专家的法官就有能力解决涉及该电子证据的民事纠纷了。换句话说，当前的电子证据证明力是与公证紧密联系的，并严重依赖公证机构的公证效力。对于一个法定的证据类型而言，这无疑削弱了电子证据的司法效力。

吊诡的是，作为新型电子证据，区块链技术不仅保留了传统电子证据的全部特征，同时也实现了新科技对传统电子证据实践难题的重大突破：其一，区块链的分布式分类账特征，弥补了传统电子证据易更改的缺陷；其二，区块链作为一种高信任机制的科技产品，本身就实现了高证明力的自我背书，有效地改变了传统电子证据采信率低的现状；其三，区块链的"时间戳"技术与不可篡改特性，能够降低电子证据的真实性证明成本，有效替代公证机构的公证职能。由此来看，区块链技术的司法适用，真正实现了电子证据的独立证据价值。但是，区块链技术对传统电子证据缺陷的弥补，无法当然性地确立区块链技术的证据属性。它也必须恰当地回应证据的共识性理论，否则它将陷入合法性被质疑的窘境。

二　区块链证据对传统证据理论的挑战

信息传播案仅是区块链技术证据化应用的开端，却对传统电子证据理论产生了颠覆性的影响。既然杭州互联网法院与《最高人民法院关于互联网法院审理案件若干问题的规定》已经承认了区块链证据的法律定位，那么，从司法实践领域回归到证据理论（尤其是电子证据理论）领域的学说探讨，将呈现出区块链证据与传统证据的深层次冲突。这也意味着，目前的区块链证据既需要证明自身的证据法意义，又必须经受并回应证据理论的质疑。

（一）　区块链的证据资格认定

信息传播案最具争议的是关于区块链的证据资格问题。这是确定侵权事实的前提之一，也是该案同一般侵权纠纷的最大区别。《最高人民法院关于适用〈中华人民共和国民事诉讼法〉的解释》第 104 条规定："人民法院应当组织当事人围绕证据的真实性、合法性以及与待证事实的关联性进行质证, 并针对证据有无证明力和证明力大小进行说明和辩论。能够反映案件真实情况、与待证事实相关联、来源和形式符合法律规定的证据, 应当作为认定案件事实的根据。" 据此, 区块链的证据资格至少应当接受真实性理论、关联性理论和合法性理论的检验。

首先, 基于区块链技术所提供的证明是否符合真实性理论的要求。按照证据法学的基本理论, 电子证据的真实性包括电子证据内容的真实性、电子数据的真实性以及电子证据载体的真实性。[①] 在信息传播案中, 区块链证据的内容均是从侵权网页截图、侵权网页源代码和调用日志等电子数据中直接生成。其真实性获得了法院的确认。区块链数据的生成虽然经过了原告、保全网以及公证通公司的人为介入, 但该介入行为并未删除、修改或增加任何数据信息, 因此区块链电子数据的真实性具有可信性。而以区块链技术为媒介的证据载体, 本身具有不可篡改、不可删除的特性, 从而保证区块链载体的完整性和真实性。综上所述, 基于区块链技术所提供的证明基本符合证据的真实性要求。但须加注意的是, 人为因素对区块链证据中 "电子数据真实性" 的介入, 可能改变原始数据的真实性, 因此法院应当严格审查原始数据同区块链所载数据的一致性。

其次, 基于区块链技术所提供的证明是否符合关联性理论的要求。证据的关联性, 是指 "证据对其所要求证明的事实具有的必要的最小限度的证明能力"。[②] 换句话说, 某项新证明的出现, 如果能够进一步印证待证事实的可能性或不可能性 (要素Ⅰ), 或者黏合案件事实碎片 (要素Ⅱ), 或者补强现有证据证明力 (要素Ⅲ), 那么, 该项证明便满足证据的关联性要求。结合上述关联性认定要素, 信息传播案中的区块链存证方式只是对已有侵权事实的变相表达, 并不具备要素Ⅰ和要素Ⅱ的功能——它既没有进一步印证已知案件事实, 又未黏合新的案件事实碎片——但由于区块链技术的不可篡改特征和时间戳功能, 区块链存证远比侵权网页截图、源代码调取和调用信息打印等电子证据形式具备更高的证明力。因此, 基于区

[①] 参见褚福民《电子证据真实性的三个层面——以刑事诉讼为例的分析》,《法学研究》2018 年第 4 期, 第 123 页。

[②] 〔日〕我妻荣等编《新法律学辞典》, 董璠舆等译校, 中国政法大学出版社, 1991, 第 249 页。

块链技术所提供的证明具备关联性要素Ⅲ"补强现有证据证明力"的功能，应当被认定为"符合关联性理论的要求"。

最后，基于区块链技术所提供的证明是否符合合法性理论的要求。一般认为，证据的合法性认定包括取证主体合法性、证据形式的合法性、取证程序合法性以及证据保全与运用方式合法性四个方面。[①] 它是证据认定主体机械式对比法条的过程，其中不掺杂证据认定主体的私人价值评价。因此，与证据的真实性、关联性要求不同，证据的合法性要求与案件事实无关，而与法律规定密切相关。也就是说，只要法律承认区块链技术的合法性（或不禁止区块链技术的社会化应用），那么，基于区块链技术所提供的证明就具备证据的合法性要件。实际上，除了有违伦理的科技发明（如克隆人、代孕）之外，科技的中立性、价值无涉性以及科学性等特征，能够在新兴科技与法律之间建立天然的正当关系。新兴科技（如区块链技术）作为证据的合法性认定只是现行证据法体系的必要程序而已。

综上所述，基于区块链技术所提供的证明符合证据的真实性、关联性以及合法性要求，能够在法律层面获得相应的证据资格和证明能力。但是，这并非说每一个基于区块链技术所生成的证明材料均可以被视为合格的证据。无论区块链技术的优势如何明显，区块链证据的真实性、关联性认定都应当成为每一个民事案件的前置性程序，以此来保证区块链存证数据的真实性。这也是目前区块链技术本身难以解决的最大问题。

（二）　区块链证据究竟属于原件还是复制件

信息传播案的重要争议之一就是区块链存证文件究竟属于原件还是复制件。原件论者认为，电子证据具有完整性复制、功能等同等特点。只要电子信息被完整地记录下来，它就具有同原件相同的证据效力（即"视为原件理论"），而无论其载体是否为原件之载体。毕竟电子证据取证的目的在于证明案件事实。据此，"属于精确复制或具有同等功能"的区块链证据，[②] 应

---

① 参见刘方权《双重视野下的证据合法性证明问题》，《中国刑事法杂志》2015 年第 4 期，第 67 页。

② 刘品新：《论电子证据的原件理论》，《法律科学（西北政法大学学报）》2009 年第 5 期，第 127 页。

当被视为电子证据原件。而复制件论者认为，"电子信息的生成、传播、修改和储存都是以肉眼无法识别的方式进行的，书证化的电子证据其本质已经是复本，而非原件"。① 尽管我国司法机关已经敏锐地认识到电子证据原件式取证的难度，并在一定程度上承认了电子证据复制件的证据效力，但无论是《最高人民法院关于民事诉讼证据的若干规定》还是司法实践，始终在坚持电子证据的原件审查。这主要是因为，庭审中的电子证据往往很难提供原始数据，而只能通过网络打印、拍照或截图等方式存证、质证，这种方式极易造成电子证据的修改、删减。恰是因此，在区块链技术具备足够强的证明力的前提下，证据提供方仍需要通过技术公证与资质审查的方式验证电子数据复制件的真实性。然而，争论双方并没有揭示区块链与 "原件－复制件" 之间的逻辑联系：原件论者无法解释区块链证据的 "去中心化" 存储模式对原件证据理论的颠覆（每一个保存涉案文章的区块都是原件，同步保存或修改）；复制件论者则无法解答为什么 "杭州互联网法院未要求原告举证区块链复制件证据与网络原件一致" 不影响证据的有效性。事实上，并非争论双方不想回答上述质疑，而是传统证据法学理论难以为此提供理论支撑。

质疑引发思考，却不能当然地证立区块链的证据属性。为了提高电子证据的证明力，法官与当事人通常会寻求证据原件的支持，但并非所有的证据均需要提供原件。《最高人民法院关于民事诉讼证据的若干规定》第23 条第 1 款、第 2 款规定："人民法院调查收集视听资料、电子数据，应当要求被调查人提供原始载体。提供原始载体确有困难的，可以提供复制件。提供复制件的，人民法院应当在调查笔录中说明其来源和制作经过。"这一规定既是电子证据原件取证困难下的折中方案，也是以牺牲电子证据的证明力为代价的。虽然 "原件证据" 不再是电子证据有效性的必要条件，但基于算法优势而保障电子证据真实性的区块链技术，则可以成为提升电子证据有效性的补充条件。根据法律经济学的观点，电子证据的有效性相当于证据重要程度与证明力的乘积。在不考虑证据之间的相互印证的前提下，"原件证据" 比 "复制件证据" 更有助于证明案件事实。因此，

---

① 刘哲玮：《民事电子证据：从法条独立到实质独立》，《证据科学》2015 年第 6 期，第 684 页。

复制件证据证明力的降低必须通过原件与复制件的比对（也可以通过信用背书，如公证），来保证原件证据与复制件证据具备相同的证明力。换一个角度来说，倘若某种技术能够保证复制件证据与原件证据的天然一致性，那么，传统电子证据理论关于证明力补充的原件证据与复制件证据之分，便不再具备法律意义了。在信息传播案中，区块链证据的开创性应用就可以作为证明力补充的一个技术性手段。它大大降低了法院的印证成本，提升了裁判效率。因此，杭州互联网法院在庭审过程中并没有要求原告提交区块链证据原件，也没有要求原告证明区块链证据（假设该证据为复制件证据）与原件完全一致。基于该举证程序的缺位基本可以断定，杭州互联网法院将区块链证据视为原件证据。

（三） 区块链证据究竟依赖于技术自证还是国家公证

我国电子证据的司法采信率较低，故此往往需要通过"公证"的方式予以信用背书。这也导致我国电子证据的"书证化"现象。有学者认为，尽管区块链证据的证明能力被杭州互联网法院和《最高人民法院关于互联网法院审理案件若干问题的规定》所认可，但它并没有创造一种新的证据类型。[1] 在这些学者看来，区块链证据的证明力仍有待印证。然而，在区块链技术拥有不可篡改、可追溯、时间戳等技术优势的前提下，为什么区块链证据缺乏与之技术特征相符的证明力？对此，这些学者并没有做出理论解答。但在信息传播案中，杭州互联网法院仍然按照"证据链＋国家公证"的传统印证模式来认定区块链证据的有效性，这也间接否认了区块链证据的独立证明力。基于此种推理逻辑，既然传统电子证据举证规则已经规定了区块链证据的适用程序，《最高人民法院关于互联网法院审理案件若干问题的规定》第11条关于区块链证据的特殊规定，[2] 便不再是一个有

---

[1] 参见叶晓丹、陈俊杰《区块链电子存证法律效力首获杭州互联网法院确认》，2018年7月5日，新浪网，http://tech.sina.com.cn/i/2018 - 07 - 05/doc - ihevauxk6185478.shtml，最后访问日期：2021年9月8日。

[2] 《最高人民法院关于互联网法院审理案件若干问题的规定》第11条规定："当事人提交的电子数据，通过电子签名、可信时间戳、哈希值校验、区块链等证据收集、固定和防篡改的技术手段或者通过电子取证存证平台认证，能够证明其真实性的，互联网法院应当确认。"

益的司法尝试。显然，上述推论与司法现状形成了明显的悖论。

透过区块链证据的个案适用可以发现，区块链证据正在推动司法证明体系的重大变革。在信息传播案中，当事人一方面通过电子签名、可信时间戳、哈希值校验、区块链等证据收集、固定和防篡改的技术手段，利用电子取证存证平台加以认证，已经实现了区块链证据的真实性印证；另一方面，通过浙江千麦司法鉴定中心，对取证工具"puppeteer"程序和"curl"程序的技术功能进行司法鉴定，确认"puppeteer"程序和"curl"程序具备网页截图和源代码调取的可行性。前者真正构成该案件的核心证据部分（也即"区块链证据"），用于印证侵权行为的真实性，其证明方式可以归结为"技术自证"。而后者则构成该案件证据链的次要证据部分，借用司法信用背书形式证明区块链证据前置存证手段的真实性，属于"国家公证"的典型表现。由此观之，"技术自证"与"国家公证"的结合，共同支持了原告的诉讼请求。吊诡之处在于，"国家公证"在该案中并没有形成实质性影响。早在"国家公证"之前，人们对谷歌公司"puppeteer"程序和"curl"程序的技术功能已经达成了共识。因此，原告借用司法鉴定机构的"国家公证"，更多体现为一种诉讼策略，而非必要性公证。有鉴于此，《最高人民法院关于互联网法院审理案件若干问题的规定》区别对待区块链证据与其他电子证据的证明力，意在强调区块链证据的普遍可接受性。同时也证明，我国的电子证据证明体系正在从"国家公证"向"技术自证"转变。这一转变过程可能长期且曲折，却是电子证据实质化的必由之路。

三　人工智能时代区块链证据的司法变革

就区块链时代证据法的变革而言，最重要的问题不是立法机关（包括具有司法解释权的最高人民法院）如何看待区块链证据问题，而是区块链证据如何改变整个证据法的证据结构问题。着眼于后者，以国家强制力为后盾的证据法治论往往陷入解释力不足的困境，毕竟区块链证据依赖的是区块链的技术特性，而非国家信用背书。而且，法治只能成为证据法变革的后果，它的动力始终来自科技的进步，"科技是第一生产力"的伟大论断便是有力证明。为此，区块链时代的证据法变革，其对象并不限定为区块链证据，而是强调以区块链证据为核心的全部电子证据。司法区块链作为一种新兴存证技术，在域内域外都处于实践探索阶段，但许多国家和地区正积极尝试将区块链技术纳入法律框架内，实现区块链的应用合法化与规范化。面对这一变革，我国既应当把握证据法治发展的基本规律，也应当全面、审慎地对待科技的作用。

（一）　法治主义与技治主义的互动

受西方证据法移植和现代法治治理理念的影响，我国主流证据法理论一直把"证据"视为以诉讼法体系（包括民事诉讼法、刑事诉讼法、行政诉讼法及以上三者的司法解释）为规范蓝本的证据体系。口供、客观证据、国家公信以及举证责任分配等证据要件成为证据法发挥法律事实认定功能的主要保障。其中，国家公信被赋予无比强大的证明力，用于提升口供、客观证据的实际证明力；举证责任分配则以程序性、制度化的形态，决定了证据提出者的义务和责任。为此，有学者将这种证据法理念称为"法治主义"的证据观。然而，信息传播案——尽管只是个案，但已预见证据法的未来趋势——表明，证据法不仅仅依赖于国家公权力的信用背书与威权式认定，也会在某些案件中"臣服"于科技的科学性与自证性。随着科技的飞速发展，法治主义证据观的正统地位开始受到强烈的质疑——审判中心主义与非法证据排除即是鲜明例证——而科技的除魅性与科学性正在逐渐被证据法所接受。与此同时，科技与社会治理、政治运行机制的结合，也开始被视为一种有益的治理范式，甚至出现了"技治主义"的治理领域，如征信系统、违章拍照和医保异地结算等。在此，"技治主义"是指受过自然科学系统教育的主体，运用自然科学与技术方法进行社会治理活动。[①]

对证据法而言，"技治主义"无疑是具有开创性和建设性的，同时也是对传统证据法理论的补充与扩展。首先，技治主义证据观不受法治主义证据观的规范性限制，更容易遵从科技的科学性来做出事实认定，从而降低证据认定中的主观性误差（有可能来自法官）。其次，受电子证据专业

---

① 参见刘永谋《哈耶克对技治主义的若干批评及启示》，《天津社会科学》2017年第1期，第46页。

性的影响，法治主义证据观认定电子证据的前提是借助专家证人，或者要求举证一方自行证明证据的可采信性，而且证据的证明力必须达到法定标准。而在技治主义证据观下，人们无须证明电子证据所依托之科技载体的可信度，仅需对科技载体承载的内容加以判断。最后，在科技成果专利申请程序的支持下——仅需在科技成果申请专利时验证其具体功能，便可在证据法中具备普适性验真效果——技治主义证据观可以减轻司法机关与当事人的举证压力并减少举证成本，甚至在某种程度上降低侵权案件的诉讼数量，节省司法资源的支出。

然而，这并非说在区块链时代技治主义证据观要优于法治主义证据观，而是意在强调，传统的公证制度与证据审查模式已经很难适用于区块链时代的电子证据认定了。这种现象从我国互联网法院的设立、互联网案件的数量以及互联网案情的复杂性上便可窥一斑。因此，证据法没有必要死守着古老的证据规则而不思进取，也没有必要为了坚守证据审查程序而故步自封。这样，在法律规范比技术规范更具强制力，而技术审查比法律审查更具便捷性时，法治主义与技治主义的互动就将构建一种更为高效的证据法形式。此时，所有涉及记录和验证的领域，包括司法过程中的证据保存、提交和验证，都可以借助区块链技术来完成。司法机关审查电子证据的主要方式就是查阅涉案科技产品的专利证书，并查证其负载的电子信息。由此观之，区块链证据的司法确认，在短期看来只是一种司法活力的展现，而从长期来看，它无异于新型证据法的开端。

（二） 证明规则的 "二重化" 构建

目前，我国对于电子证据规则的制度分析与制度建构较为少见，但这并不能掩盖科技进步所带来的证据规则的微观变化。例如，电子证据保全与侵权人身份证明的协同性公证，[①] 以 "时间戳" 技术补强电子证据证明力，[②]

---

① 参见《办理保全互联网电子证据公证的指导意见》第 4 条第 4 项之规定："当事人申请保全网上聊天记录、电子邮件的，公证人员应当告知其如果不能证明对方的真实身份，则保全的电子信息可能不具有证据效力。"

② 参见广发银行股份有限公司、上海富昱特图像技术有限公司侵害作品信息网络传播权纠纷二审判决书，案号：（2017）粤 73 民终 137 号。

电子签名的完整性可证明证据的真实性等现象的出现，正在实质性地改变传统证据规则的运行机制。① 而且，敏锐的证据法学者已然发现，"我国修订后的三大诉讼法虽然都将电子证据视为一种新的证据，但迄今并没有统一的电子证据规则，也就没有阐明电子证据的采纳标准和采信标准"。② 这种法律规范式缺位也导致我国司法实践中电子证据的可采信率较低，并存在载体审查难题以及跨国网络管辖权难题。为此，构建一种符合互联网技术特征、满足互联网证据审查要求的新型证据规则，已是互联网纠纷数据激增所带来的必然要求。

承袭法治主义与技治主义证据观的影响，区块链时代的证据规则也必定迎来全新的变化：线上证据审查认定规则，即通过互联网实现证据审查与认定的新型证据规则。与传统证据规则的举证、质证不同，线上证据审查认定规则针对电子证据（尤其是区块链证据）的互联网技术特征，旨在通过互联网证据认定平台来实现证据的举证、质证过程。尤其是《最高人民法院关于互联网法院审理案件若干问题的规定》出台以来，互联网法院在审理互联网案件时，已经确立了"线上证据交换为常态、线下证据交换为特例"的证据交换规则。③ 由此形成了我国证据规则的"二重化"分立："物质（如书证、物证、证人证言）"形态的证据规则与"虚拟"形态的证据规则。

"物质"形态证据规则的法律分析与制度构建已经颇具成效，在此不做赘述。但考虑到民事诉讼程序的一致性以及互联网空间的虚拟性，"虚拟"形态证据规则（线上证据审查认定规则）的构建应当在参照"物质"形态证据规则的逻辑构成并强调电子证据虚拟形态的基础上加以系统展开，具体如下。（1）以司法机关电子数据对接平台革新电子证据举证程

---

① 参见东方置业房地产有限公司、安徽省外经建设（集团）有限公司信用证欺诈纠纷再审民事判决书，案号：（2017）最高法民再 134 号。

② 郑旭江：《互联网法院建设对民事诉讼制度的挑战及应对》，《法律适用》2018 年第 3 期，第 13 页。

③ 参见《最高人民法院关于互联网法院审理案件若干问题的规定》第 1 条："互联网法院采取在线方式审理案件，案件的受理、送达、调解、证据交换、庭前准备、庭审、宣判等诉讼环节一般应当在线上完成。根据当事人申请或者案件审理需要，互联网法院可以决定在线下完成部分诉讼环节。"

序。为了应对急剧增加的互联网纠纷以及纷繁复杂的电子证据，司法机关应当进一步革新现行的庭审举证程序，转而加快互联网法院电子数据对接平台的构建，推进法院同当事人、网络服务提供商之间的数据对接、电子证据举证和交换。其中，在以区块链技术为载体的线上诉讼时代，当事人既可以自行上传电子证据，也可以请求互联网法院依靠电子数据对接平台，向网络服务提供商、电子取证存证平台以及电子商务平台调取相关证据。①（2）以技术印证方式改革电子证据的质证程序。目前电子证据的采信基本依赖于国家公证，但区块链时代的电子证据在证明力的驱动下，会大量地依赖区块链技术并生成区块链证据。在此，区块链技术的自我印证完全可以替代国家公证的形式，甚至在科学性与证明效率上更具优势。因此，证据规则的未来形态，除了强调国家公证的司法效力之外，还应当注重技术手段与相关科技要素的自证，从而提升电子证据的质证科学性和质证效率。（3）以电子证据调取机制来弥补举证责任分配机制的不足。对于传统举证责任分配机制而言，"谁主张谁举证"旨在保证当事人之间的"势均力敌"，进而调动当事人自身的取证积极性，同时降低司法机关的证明成本。但其后果之一就是维护了公平竞争的假象，却牺牲了个案的实体正义。然而在区块链时代，当司法机关的证明成本明显低于当事人的自证成本（或者个案正义损失）时，司法机关必然改变原有的举证策略——"谁主张谁举证"——转而寻求电子证据的法院调取机制来加强法律事实认定。或许法院调取电子证据会破坏诉讼双方的公平竞争状态，但诉讼的价值恰恰在于通过法院发现法律事实，获得公正裁判。因此，以电子证据调取机制来弥补举证责任分配机制的不足，会成为未来证据法领域的重大变革。

（三）为电子证据设定法律边界

区块链技术无疑是现代证据革新的科技创举，甚至对未来证据法的整

---

① 胡仕浩、何帆、李承运：《〈最高人民法院关于互联网法院审理案件若干问题的规定〉的理解与适用》，中国法院网，https://www.chinacourt.org/article/detail/2018/09/id/3489797.shtml，最后访问日期：2021年9月8日。

体结构都有深刻的影响。但这并不意味着"区块链证据最终将完全替代其他证据类型"。实际上，证据结构的变化，只是科技进步的伴随性事件之一。而科技在证据法中所扮演的真实角色则常常受到科技自身的内部抑制与外部环境的阻却。"内部抑制便是科技对于自身的抑制效用，而外部阻却则是法律（包括司法）的道德性对于科技的阻却。"①

在电子证据的内部抑制上，科技本身的彼此可印证性成为司法机关接纳电子证据的基础。以信息传播案为例，杭州互联网法院分别通过三个层次的科技印证方式，证明了该项科技可以成为电子证据的载体或证据基础：（1）浙江千麦司法鉴定中心利用网络互联技术，对谷歌公司的开源程序"puppeteer"和源代码调取技术"curl"进行有效性访问追踪，由此印证"puppeteer"程序和"curl"技术的有效性；（2）浙江千麦司法鉴定中心通过"阿里云 BGP 数据中心"与"阿里云安全性形式审查技术"，印证保全网电子数据存储的安全性和完整性；（3）杭州互联网法院通过区块链技术，印证公证通公司区块链证据的完整性和可靠性。由此可以发现，电子证据除了满足电子数据（即内容）的可印证性外，还必须做到技术载体的可印证性。前者属于传统证据法所规范的内容，而后者是证据法为了应对科技进步的冲击所进行的自我改良。这种无可奈何的改良实际上为区块链时代证据法的变革确立了一条准则：无论是技治主义证据观的嵌入还是线上证据审查认定规则的出台，都必须优先满足科技的自我印证。这也意味着，过于先进的技术发明（如以 NgAgo - gDNA 为导向的基因编辑技术）无法进入证据法的范畴；② 过于落后的技术发明会受到证明力的影响（如滴血认亲），被证据法边缘化。只有那些能够加以验证的科技成果才能够成为电子证据的合格载体。

在电子证据的外部阻却上，电子证据首要的是满足证据的合法性要求，这也导致我国的证据法分化出两种规制路径：（1）电子证据载体与内容的合法性认定；（2）非法证据排除规则的应用。实际上，上述两种规制

---

① 张婷婷：《科技、法律与道德关系的司法检视——以"宜兴胚胎案"为例的分析》，《法学论坛》2016 年第 1 期，第 139 页。

② 目前，除韩春雨团队外，世界各国学者尚未证明 NgAgo - gDNA 可以有效编辑基因。因此，NgAgo - gDNA 基因编辑技术不可以作为证据载体或证据内容。

路径只是在电子证据定性上存在差异，而在电子证据的外部阻却因素上殊途同归。具言之，"合法"与"非法"是对某项证据是否存在法律依据的规范性区分。合法的电子证据具有明确的法律依据，例如书证、物证；而非法的电子证据既包括违反强制性法律规定的证据，也包括不违法却有违道德的证据。据此可知，只有合法且合乎道德的电子证据，才能真正成为符合法律规定的电子证据。值得注意的是，电子证据肇始于科技创新，同时也依赖于科技创新。但电子证据的合法性标准与科技的创新性标准之间却存在鲜明的冲突。科技创新的另一种解释是突破既有束缚——包括技术、制度和道德上的束缚，这与证据法的合法性要求相矛盾。因此，从微信聊天记录到区块链证据，证据法既反感于科技的持续进步，又不得不接受这种创新。因此，在区块链电子存证系统建设上，主要是利用区块链技术，将证据信息分别计算哈希值并合成证据的数字指纹，再通过整合多种技术（非对称加密技术、P2P 网络协议等）将数字指纹存储到区块链节点上，形成可信的数据存证。其优点主要有提高电子证据的存证安全性、举证认证的效率和公信力水平等；其缺点是数据多维收集与分析不足、数据供应商验证困难和安全稳定性不足。幸运的是，司法机关对待新证据类型的标准，始终是坚持合法和道德性的；其态度亦是充满活力又保守谨慎的。

综上所述，信息传播案描绘了区块链技术证据化应用的一次尝试，甚至可以说是一种假象。毕竟区块链技术的去中心化、分布式分类账等特征未曾发挥作用，而其他证据亦能实现该证明效果（不考虑 7.2% 的电子证据采信率）。但即便是一次不完整的尝试，也深刻地影响了传统证据法的实践和理论。假如该案件未引入区块链证据理论，原有电子证据的证明力能否获得采信有待商榷；假如未引入区块链证据理论，电子证据的证据资格论、原件与复印件理论以及证明理论仍将困扰着证据法理论的融贯性。由此来看，区块链时代证据法的变革是科技发展的一种必然趋势。正如前文所言，区块链技术所引发的证明力变化是传统证据难以抗拒的，传统电子证据（如微信聊天记录、网购记录等）也无法阻挡这一进步。尽管区块链证据的司法适用有待进一步检验，但信息传播案至少明晰了区块链证据的作用方式，使我国区块链证据的立法路径有据可寻。

下 篇

法治实践

第八章

多维视野下的人工智能辅助刑事司法裁判

一 司法改革视野下的人工智能辅助刑事司法裁判

近年来，"同案不同判""案多人少"一直是我国司法实务界关注的核心问题之一。加之错案对司法权威的深刻影响，人们对刑事司法裁判的规范性、公正性的质疑之声越加严厉。从表面上来看，"同案不同判""案多人少"的彼此关系是造成司法权威大大受损的主要原因。如果法官处理案件的数量过多，那么该法官在单个案件上所花费的成本与心力就将减少，"案多人少"就有可能增加错判风险——毕竟法官需要审理的案件太多，而个人受到年度考核压力的影响，结案率是一项（相较于司法公正）更具备可观测度的指标。由于错判风险增加的感性认识，"同案不同判"就成为裁判不公正的典型特征。实际上，"案多人少"是一个数量问题，而非质量问题。数量上的压力并不必然导致质量低下。

以"案多人少"为由来解释"同案不同判"，其解释效果并不具备强大的说服力。细察司法实践可以发现，"案多人少"并非近些年来的特殊现象，但直到近些年人们才关注到"同案不同判"风险。究其背后的原因，中国裁判文书的公开化、可检索化才是人们指责"同案不同判"的关键证据。这是因为，裁判文书公开、可检索，便利了人们监督司法裁判，以提升法官裁判的公正性。但公众对司法裁判的监督，恰恰折射出司法裁判本身固有的特征：独立裁判。换句话说，当 A 法官裁判时，只需要依据法律（以及相关司法解释）来做出判决，而无须关注本法院其他法官的裁判、其他法院同类案件的裁判、其他省份同类案件的裁判。

中国裁判文书公开、可检索却不同。当事人、律师以及检察官都可以检索到同类已决案件的裁判结果，并与待决案件裁判结果加以比较，以此为证据来批判 "同案不同判"。由此观之，非徇私枉法意义上的 "同案不同判" 不是一个 "法官过错"，而是整个司法职业的裁判成本。但是，社会公众并不会因此就接受这套说辞，国家必须采取更为公正的方式来消除这一风险。因此，近些年来，随着我国司法体制改革的不断深化以及案例指导制度的不断完善，我国法学界在 "同案同判" 命题上逐渐形成了两种较为对立的观点。其中一种观点认为，"同案同判" 只是一种 "虚构的法治神话"，司法实践中并不存在严格意义上的 "同案"，因此也就无法获得 "同判"；① 另一种观点认为，"同案同判" 是法官职业共同体对 "法律面前人人平等" 理念的价值追求，"在很大程度上减少司法裁判中歧见和偏私发生的可能性，压缩那些有可能造成歧视性待遇的空间，从而维护司法公正的外观"。② 这两种观点分别在不同路径上开拓了我国 "同案同判" 的实践路径——前者可归结为 "个案正义" 路径；后者可归结为 "类案平等" 路径——但同时也忽视了其他进路。

面对上述困境，"刑事司法裁判建议" 也成为刑事司法领域一项独特的解决方案。《刑事诉讼法》第 176 条与第 201 条甚至试图在审判机关与检察机关之间，通过 "刑事司法裁判建议" 的方式来提升刑事司法裁判的规范性——至少两个专门性法律适用部门均认可的刑事司法裁判结果，比一个部门做出来的刑事司法裁判结果更具备规范性和说服力——由此，为解决 "同案不同判" 提供了一种新的思路。然而，"刑事司法裁判建议" 如何高效地建立审判机关与检察机关的默契，以及如何高效地提出规范化的刑事司法裁判结果，本身仍在探索过程中，并且似乎由于权力配置差异

---

① 参见周少华《同案同判：一个虚构的法治神话》，《法学》2015 年第 11 期；周少华《刑事案件的差异化判决及其合理性》，《中国法学》2019 年第 5 期。

② 雷磊：《如何理解 "同案同判"？——误解及其澄清》，《政法论丛》2020 年第 5 期。

而未必能完全达成一致（例如浙江台州蔡某危险驾驶认罪认罚案件①）。为此，司法机关便试图从"高效"理念入手，来解决刑事司法裁判中的"同案不同判"以及"案多人少"问题。例如，2005 年《人民法院第二个五年改革纲要》提出"建立和完善案例指导制度"，试图通过"指导性案例"参照适用的方式，来解决"同案不同判"问题。其中，第 24 号指导案例的大量司法应用实践表明，这一路径在疑难案件上确实在一定程度上解决了"同案不同判"风险。② 但这一解决路径仍难以满足"高效"要求。为此，2017 年《最高人民法院关于加快建设智慧法院的意见》提出以人工智能、大数据等高科技手段促进法官"类案同判和刑事司法裁判规范化"，解决"同案不同判""案多人少"问题。上海、海南等 24 个省市司法机关甚至开始向现代科技寻求解决之道。例如，上海利用"案例数据 +算法"等科技手段研发出的"刑事案件智能辅助办案系统"，便是一项极富司法创新意义的勇敢尝试。该系统能够根据行为人的刑事司法裁判情节、犯罪行为特征以及社会危害程度等要素，快速为法官提供刑事司法裁判建议。③

但是，"刑事司法裁判建议"只是一种委婉的表达，其背后蕴含的是传统司法的结构性转向：从传统司法迈向智慧司法。作为"智慧司法"的核心组成部分，"智能辅助刑事司法裁判系统"已经成为传统司法的结构性转向的关键节点。因此，智能辅助刑事司法裁判系统的司法定位、风险防范以及法律规制，就成为国家必须予以回应的法治议题之一。目前，世界各国普遍认为，由于智能辅助刑事司法裁判系统自身在定分止争功能、暗箱决策、算法歧视等方面的缺陷，它只能作为法官裁判的辅助工具加以使用。④ 但实际上，定分止争功能发挥不足、暗箱操作、人格歧视也常常被用来形容人类法官裁判的弊端。由此观之，目前学界和实务界对智能辅

---

① （2019）浙 1024 刑初 154 号。

② 程啸：《受害人特殊体质与损害赔偿责任的减轻——最高人民法院第 24 号指导案例评析》，《法学研究》2018 年第 1 期。

③ 《刑事司法裁判辅助系统实现精准的奥秘：痛点、方法、特色及原理》，搜狐网，https://www.sohu.com/a/388477645_751940，最后访问日期：2020 年 11 月 5 日。

④ 参见江溯《自动化决策、刑事司法与算法规制——由卢米斯案引发的思考》，《东方法学》2020 年第 3 期。

助刑事司法裁判系统的认知，在某种程度上停留在"技术性缺陷"的层面，而未在法律变革层面做好制度回应。为了客观展现智能辅助刑事司法裁判系统的司法价值，本书特将法官裁判和算法裁判的竞技场限定为智能辅助刑事司法裁判系统已能够解决的"普通的简单案件"——疑难案件裁判既非智能辅助刑事司法裁判系统的强项，也非其当前的研发目标——并借助多种智能辅助刑事司法裁判系统的实践运作、相关案例以及司法数据，来还原智能辅助刑事司法裁判系统的客观样态及其真实司法风险。本书以"智慧司法"改革为背景，旨在通过对智能刑事司法裁判系统法律风险的规制，来回应党的十九届四中全会公报的"司法公正高效"要求。在"同案同判"的要求下，智能辅助刑事司法裁判系统同法官之间，仅是裁判逻辑上的差异，而不存在功能上的分歧。而智能辅助刑事司法裁判系统所附带的法律风险，只是传统司法结构性转向过程中的阶段性缺陷。这些缺陷也将通过"技治主义"程序建构而得到弥补。

二　全球视野下的人工智能辅助刑事司法裁判

在国外，人工智能辅助刑事司法裁判的思考可溯源至乌尔里希·贝克的"风险社会理论"，并逐渐形成"反思科技化"研究热潮。研究热潮具体表现在以下三个方面。一是反思刑事司法裁判公开风险。技术垄断和技术盲点会加剧智能刑事司法裁判的"暗箱化"，因此，刑事司法等公共事务领域不应使用人工智能技术。二是反思自由裁量风险。智能刑事司法裁判系统会对法官自由裁量权予以不当限缩。因此，应当明确人工智能辅助刑事司法裁判的"有限适用"效力。三是反思权利保障风险。人工智能辅助刑事司法裁判含有"基于人口统计学和社会经济地位的公然歧视"，将影响被告辩护权。因此，刑事司法裁判科技的运用应当维护人权，并具备可责性。

相较于国外人工智能辅助刑事司法裁判的理论性，我国人工智能辅助刑事司法裁判表面上是智能科技发展的产物，但其内核却是人类借助科技实现刑事司法裁判公正的实践之一。早在20世纪80年代末，我国就已经着手研究"科技刑事司法裁判"问题。我国学者苏惠渔等针对刑事司法裁判规范化研发了一套刑事司法裁判系统。该系统主要由法律知识数据库、案件推理程式、知识获取系统以及人机交互系统四个部分构成。① 由此可以发现，刑事司法领域的刑事司法裁判规范化，受到犯罪要件构成理论的影响，已经可以通过软件设计的方式加以量化、标准化处理。只是软件设计仍需要大量的司法案例数据以及法律规定模块化处理才能实现。2006年，山东淄博淄川区人民法院首次在司法实践中启用"电脑刑事司法裁判"软件系统，开启了我国智能化刑事司法裁判的实践先河。② 但在当时，无论是学界还是社会公众，对"电脑刑事司法裁判"的认可度都不高，担忧电脑刑事司法裁判有损个案公正。故此，虽然我国司法机关对智能化刑事司法裁判的探索之路并未停止，但"电脑刑事司法裁判"软件系统的实践运用迫于舆论压力而搁浅。直到2017年上海"刑事案件智能辅助办案系统"开始启用，我国司法机关才逐步实现了从传统司法向智慧司法的结构性转变。虽然人工智能辅助刑事司法裁判有助于解决"同案不同判""案多人少"等问题，但智能化刑事司法裁判的快速发展，缩短了人们的认知时间，甚至缩短了整个社会对智能科技的验证时间，由此带来各种风险。

通过前述研究的积累与发展，全球对智能刑事司法裁判的认识目前集中在以下两个领域。

一是刑事司法裁判机械化风险问题。我国在刑事司法裁判方法的运用上一直坚持"法官独立刑事司法裁判"的方法。但由于裁判文书的公开，传统刑事司法裁判方法必然遭遇正当性危机。为此，我国刑事司法裁判方法正迈向规范刑事司法裁判、智能刑事司法裁判之路。其中，规范刑事司法裁判之路主要由"刑事司法裁判建议"和"刑事司法裁判标准"所支撑。前者是在案件递交法院之前，由公诉机关针对该案件提出刑事司法裁判建议。简单来说，就是由公诉机关依据自身对法律的理解，针对待决案件被告人的罪行提出刑事司法裁判上的具体建议，供法院参考。但实际上，鲜有法院否定公诉机关的"刑事司法裁判建议"。后者则是由法院（一般是地方高级人民法院）在刑法规定的基础上，根据地方实际情况，

---

① 苏惠渔、张国全、史建三：《量刑与电脑——量刑公正合理应用论》，百家出版社，1989。
② 刘春雷、张闻宇：《"电脑量刑"：在争议中前行》，《人大建设》2004年第11期。

对刑事犯罪行为的量制定出更具可操作性的标准。例如在一起交通肇事案件中，如果被害人有 1 人，则判处被告有期徒刑 3 年；倘若被害人有 2 人，则判处被告有期徒刑 4 年。此外，对赔偿额度、被害人谅解程度等均加以量化。而智能刑事司法裁判作为最为先进的刑事司法裁判方式，正在以技术革命的方式来代替刑事诉讼规则变革。这种刑事司法裁判方式集合已有同类判决中的共同点，对待决案件中的关键要素加以比较、分析，由此得出精确刑事司法裁判结果。但人工智能刑事司法裁判系统过于标准化，极易陷入为了 "同案同判" 而机械化裁判的 "怪圈"。

二是刑事司法裁判均衡风险问题。随着人们对司法公正的要求越来越高，刑事司法裁判均衡成为学者们争相关注的重要议题。一般认为，刑事司法裁判均衡是在法律允许的范围内，对案件中的所有刑事司法裁判情节以及情节的社会危害程度加以判断，并排除非法定要素（例如地域、民族、受教育程度、刑事政策等）影响。简言之，刑事司法裁判均衡注重法治的严格展开，而否定法外因素对刑事司法裁判的作用力。然而，受到法官独立裁判的影响，人们无法根据裁判文书来推衍出法官裁判时的具体影响要素。因此可以说，刑事司法裁判均衡面临着司法实践的可操作性风险。值得庆幸的是，人工智能辅助刑事司法裁判系统的出现，极大地推动了刑事司法裁判均衡化。人工智能辅助刑事司法裁判系统通过抽离已决案件的共同点，来确定不同刑事司法裁判情节、不同社会危害后果的刑事司法裁判值。未纳入智能刑事司法裁判系统中的情节要素与后果要素，则无法影响到待决案件的刑事司法裁判。由此，刑事司法裁判均衡在 "大数据＋算法" 层面得到了极大推进。但智能刑事司法裁判系统也存在 "暗箱决策" 风险，甚至违背了刑事司法裁判公开原则。无论是公诉人还是被告人，均无法探知智能刑事司法裁判系统的具体决策过程。为此，有学者提出，我国司法机关应当适时调整智能刑事司法裁判系统的适用依据、标准。也有学者认为，智能刑事司法裁判的介入，需要在刑诉法上制定相对独立的刑事司法裁判程序，并强调社会调研报告、刑事司法裁判建议的程序性作用和公民权利。

上述成果集中反映了国内外法学界的智识努力，但对于当前的智能刑事司法裁判司法适用而言，也存在一定的不足，例如忽视了科技风险的法律转化，实证研究不足，未能回应智能刑事司法裁判所带来的诉讼制度变革、创新。为此，从科技风险与制度回应的视角，对人工智能辅助刑事司法裁判的法律风险加以深度审视、理论回应和策略应对，能够进一步推进我国的"智慧司法"建设。

三　国家治理现代化视野下的人工智能辅助刑事司法裁判

人工智能辅助刑事司法裁判是对传统法官刑事司法裁判方式的全面革新。这是科技发展对法律领域的直接影响，更是科技发展对国家治理现代化的精准回应，符合社会发展的必然趋势。因此，作为一种新型法治方式，人工智能辅助刑事司法裁判虽然饱受法学界的批判，但在推进国家治理现代化方面也展现出独特的理论意义和应用价值。

一方面，人工智能辅助刑事司法裁判促使人们反思人工智能作为"独立裁判主体"的理论假设，拓宽了当前人工智能的法律定位和法律功能。当前对人工智能辅助刑事司法裁判的定位，一般是辅助性刑事司法裁判工具。这是因为，学界普遍认为当前的刑事司法（乃至整个司法裁判系统）仍然是以法官审理、质证、裁判为核心的，并且每一个环节都离不开法官的主观判断。即便人工智能辅助刑事司法裁判系统能够以"输入－输出"的机械形式形成刑事司法裁判结果，法官对该结果的准确性、可适用性依然具有"把关"义务。因此，相较于法官而言，人工智能辅助刑事司法裁判系统只能是辅助性的，尚无法做到独立裁判。然而，当下的辅助性定位不仅是狭隘的，而且是有悖于司法发展规律的。从人工智能辅助刑事司法裁判系统研发、应用的初衷可以发现，司法机关采用人工智能刑事司法裁判就是为了解决"案多人少""同案不同判"问题。前者致力于将法官从繁重的简易案件中解放出来，后者则致力于简易案件的"同案同判"——某种意义上，疑难案件因为自身的疑难性而"同案不同判"，也具备了正当性、合理性。故此，司法发展规律本身即是通过标准化、智能化的裁判要素筛选，确定出简易案件裁判的核心要点，并基于此要点做出标准化、量贩式裁判；同时希望法官同简易案件割裂开展，而将有限的法官、有限的司法资源投入到疑难案件的审理中去。倘若否定人工智能辅助刑事司法裁判系统的"裁判主体"身份，让法官在繁重的简易案件审判中再增加一道"裁判结果对比"程序，实际上彻底违背了当前智慧法院改革的初衷。因此，本书提出了人工智能刑事司法裁判作为"独立裁判主体"的理论假设，拓宽了当前人工智能的法律定位和法律功能，为未来人工智能司法体系提供了一个理论锚点。

另一方面，它进一步推动了智能时代智能刑事司法裁判与诉讼程序相衔接的新型法治框架的建立。人工智能辅助刑事司法裁判系统虽然是当前智慧司法改革借助高新技术解决"案多人少"的技术性手段，但这一技术性改革反映在诉讼进程中，则展现为诉讼程序的全新变革。不同于区块链技术、视频摄像技术、电子证据等技术手段在诉讼程序中的应用，人工智能辅助刑事司法裁判将改写我国《刑事诉讼法》的许多关键程序。主要理由在于：前者的司法适用，均表现为法官个体思维主导下的证据审查革新。其本质是以技术手段增强案件事实的真实性、可还原性，与法律条款的规定无关。而人工智能辅助刑事司法裁判系统则不同。它是在法官之外重新确立了一个"案件决策思维"。尽管现行法律体系尚未肯定其案件决策主体地位，但对于司法裁判（乃至法律体系）而言，人工智能辅助刑事司法裁判系统在法律领域嵌入了一种全新的"决策思维"。既然是嵌入式的融入，那么法律有必要对此加以规制，以防备人工智能辅助刑事司法裁判系统的各种决策风险。由于人类无法同人工智能辅助刑事司法裁判系统讲道理，甚至无法观测其思维决策过程，因此，这种"决策风险"的防范机制最好以诉讼程序方式加以明确，以此来降低错案的发生率。

四 方法论视野下的人工智能辅助刑事司法裁判

当前，智能刑事司法裁判系统应用已经成为司法改革的全新方法。与传统刑事诉讼模式不同，本书将研究对象置于刑事诉讼法学和法理学的交叉视角下，更多的是以法理学视角审视刑事诉讼法问题，以期提升刑事司法裁判问题的法理观照、人文关怀。研究对象除了包括刑事司法裁判公开、刑事司法裁判公正、刑事司法裁判均衡等传统诉讼法问题之外，还包括刑事司法裁判智能化与法官伦理、刑事司法裁判智能化与数据正义观、刑事司法裁判智能化与算法审查等内容。因此，在司法方法方面，人工智能辅助刑事司法裁判的司法适用创新性地扩展了以下方法。（1）文献研究法，用于研究全程。通过收集中国知网、国外网站的文献资源，总结梳理国内外智能刑事司法裁判的研究成果，为撰写最终成果奠定理论基础。（2）比较研究法，用于研究全程。该方法主要对美国 COMPAS 刑事司法裁判系统、中国 206 刑事司法裁判系统、澳大利亚 SIS 刑事司法裁判系统的应用风险进行比较分析，以揭示人工智能辅助刑事司法裁判的具体问题与各国规制策略。（3）个案研究法，用于我国"206 系统"应用风险的实践评估，为本书提供第一手数据支持。（4）规范分析方法，用于研究全程，包括搭建研究的基础理论分析框架。本书运用规范性分析方法解析国内外关于人工智能辅助刑事司法裁判的法律、政策、指南、规范、标准等措施，整理并审查我国包括《刑事诉讼法》在内的刑事法律体系，以便于制定符合中国国情的人工智能辅助刑事司法裁判风险规制策略。

本部分以人工智能辅助刑事司法裁判的科技风险为出发点，利用我国"206 系统"、美国 COMPAS 刑事司法裁判软件、澳大利亚 SIS 刑事司法裁判软件的比较分析，完成人工智能辅助刑事司法裁判风险的类型化总结，并以"206 系统"为基础，探索"法律规制 + 伦理规制 + 行业规制 + 自律规制"的多元协同规制模式，探讨科技风险转化为法律风险后的法律规制问题。我们将通过实证调查与比较分析等方法，对全球（尤其是我国）当前智能刑事司法裁判风险与规制需求加以整理与思考，努力发掘科技风险背后的深层次原因及其法律问题。尤其是基于我国"206 系统"的刑事司法裁判实践，测度人工智能刑事司法裁判系统的计算指标，选取开放性社会要素作为观测点。开始以"再犯可能性"要素为观测点，在此基础上考虑增加性别、地区、受教育程度等要素，使测算指标更为丰富、完整，进而获得智能刑事司法裁判运用的客观情况。通过实证分析方法的运用，分析我国当前"206 系统"法律规制的司法需求与制度创新，并在此基础上整合各种法律规制工具，提炼出中国智能刑事司法裁判系统的具体规制模型和制度框架。并且，利用中国裁判文书网和"206 系统"进行刑事司法裁判比较。由定量向定性逐步过渡，从财产性犯罪（盗窃罪）开始，逐渐扩增至贪污受贿犯罪，最后到危害公共安全罪。

当然，在人文社科的研究上，技术设备的依赖性较低，而社会科学技术的应用较广。但本书的研究涉及以下关键技术。（1）大数据技术。该技术主要包括数据采集、数据统计、数据分析以及数据整合等。它主要用于我国 "206 系统"、美国 COMPAS 刑事司法裁判软件、澳大利亚 SIS 刑事司法裁判软件等工具关于刑事司法裁判结果的比较分析，用于挖掘和印证智能刑事司法裁判系统所带来的法律风险。（2）规范分析技术。该技术属于法律领域的专有技术，用于分析法律文本和政策性文件。由于各国在法律及政策的制定上采用不同的立法模式，因此，规范分析技术的应用旨在对不同的文本形式加以统一，以便于后续的制度比较和转化。（3）定量分析技术。智能刑事司法裁判系统主要采用量化分析的模式，确定不同犯罪嫌疑人的刑期。这其中尤其涉及定性转定量问题，在很大程度上会带来思维模式的转化。因此，定量分析技术用于解决可定量罪行、定性转定量罪行以及不可定量罪行的裁判问题。

第九章

人工智能辅助刑事司法裁判的实践与反思

一 智能刑事司法裁判系统的司法实践

近年来，在大数据的驱动下，人工智能技术得到了迅猛发展，2017 年《新一代人工智能发展规划》的发布标志着我国的人工智能技术发展已进入国家重大战略层面。与此同时，人工智能在法律专业领域进行的实际应用越来越多。在国家政策的推动下，我国各地法院借助以智慧审判为中心的智慧法院体系，开始了人工智能辅助刑事司法裁判系统的探索性尝试。囿于人工智能现有技术发展尚不成熟，当前人工智能系统只能作为法官进行刑罚裁量时的辅助性工具。尽管如此，人工智能系统在刑事司法裁判领域的应用仍可以大幅度提升司法审判的效率，为推动刑事司法裁判规范化改革起到积极作用。然而，随之而来的问题是人工智能与司法领域之间的现实矛盾。智能辅助刑事司法裁判系统带来了诸如暗箱决策、算法歧视和可解释性风险等法律风险，可能影响刑事司法裁判的公开性与公正性，甚至侵害当事人的正当权利。在人工智能融入司法领域的不可挡之势下，如何防范其中存在的法律风险，推动人工智能辅助刑事司法裁判的有序发展，是司法界亟待解决的问题。

（一） 人工智能辅助刑事司法裁判的发展历程

随着大数据、云计算等信息科技的蓬勃发展，人工智能技术也影响到了法学界与司法制度。作为高效率的科技手段，人工智能通过模拟人脑思维并构建知识获取、深度学习等智能环节，使机器代替人类实现任职、识别、分析、决策的功能。① 从 20 世纪 50 年代起，在司法界"案多人少"的现实需要下，域外开始了探求运用机器进行辅助刑事司法裁判的实践。进入 21 世纪，在经济社会发展的需求驱动下，借助于运量能力提升和深度学习系统的出现，人工智能技术也发展到了新的高度。美国刑事司法领域出现了用于罪犯矫正替代性制裁分析管理的系统"COMPAS"，通过海量的数据分析，对被告人进行再犯概率预测的风险评估，辅助法官进行刑事司法裁判裁决。美国司法界还研发出了刑事司法裁判计算系统"ASSYST"，根据刑事司法裁判指南进行刑事司法裁判预测，并向法官提供刑事司法裁判建议。这两套系统在美国多数州法院得到运用，在节约司法资源等方面成效显著。我国司法领域同样面临着"案多人少"的司法窘境，审判效率和审判质量难以兼顾。在人工智能技术发展的时代背景下，我国司法机关也应借助科技的力量发展人工智能辅助刑事司法裁判系统，有效缓解法官的办案压力，并提升审判效率和质量。

　　人工智能在刑事司法裁判领域的应用也是我国刑事司法裁判规范化改革时代的产物，是新时代建设法治中国的客观需要。在过去，我国传统的刑罚裁量采用"估堆式"刑事司法裁判的方式，即法官对案件进行定性后凭借个人的刑罚价值取向和审判经验，在法定刑限度内对犯罪行为人进行刑罚裁量。② 但这种侧重于定性分析和经验思维的刑罚裁量，将造成法官拥有较大的刑罚裁量自由权。在此情况下，可能会因法官自身经验水平的不同导致同一类案件的刑事司法裁判结果存在较大出入，从而影响刑事司法裁判公正。为了摆脱司法实践中"估堆式"刑事司法裁判造成的"同案不同判"困境，我国开始迈向刑事司法裁判规范化改革的时代，致力于使刑事司法裁判活动从传统的"估堆式"模式向精细化模式转变。规范化刑事司法裁判是指法官在规范化的依据和标准指导下，依据程序进行刑事司

---

① 参见黄京平《刑事司法人工智能的负面清单》，《探索与争鸣》2017 年第 10 期。
② 参见黄春燕《法官刑事司法裁判的自由裁量权与刑事司法裁判公正的实现——兼论人工智能在刑事司法裁判中的定位与边界》，《山东师范大学学报》（社会科学版）2021 年第 3 期。

法裁判活动。法官依据规范化的刑事司法裁判方法进行刑事司法裁判活动，有利于避免"同案不同判"和"刑事司法裁判不规范"的问题，以实现刑事司法裁判的公正性。2017 年，最高人民法院提出建设智慧法院的要求，以信息化促进审判体系和审判能力的现代化。建设人工智能刑事司法裁判系统，正是顺应了智慧法院和法院信息化改革的潮流。大数据时代，将人工智能引入刑事司法裁判，以司法效率和司法信息化为导向，可以为法官的刑事司法裁判工作提供技术支撑和帮助，有利于将深层次的刑事司法裁判规范化改革真正落实。

（二）超越与局限：人工智能辅助刑事司法裁判的全面审视

相较于传统的刑事司法裁判模式，人工智能系统的刑罚裁量更具有中立性和客观性，更能提高司法效率，保障司法决策的科学性。在一定程度上，人工智能辅助刑事司法裁判可以帮助实现司法程序的规范和理性，克服司法过程中的随意性，更能保障程序正义的实现。[1] 人工智能刑事司法裁判系统以大量案例数据为参考，构建相似案件预测模型对刑罚裁量结果进行预判，也可为案件审理法官提供同类案件中其他法官的裁判，辅助法官进行刑事司法裁判工作。这样不仅能够提升司法裁判的专业性水平，弥补部分法官的经验短板，也能提高案件审判质量，保证刑罚裁量的一致性，科学地规避司法决策稳定性和可预期性的风险。另外，人工智能系统可以高效率地梳理案件的争议焦点和法律要素，有效提升司法效率，解决当前法院"案多人少"的问题。目前我国法院"案多人少"的压力逐年加剧，但给法官造成判案数量压力的恰为案情简单的普通刑事案件。这对于多数法官来说需要耗费大量的时间成本，而无法将时间和精力放在真正疑难复杂的案件中。人工智能辅助刑事司法裁判有助于提高法官审结这类案件的效率，节省重复性工作的时间。

尽管人工智能技术拥有上述诸多优势，但人工智能辅助刑事司法裁判在实际运用中仍存在一些瓶颈和局限。传统的刑事司法裁判活动尊重法官

---

[1]　参见原新利、续圆圆《人工智能对司法领域的"正负"双重功能》，《广西社会科学》2018 年第 10 期。

的自由裁量权，以法官的主观能动性和审判经验来弥补成文法的刚性缺陷，实现司法活动的实质正义。如前所述，人工智能刑事司法裁判算法没有掺杂任何价值判断，是直接输入输出的过程，因此若智能辅助刑事司法裁判得不到合理运用，可能会压缩法官合理的司法能动空间。虽然最高人民法院和各省法院不断出台具体的刑事司法裁判细则，但我国在刑事司法裁判规范化改革过程中长期存在机械化倾向的风险，在提倡利用人工智能赋能司法的当下更是如此。倘若机械地通过数量关系的输入和输出，在刑事个案中过分追求"同案同判"，便可能造成刑事司法裁判科技化、具体化、划一化取代刑事司法裁判规范化的不良后果，导致个案正义的丧失。[1]此外，人工智能提供刑事司法裁判预测的前提是能够提取案件刑事司法裁判情节，刑事司法裁判系统的科学性很大程度上受到司法数据的真实性、客观性以及刑事司法裁判算法的公正性影响。囿于我国的相关司法数据库尚不完备，法律数据资源建设仍在起步阶段，关于司法案例研究的成果积累在我国极其薄弱。[2] 总的来说，无论从制度供给还是从技术基础上看，我国人工智能介入刑事司法裁判机制还存在许多局限。有鉴于此，在我国目前的司法实践中，人工智能辅助刑事司法裁判系统仅能对简单的可量化刑事案件发挥较大的作用。

（三） 风险治理下人工智能辅助刑事司法裁判的国家回应

为了应对法院信息化建设和刑事司法裁判规范化的改革需要，解决"同案不同判"和"案多人少"等司法问题，国家层面也开始大力推动人工智能在司法领域的研发工作。2017 年，最高人民法院提出以人工智能、大数据手段促进法官"类案同判"，立项启动开发建设刑事司法裁判智能辅助系统。[3] 为借助"大数据 + 人工智能算法 + 智慧法院"的科技优势寻求司法改革的解决之道，上海、海南等地法院开始对人工智能在刑事司法

---

① 参见倪震《刑事司法裁判改革中"机械正义"之纠正——兼论人工智能运用的边界及前景》，《江西社会科学》2018 年第 2 期。

② 季卫东：《人工智能时代的司法权之变》，《东方法学》2018 年第 1 期。

③ 陈学勇：《最高人民法院立项开发建设刑事司法裁判智能辅助系统》，《人民法院报》2017 年 9 月 27 日，第 1 版。

裁判上的运用进行积极探索。以海南省高级人民法院的"刑事司法裁判规范化智能辅助办案系统"为例，该系统能够智能导入起诉书、辩护词等诉讼材料，通过智能识别和提取案件中的犯罪事实和刑事司法裁判情节，进行综合分析后，根据历史的刑事司法裁判数据推荐刑事司法裁判，自动生成裁判文书和其他程序性法律文书。[①] 在海南省刑事司法裁判规范化智能辅助系统试运行期间，其所涉及的刑事犯罪案件占全省刑事案件的 90% 以上，法官刑事司法裁判的工作量得到了较大减轻，"同案不同判"的情况也显著减少。

从上述司法实践可见，我国司法领域对于人工智能辅助刑事司法裁判的需求非常旺盛。与国外实践不同的是，我国司法人工智能领域暂未有明确的法律制度进行规范，而是采用了"摸着石头过河"的改革逻辑。[②] 在制度供给尚不足的情况下，为了应对人工智能技术嵌入刑事司法裁判规范化改革的趋势，国家有必要以法治思维和法治方式来回应人工智能辅助刑事司法裁判系统带来的司法变革。其中不容忽视的是人工智能介入刑事司法裁判决策过程中潜在的法律风险。不同于个体化、发散的人脑决策，算法决策的反馈回路难以开放，一旦出现问题就会形成自动化、系统化的普遍侵害结果。[③] 为了保证人工智能辅助刑事司法裁判的规范应用，还需要从刑事司法裁判系统带来的法律风险入手，分析其中能为我们所用的法律治理逻辑，并以此构建人工智能辅助刑事司法裁判的制度体系。

二　人工智能辅助刑事司法裁判的司法适用现状

自 20 世纪 50 年代以来，学者已经在思考如何将计算机技术和法律结合起来，整合两个领域的相关知识和技术，形成提高法院办案的效率、减少法律工作者的工作任务量的算法系统。人工智能在这种背景下被逐渐应

---

① 方茜：《海南法院大数据人工智能助力司法改革》，《人民法院报》2017 年 9 月 27 日，第 1 版。
② 参见钱大军《司法人工智能的中国进程：功能替代与结构强化》，《法学评论》2018 年第 5 期。
③ 参见马长山《司法人工智能的重塑效应及其限度》，《法学研究》2020 年第 4 期。

用到司法中。相较于国外的人工智能系统与司法领域的结合程度，我国的人工智能在司法领域的适用还仅仅处在一个起步的阶段。我国的人工智能辅助刑事司法裁判系统是人工智能在大数据时代与司法的结合，虽然它在司法系统开始广泛推行适用，也成为我国智慧司法的一项重要内容，但是鉴于我国的人工智能辅助刑事司法裁判适用于司法领域的时间较晚，其法律风险还没有明确，相关的制度也还没有完善。因此，为了推进我国智慧司法的改革，促进人工智能辅助刑事司法裁判的良性发展，对人工智能在司法领域辅助刑事司法裁判时可能产生的法律风险和后果需要明确，并依据这些可能出现的风险提出解决措施，建立相关的制度。在制度的构建中必须考虑到司法系统本身的特点和人工智能辅助刑事司法裁判所依据的算法系统的特征，将两者的特征融合在人工智能辅助刑事司法裁判系统的制度中，从而构建出符合我国司法发展需求和促进人工智能辅助刑事司法裁判系统自身良性发展的制度。

（一）人工智能辅助刑事司法裁判的应用探索

近年来，利用人工智能辅助刑事司法裁判已经成为司法领域的一大热潮，利用人工智能快速、高效的特点来处理法律繁杂的信息处理工作，将法律刑事司法裁判信息输入信息库，并且利用事先设定好的算法路径提出人工智能的刑事司法裁判建议。随着人工智能技术的不断发展，人工智能与司法领域的结合也越来越密切，在我国推进中国特色社会主义现代化法治建设的进程中，如何推进人工智能技术与司法领域的有效契合也是国家和学者需要深入思考的问题。人工智能辅助刑事司法裁判的特点是将各个法律信息通过数据转化的模式储存在数据库里，每个案件、每条法律都有特定的数据，系统再通过事先设定好的算法整合出相似的数据，并将案件数据与法律信息数据相对应，最终得出一个刑事司法裁判建议。人工智能辅助刑事司法裁判的输出过程其实就是一个刑事司法裁判规范化的过程，一方面是为了解决我们国家“案多人少”的矛盾，减少法官的工作量；另一方面也是在寻找“同案不同判”问题的解决路径。最高人民法院在2010年就已经在全国法院开始试行刑事司法裁判规范化改革，改革的目的主要是促进刑事司法裁判的公平和精细化，以解决法定刑规定幅度过大，给法官的自由裁量空间过大导致同案不同判，司法公正受到质疑的问题。人工智能的规范化运行特点也恰好符合此次改革的要求。

利用人工智能进行辅助刑事司法裁判并不是让人工智能代替法官的地位去审理案件，而是起到一个辅助工具的作用。利用人工智能提出刑事司法裁判建议固然有其优点，例如其逻辑推演能力和数据运算速度远胜人类，但是现有的人工智能技术在对法律案件进行辅助刑事司法裁判的时候也有其无法弥补的缺陷。因为现有的技术大多是利用已经设定好的算法程序——无论是多通道注意力机制的辅助刑事司法裁判的模型建构，还是仅仅进行辅助刑事司法裁判的数据处理和词向量模型建构，抑或强化规则的辅助刑事司法裁判模型建构——对输入的案件数据进行量化，然后按照已经设定好的程序或者模型进行数据运算并输出刑事司法裁判建议，但是在人工智能输出刑事司法裁判建议的过程中却没办法感知到不同案件的情感变化。人是感情动物，不同的情感变化可能会使案件变得完全不同，人工智能固有的认知缺陷是无法弥补的，无法做出情感判断决定了现时的人工智能只能处于辅助工具的地位。利用人工智能进行数据集合、处理，将法官从一般性的、机械性的案件中解放出来，减少重复性的工作，将更多的精力集中在案件事实认定和法律适用上，减少人案矛盾，[①] 有利于促进司法公正，也有利于提高法官办案的效率和质量，提高案件的审结率。因此，在最高人民法院推行的刑事司法裁判规范改革的进程中，人工智能辅助刑事司法裁判技术也受到了各地各级法院的青睐。

（二）　人工智能辅助刑事司法裁判的应用经验

在分析我国应用人工智能辅助刑事司法裁判的现状时，海南省是一个非常值得分析的案例。海南省在应用人工智能技术辅助法院刑事司法裁判方面起步非常早。在不断的发展尝试中，2009 年 6 月，海南省作为全国第二批刑事司法裁判规范化改革的试点省份，已经开始了刑事司法裁判规范化改革。2017 年 7 月，海南省高级人民法院发布了《海南法院关于常见罪

---

① 刘艳红：《大数据驱动审判体系与审判能力现代化的创新逻辑及其展开》，《东南学术》2020 年第 3 期。

名的量刑细则》，同期上线海南法院刑事司法裁判规范化智能辅助办案系统，使得海南省法院的刑事司法裁判规范化改革的工作朝着智能化的方向不断前进。从此次海南省发布的刑事司法裁判细则来看，这个时期的智能辅助办案系统是建立法条数据库，识别提取案件事实和刑事司法裁判情节，将相关的关联法条和类案整理出来，自动生成程序性法律文书和框架性裁判文书。这个时期的辅助办案系统具有自主学习的能力，能够通过自主学习提高识别案件事实情节的准确性，提高刑事司法裁判建议的质量。这个办案系统主要的作用还是信息的收集、处理和推送，此时所生成的裁判文书质量不高，辅助办案系统更像是一个 "信息处理中心"。这个系统从在海南省的试点法院开始运行以来取得的效果也是明显的，试点法院在处理刑事司法裁判规范化的案件时花费的时间更少，花费在程序性事项上的时间也更少，但是此时的人工智能明显还不够 "智能"，无法处理和应对一些新的情况，它主要通过推送类案给法官提供思路和参考，使法官可以尽量做到类案类判。海南的刑事司法裁判规范化智能辅助系统也在实践中不断研发，在全国的 "智慧法院" 建设道路上走出了海南模式。海南的 "十个一键功能" 智慧审判系统在类案判决以及简单裁判文书的审理上所起的作用非常大。智能辅助刑事司法裁判系统不仅仅是让法官在判案的时候更加公正，也使百姓更能感觉到司法的效率和透明度。

在海南省上线运行智能刑事司法裁判办案系统之后，全国各地法院也陆续开始了 "智慧法院" 的建设，为以后研发更加智能高效的智能辅助刑事司法裁判系统提供了宝贵的经验。例如最高人民法院的 "法信" 是智能问答服务平台，"智审" 处理事务性的工作，这两个系统都不涉及智能刑事司法裁判；北京法院的 "睿法官" 系统和上海法院针对刑事案件的 "206 系统" 就显得更加智能，特别是 "206 系统"，不仅在证据标准方面设置了统一的数据，而且制定了相应的证据规则，通过运行事先设定好的证据模型，使法官在处理案件时有了数据化的指引，避免在处理案件时出现武断性的操作。该系统也统一了公、检、法三家的证据认定标准。上海法院不仅构建了刑事案件的智能审判系统，还在此基础上继续构建民事以及行政案件的智能办案系统。我国现在的智能办案系统主要涉及阅卷、归纳、建议、文书生成几大板块，司法也因为人工智能的加入有了新的活力

和可能。在未来，"人工智能＋"的模式已经成为发展的必然趋势。我国
对"人工智能＋司法"的模式也在不断地探索中，虽然对这种模式的探索
处于刚刚起步的阶段，但是这种模式在司法的各个领域一定会得到长足的
发展。

（三）　人工智能辅助刑事司法裁判的局限

上述各个案例中的智能办案系统所涉及的不仅仅是案件的刑事司法裁
判问题，而且包括案件审理的各个阶段，但是本部分主要讨论的是人工智
能在辅助刑事司法裁判上存在的法律风险及应对法律风险的制度措施。我
国现在关于人工智能刑事司法裁判的系统主要分为电脑辅助刑事司法裁判
专家系统、计算机辅助刑事司法裁判系统以及基于大数据的刑事司法裁判
预测，它们虽然是通过不同的数据处理方式和算法路径输出刑事司法裁判
建议，但本质上都是通过人工智能来输出结论。虽然"人工智能＋司法"
的模式得到了大力推广，但是人工智能在法律领域所存在的问题也是不容
忽视的。在人工智能刑事司法裁判的过程中，以海南省的智能办案系统为
例，所有关于法律法条和法律文本的信息数据都被以数字化的形式事先储
存在数据库中，需要提出刑事司法裁判建议的案件也是以数字化的形式与
数据库中的数据信息进行数据对比，然后输出刑事司法裁判建议。因此，
整个刑事司法裁判过程基本都是数据数字化的运算过程，这种模式是要素
化决策机制，是人工智能根据各个要素做出的判断。这个过程不需要法官
行使自由裁量权，法官只需在最终的刑事司法裁判意见出来时决定是否采
纳。如果法官采纳了人工智能提出的刑事司法裁判意见，那么在对这一案
件做出判决的过程中，法官的参与程度很低，换句话说就是整个判决结论
得出的过程几乎都是由人工智能来操作的，整个刑事司法裁判过程就很容
易走向一种机械化的趋势，但是刑事司法裁判过程不应该仅仅是一个数字
精确的运算过程，它更是一个包含着人类社会情感集合体的处理过程，需
要根据不同的情感变化和社会文化传承做出不同的反应，因此人工智能的
机械化刑事司法裁判过程是不利于保障被告人权利的。刑事司法裁判科技
化和刑事司法裁判科学化是不同的，二者虽然只一字之差，但是刑事司法
裁判科学化指的是在制定有关刑事司法裁判的法律制度时要综合多方面的

因素进行考虑，力求制定出来的法律制度不论是在法理逻辑要求上还是在社会道德伦理要求上都是合理的，并且是可以被社会大众接受的，是有机的、科学的刑事司法裁判制度。而刑事司法裁判科技化指的是在刑事司法裁判的过程中引入科技化的技术来智能化刑事司法裁判，是利用科学技术的力量为刑事司法裁判提供便利。刑事司法裁判科技化并不能解决法律本身存在的问题，还有可能带来新的问题，法律的问题只能由法律本身来解决，科学技术不能解决法律问题。我们不能指望通过刑事司法裁判科技化来解决刑事司法裁判科学化的问题。但如果只是为了通过科技化来一味地追求刑事司法裁判结果的准确性，这只是一种符合社会预期的预测，而不是刑事司法裁判技术的提高。同时，我们也应该注意到在以往传统的司法裁判场合，法官在进行刑事司法裁判的过程中，所需要进行的不仅仅是做出一个刑事司法裁判判断，法官在利用自身的专业知识和专业的价值判断得出这个结论时是需要对这个结论负责的，我国也专门建立了法官的追责系统，但是我国的人工智能在刑事司法裁判中所起到的仅仅是一个辅助性的作用，没有办法对它追责。人工智能在辅助刑事司法裁判过程中本身所存在的技术风险会给我国的法律带来新的挑战。

三　人工智能辅助刑事司法裁判的司法逻辑

就近 30 年的智慧司法转型之路而言，重要的不是人工智能科技如何影响、推动了中国司法的发展，[①] 而是人工智能科技在 1989 年、2006 年智能刑事司法裁判试验受到猛烈抨击之后，为什么能够在司法领域生存下来，甚至在多个国家得以正当运行。着眼于后者，"人工智能科技的发展"的理由过于牵强，且难以回应基本司法原理——司法公平、正义、平等等价值理念——的质疑。因此，对智能刑事司法裁判系统的认识，必须回归到智能刑事司法裁判系统的核心构造（智能刑事司法裁判算法）及其基本司法逻辑上来，才能探求到中国"智慧司法"改革的成功秘诀。

---

① 参见王迁《如何研究新技术对法律制度提出的问题？——以研究人工智能对知识产权制度的影响为例》，《东方法学》2019 年第 5 期。

（一）　算法裁判的主体性逻辑

智能刑事司法裁判系统在司法领域的运用，已经成为一个不争的事实。但围绕这一事实所引发的主体性讨论，却是当前司法界以及人工智能学界颇具争议的风险。传统上，司法裁判历来都是法官（或者说"人"）独立掌控的权力，不受行政机关、社会团体和个人的干涉。这一点，不仅在我国宪法第 131 条中予以明确规定，而且在各种司法学说上也得到了证实。[①] 然而，智能刑事司法裁判算法的出现，彻底打破了以往司法裁判主体单一化的局面，算法裁判正确率甚至比法官、律师等专业人士更好。多次算法裁判和人脑裁判的竞赛测试结果显示，算法裁判的准确率已经远高于人脑裁判。例如，人工智能算法对 584 个涉及基本人权的司法案件进行裁判，有 79% 的案件裁判结果同欧洲人权法院的裁判结果相同，另有 21% 的算法裁判结果存在分歧。这是因为智能算法发现了法律与案件之间的微妙差异。而在另一起测试中，英国研究人员安排智能算法与 100 名律师共同检查保险合同案件。结果，智能算法以 86.6% 的准确率领先于律师 66.3% 的准确率。[②] 甚至在另一起"保密协议"审查比赛中，人工智能算法的审查准确度达到 95%，远高于律师 85% 的审查准确率。[③] 也就是说，在简单案件裁判的准确率上，智能刑事司法裁判算法已经足以胜任"法官"的角色。

唯一的问题在于，智能刑事司法裁判算法在刑事审判过程中，究竟是"独立裁判者"还是"刑事司法裁判辅助工具"？法学界认为，目前智能刑事司法裁判算法的局限性远大于其功用。例如，目前该系统仅对 90 余个简单的、可量化的罪名（如盗窃罪）发挥比较大的作用，且充斥着暗箱决策、算法歧视等风险。因此，"刑事司法裁判辅助工具"被视为智能刑事司法裁判算法最为稳妥的司法定位，"独立裁判者"的主体性定位为时尚

① 陈卫东：《司法机关依法独立行使职权研究》，《中国法学》2014 年第 2 期。
② 参见崔亚东《人工智能与司法现代化》，上海人民出版社，2019，第 35 页以下。
③ 参见李雨晨《斯坦福等高校的 AI 打败顶级律师，故事要从三十年前说起》，雷锋网，https://www.leiphone.com/news/201803/A1CCEEBwex27OqwE.html，最后访问日期：2020 年 12 月 3 日。

早。然而，严峻的风险尚未造成严重的司法损失，学术界的担忧也未获得实证层面的支撑。至少目前，关于智能辅助刑事司法裁判系统算法歧视、暗箱操作的实例尚未涌现出来。即便美国威斯康星州诉卢米斯案中涉及"罪犯矫正替代性制裁分析管理系统"（Correctional Offender Management Profiling for Alternative Sanctions，COMPAS）的算法黑箱、算法歧视风险问题，亦未证明算法风险确实引发了刑事司法裁判失范后果。因此，对智能刑事司法裁判算法的苛刻与否定，或许只是法学界选取参照系上的不经意失误。

当我们将焦点转至整个社会治理体系时，关于"独立裁判者"还是"刑事司法裁判辅助工具"的争论，又将转化为"是否允许法官之外的智能算法获得裁判权"的疑问。实际上，当裁判权被置于整个社会治理体系之中时，它立刻被弱化为一种纠纷解决机制。而且在整个社会治理体系中，除了以法官为基础的法律纠纷解决机制之外，还存在宗族公约、民间习俗、行业惯例等非正式纠纷解决机制。其中，法官与宗族长辈、调解人、仲裁人具有同样的功能（即解决纠纷），只不过法官是由国家法律创设的一种制度性中立者，它依赖国家法律和强制力保证自身的权威性。由此观之，法官裁判权相比于宗族公约、民间习俗、行业惯例的优势在于，它的裁判主体身份是法定的，以国家权威作为后盾。并且，这些优势是后天（法律）赋予的，而非先天获取、后天不可变更的。

由于智识发展程度与社会需求的变化，传统司法想要维持"法定秩序"，就必须持续性地提升法官裁判能力和裁判权威，并同时降低非正式纠纷解决机制（例如偷亲戚的钱、打伤邻居等行为，偶尔不纳入刑事公诉中）的替代性威胁。在非正式纠纷解决机制未发生明显变化的情况下，国家要么付出更高的人力、物力成本，以达到持续提升裁判权威的目的；要么从法官裁判能力入手，着力推进法官职业共同体的整体水平。由于司法资源的有限性以及裁判权威持续性提升的双重压力，提高司法成本对保障裁判权威而言已经收效甚微。而以"案例指导制度"为代表的制度改革路径，以及以"智慧司法"为典型的技术改革路径，就成为我国"提升法官职业共同体的整体裁判能力"的必然之举。其中，前者着力解决"立法漏洞"（低概率纠纷）的同案同判；后者则以"智能刑事司法裁判系统"为标志，致力于高发、简单案件的同案同判。既然智能刑事司法裁判系统在技术上可行，那么为了解决"案多人少""同案不同判"问题，司法机关就有动机、有动力接纳智能刑事司法裁判算法的主体性定位，以提升司法裁判的控制力。

为了更为清晰地证明"智能刑事司法裁判算法"的主体性定位，在此不妨先行否定其主体性定位，并模拟"刑事司法裁判辅助工具"下的司法裁判过程。当法官面对一起简单案件时，他只需要依据丰富的裁判经验来快速找到刑法条文并确定刑事司法裁判结果。即便是裁判经验不丰富，也不会被简易案件所难住——否则该案件就不是一起"简易案件"了——唯一的问题就在于，在每一年度中，法官们总是需要耗费大量的时间成本和精力，用于处理这种低难度的简易案件。[①] 而且，在"智能刑事司法裁判算法"引入司法裁判之后，每一起简易案件需要经历两次"裁判"：法官裁判和算法裁判。并且，法官裁判结果还必须接受算法裁判结果的检验。倘若两种结果相一致，则不仅证明了法官裁判结果的正确性，更证明了刑事司法裁判辅助算法作为"独立裁判主体"的可行性；倘若两种结果不一致，那么法官不仅需要证明自身结果的正确性，还需要证明算法裁判结果的错误。对于简易案件而言，"完备的上诉程序"以及"极低的错判率"似乎能够更加经济、高效地解决法官错判问题，而无须花费巨额费用来研发和适用"智能刑事司法裁判算法"。由此观之，"刑事司法裁判辅助工具"意义上的智能刑事司法裁判算法，不仅未能在简单案件中解放法官，反而给法官裁判增加了一道程序或者一项任务。而作为"独立裁判主体"的智能刑事司法裁判算法，却能够为整个法官职业共同体节省下大量的时间成本和精力，从而将有限的司法资源用于疑难案件的裁判。故此，智能刑事司法裁判算法在当下虽然是辅助性的，但其趋势必然是主体性的。而且，在前述客观数据的印证下，智能刑事司法裁判算法可能是一种优于法

---

① 最高人民法院工作报告显示，2013～2018 年，各地人民法院每年审结的一审刑事案件数分别为 95.4 万件、102.3 万件、109.9 万件、111.6 万件、129.7 万件、119.8 万件，呈现出明显的上升趋势。而这一时期实行的"法官员额制"改革，则进一步加剧了"案多人少"的风险。参见谢恩芝《认罪认罚从宽制度视野下权利保障机制研究——以广西南宁市的适用为样本》，《南宁师范大学学报》（哲学社会科学版）2020 年第 1 期。

官的 "同案同判" 者。由此， "智能刑事司法裁判算法" 对传统司法的主体性调整，便不再是一种侵犯法官独立裁判权的表现，而是社会、经济、文化智能化变革的必然选择。只是智能刑事司法裁判算法的 "独立裁判主体" 身份，仍需要建构一系列的衔接程序。

（二） 算法裁判的量化规范逻辑

现行刑法体系是以 "罪名" 与 "刑事责任" 为基础建立起来的一整套渐变序列的惩罚机制，并且每一个罪名都对应着特定的刑事责任。因此，刑事裁判的技术核心就在于如何有效地建立案件事实与罪名之间的逻辑关系，并据此量化出相应的刑事责任。根据司法实践，我们可以将传统的刑事裁判活动假想为一种拼图过程。在这一过程中，法官的左手握有已经成形的拼图模板 （即 "罪名"），右手则是零散的拼图模块 （即 "各种有效的案件事实"）。法官的任务则是观察松散 "事实" 模块，并寻找出一个最相近的 "罪名" 模板，然后将 "事实" 模块拼成 "罪名" 模板。值得庆幸的是，由于罪名的有限性，法官寻找拼图模板并非难事；又因为大多数犯罪活动的相似性， "事实" 模块的种类也不至于繁多到无以复加。由此，法官的拼图过程实际上就是 "定罪" 的过程，而事实模块的碎裂化程度则决定了刑事司法裁判的难度。然而， "定罪" 结果可以由 "罪名" 模板加以验证，刑事司法裁判的准确性却因人而异，无从验证。不同的法官也由于裁判能力、裁判经验以及情绪等因素的影响，[①] 无意识地造成了 "刑事司法裁判" 不公正、不规范的结果。故此，传统刑事司法的 "拼图" 裁判模式无法真正回应 "刑事司法裁判规范化" 的时代要求。

上述假想虽然是杜撰的，但结论却是真实的。法官在刑事司法裁判过程中，受到人类检索能力以及智识水平的影响，只能够采用 "笨拙" 的 "拼图" 模式来确定 "事实" 与 "罪名" 的关联性，进而完成每一次的个性化 "刑事司法裁判"。但这种裁判模式的弊端极其明显，即每次刑事司法裁判都是独立的、不累及其他案件的司法活动。这无疑造成了法官 "同

---

① 参见 S. Danziger, J. Levav, L. Avnaim-Pesso, "Extraneous Factors in Judicial Decisions," 108 *Proceedings of the National Academy of Sciences* 17, 2011, pp. 6889-6892.

案不同判""刑事司法裁判不规范"的后果。只不过这一后果在传统上被"法官独立"的制度话语所掩盖了。但中国裁判文书的全面公开，让"拼图"裁判模式的弊端暴露无遗：同类案件并没有实现同样的裁判——至少没能做到刑事司法裁判的统一化——这样，"法官独立"的权力配置虽然仍能够对抗行政机关、社会团体和个人等主体，却无法合理地解释"同案不同判""刑事司法裁判不统一"问题。至此，为了改变刑事司法裁判不规范问题，司法机关必须在"罪名"模板与有限"事实"模块的基础上，寻找到"刑事司法裁判规范化""刑事司法裁判可验证"的解决方案。而"智能刑事司法裁判算法"对于刑事司法裁判的意义恰在于此。

就中国刑事司法裁判而言，"智能刑事司法裁判算法"延续了传统刑事裁判的"拼图"模式，但由于司法大数据以及智能算法的支持，刑事司法裁判的可验证性得到了明显提升。这主要是由于智能刑事司法裁判算法的"量化规范逻辑"。所谓"量化规范逻辑"，是指智能刑事司法裁判算法以司法大数据为依托，将已生效刑事判决中的"案件事实""罪名""刑事责任"等定罪刑事司法裁判要素模块化，并根据不同模块影响定罪刑事司法裁判的程度来设定量化值（算法初始值）。每一起待决案件的裁判均需要经受司法大数据（尤其是相似案件）的反复验证。可以说，算法裁判的基本逻辑，是从大量相似数据中获得比较性结论。其逻辑起点并非刑法条文，而是大量的已生效判决。当然，对刑法条文的背离以及对已生效判决的遵从，极易受到法律经验主义的抨击。尤其是在成文法国家，这种裁判逻辑可能改变刑法条文的立法边界，扩张、限缩甚至扭曲立法原意。因此，智能刑事司法裁判算法的量化规范逻辑只能限定为功能性描述（即"其他相似案件也这样判"），而未掺杂任何价值判断。

（三）算法裁判的经验规范逻辑

在追求"法治统一"的情况下，人们为何还要明确区分依法裁判和算法裁判？法治统一就以判决结果的一致性来论，岂不更加简单明了？对此，司法实践给出的解答是，依法裁判和算法裁判在说理方式上明显不同：前者只以法律为依据，追求法治过程与法治效果的统一；后者只注重"统一"的效果，而没有以法律为依据。"经验"才是智能刑事司法裁判算法得出裁判结果的依据。而且，算法裁判的经验成分较多，法律成分较少，判决结果的合法性程度也较低。为此，以智能刑事司法裁判辅助系统为代表的算法裁判，因为缺乏足够法律成分，而成为更具经验色彩的裁判方式。

然而，法律成分的减少，并不意味着算法裁判正当性的减弱。实际上，就裁判活动而言，"法律" 构成法官依法裁判、算法裁判共同的宏观规范指引，这种指引是强制性的，而 "经验" 又构成法官裁判、算法裁判共同的微观操作指南。差异则是经验运用方式与运用程度上有所区别。当法官衡量刑事司法裁判事案件与法律规则之间的关系时，刑法条文给予法官的裁判支持是非常有限的。例如，在一起故意伤害致人死亡案件中，法官通过刑法条文无法直接判断被告人的主观要件。因此，法官往往必须借助证据、犯罪行为、犯罪后果等客观要件，来推测被告人的主观要件。[①]而现代刑法体系就是以 "犯罪构成要件"（即主体、客体、主观方面、客观方面）为基础建立起来的一整套渐变序列的惩罚机制，并且每一个罪名都对应着特定的犯罪构成要件。因此，刑事裁判的技术核心就在于如何有效地辨识各种犯罪构成要件及其排列组合。为了提升要件辨识的有效性，法官只能采用 "个案分析" 的方式，去挖掘每一个犯罪构成要件背后的特殊性。但吊诡的是，"犯罪构成要件" 理论只是刑法学理论赋予《刑法》条文的 "教材性" 知识，并没有体现在刑法条文以及刑事司法实践中。而且在刑事司法实践中，法官对犯罪主体、犯罪情节、主观意图、危害结果、因果联系等要素的细微斟酌，才是定罪量刑的根本。因此，传统刑事司法裁判沿循的是要素化裁判逻辑，并且要素的甄别严重依赖法官的个案分析。其分析过程与分析结果兼具定性与定量功能。例如，在一起入室盗窃案中，被告人选取了容易盗窃的钱财、珠宝，并顺手砸烂了搬不走的空调。砸空调的行为就构成《刑法》中的加重情节。因此，法官必须从犯罪的 "四要件"（即主体、客体、主观方面、客观方面）角度，来全面阐明案件事实与刑法规则之间的必然关系。但犯罪的主观方面并不可察，法官

---

① 参见桑本谦《从要件识别到变量评估：刑事司法如何破解 "定性风险"》，《交大法学》2020 年第 1 期。

必须借助既有的证据、犯罪情节、犯罪后果等客观方面来推测主观方面。法官还需要通过解释法律、阐释立法意图、描绘立法目的等方式，来建立复杂事实与抽象法律之间的论证说理关系，进而使裁判结果获得正当性支撑。由于解释法律、阐释立法意图、描绘立法目的等活动极具抽象性、不确定性，法官"依法裁判"背后隐藏的是一定程度的主观判断。因此，即便"依法裁判"被普遍认为与法律规则息息相关，但事实上，司法实践中说理裁判的所有过程都与客观证据紧密衔接。

当法官尝试在客观要件与主观要件之间建立客观联系时，刑法条文的加重情节规定便不再那么重要，怎样实现"主客观相一致"才是案件裁判的核心风险。由此，该法官必须借助以往裁判经验以及法官职业共同体的集体智慧，来寻找这一核心风险的微观操作指南。受到法官独立裁判的影响，这种微观操作指南可能有很多种。但究竟哪一种操作指南更为便捷、高效，则需要法官自己筛选，结果也未必能尽如人意。幸运的是，大数据技术的发展，让微观操作指南的类型化构建得以简便，而算法则成为微观操作指南的精准运作指令。

经由上述分析可以发现，算法裁判与法官裁判之间并没有明显的界限。无论是法官的人工式经验筛选，还是智能刑事司法裁判算法的大数据式经验筛选，在本质上只是筛选效率和经验适用强度的差异，而非裁判依据的根本性改变——法律始终构成智能刑事司法裁判算法裁判结果的核心依据。但当我们将案件范围限定于普通简单案件时，算法裁判相较于法官裁判的优势就彻底显现出来。其一，智能刑事司法裁判算法能够增强"同案同判"的可操作性。流程化的算法裁判方式能够将简单案件中的各种定罪、刑事司法裁判要素加以分析、计算，裁判结果也能够同已决案件加以比对，"同案同判"效果也将更加显著。其二，智能刑事司法裁判算法的适用能够提升简单案件的形式正义。由于算法裁判的结果是以"违反《××法》第×条规定"的方式来呈现的，而其推理过程则是以经验性比较方式来促成的，因此，算法裁判是在无损实质正义的基础上，为形式正义增加了"经验比对"的关卡，有助于保证算法裁判的正当性。其三，智能刑事司法裁判算法真正解决了"案多人少"问题。目前，基层法院审理的大多数刑事案件属于简单案件。利用智能刑事司法裁判算法，基层法院能够高效地解决掉数量最多的 "简单案件"，从而将有限的司法资源投入其他疑难案件中。当然，算法裁判的误判弊端也难以遮盖。即便是简单案件，算法裁判也需要符合被告人的个案公正需求。否则，即便算法裁判的实施效果远优于其运行成本，它也无法获得社会公众的认可和适用。对此，智能刑事司法裁判算法无法在技术层面加以解决，只能寄希望于制度层面的优化完善。

第十章

人工智能辅助刑事司法裁判的适用风险

一 人工智能辅助刑事司法裁判的科技风险

人工智能技术的发展，反映出科技发展、法律规制与社会公共安全之间的多重矛盾。这在我国大力倡导国际核心竞争力、全面推进依法治国的当下，更加凸显出法律对科技引导以及对科技风险规制的必要性。然而，我国立法机关和行政机关目前尚未对人工智能技术的法律规制做好立法准备和应对措施，进而影响了我国的人工智能技术发展及其国际化趋势。因此，诸如如何设计科学的规制措施、人工智能的发展需要受到何种特殊的规制、法律应当如何在人工智能保护与规制之间取得平衡等问题成为法学界研究的重要关注点，国内外学者均对此给予了一定程度的重视与研究。但由于缺乏必要且紧迫的规制对象，许多理论假说与策略建议都缺乏可行性。

在国外，科技风险被视为一种"人为创造的风险"。它旨在预测和控制人类活动的未来结果。为了避免科技风险严重且不可逆转的破坏，人们需要面对的不只是科技的外部影响，还包括科技发展的必要限制。而且，在人工智能与现代法治的变革时期，国家对于人工智能技术的法律规制远比法律保护更为迫切。为此，日本学者植草益建议采用"社会性规制"，即通过创设法律规范、政策、伦理规范等方式，来解决人工智能技术的科学发展与法律规制问题。对于传统科技而言，上述措施不失为一种高效且经济的方案。但受人工智能技术的自主性、可交流性、指令服从性特征的影响，人工智能技术社会风险的化解必须考虑到事前风险防范与事后处罚之间的有效结合、行政治理与市场机制的有效衔接以及企业与消费者之间的权益平衡。考虑到人工智能技术应用中的国际化趋势，杰森·玛瑞莎在史普博"规制行政法"的基础上，敏锐地发现了科技风险规制中的规则趋同现象。该现象旨在降低科技风险的规制成本，消除科技标准差异，加快国际规则一体化趋势。

国内学者们普遍将人工智能技术视为"科技创新"的产物。人们对物质化品质的追求进一步加快了技术革新的节奏，导致观测科技安全性的时间减少，风险控制成本增大。它还极易引发人们对技术理性、程序理性和操作理性的心理崇拜，进而忽视技术前提假设的虚假性和有害性。当出现科技风险和市场失灵现象时，需要行政规制行为的介入。同时也会催生全新的、适应科技发展要求的新制度。在风险社会中，法律规制的变革不仅要树立中国的国际法治话语权，还要从"以事后对抗式的司法救济为主"转向"以事前协商合作式的预防治理为主"。倘若行政机关对人工智能技术的监管力不从心，那么，由政府和私人部门组成的混合行政，不失为一种更好的策略。

国内外学者对科技风险的规制，已经初步开辟出一种规制框架和治理方略。目前，世界各国在人工智能技术的规制上，均倾向于立法、行政命令以及指南等形式，以"引导为主，兼顾规制"为原则，将人工智能技术纳入法治轨道中。从争夺国际竞争力的角度来看，这种方式并无不当，而且效果明显。但从社会治理角度来看，社会公众对科技风险的担忧，将迫使国家在法律保护与科技规制之间做出选择：一方面，国家应当以"公共安全"为己任，确立"公共安全优先"的价值理念；另一方面，要确立"预防为主、合作治理"的规制机制。但以上措施未能清晰地回答人工智能技术的科学规制问题，以及科技规制与科技保护之间的平衡问题。而人工智能辅助刑事司法裁判的实践活动，为人工智能技术风险的实际情况提供了可靠证据，能够揭示人工智能技术的潜在技术风险，为我国防范人工智能技术的科技风险提供更科学的支撑。

（一）暗箱决策风险

算法决策的过程一般是程式化的，人工智能辅助刑事司法裁判系统通常包含"数据输入"、"计算和处理"以及"预测结果输出"等步骤。[①] 也有具备深度学习能力的算法并不完全遵循以上步骤，而是由人工智能直接从事物的原始特征出发，自动学习及生成认知结果。[②] 这便导致人工智能辅助刑事司法裁判存在暗箱决策的风险。具体表现为，算法规则能够自动生成刑事司法裁判预测结果，但由于人工智能技术的复杂性，我们很难得知算法产生决策结果的原理和互动机制，因而在数据和答案之间存在"暗箱"。由于刑事司法裁判算法的非可视化，人工智能刑事司法裁判的决策过程并不是公开的，相对人便无法知晓刑事司法裁判系统在运算时"自由心证"的过程。暗箱决策带来的刑事司法裁判算法透明度的缺失可能会减损司法公信力，进而缺乏社会认可度。

而暗箱决策风险的应对面临技术与法律两种困境。从技术层面上说，人工智能算法运算过程通常是不可还原的，技术人员只能努力去把握"数据输入"和"预测结果输出"的确定性，但不能还原暗箱中的"计算和处理"过程。[③] 因为一般来说，司法机关难以独立开发刑事司法裁判算法，还需要借助私人企业和科技公司的协作，而只有系统的开发者才能真正知晓系统的算法原理。从法律上说，为了保护商业秘密和知识产权，智能算法系统的开发者一般不愿公开计算过程。再者，司法机关对人工智能技术的了解程度较低，对于算法系统的关注多侧重于可操作性和准确性等效率层面。[④] 因此，司法机关也难以从专业技术层面对智能刑事司法裁判工作进行有效监督。加之在司法程序中运用算法尚不存在明确的规则或标准，

---

① 江溯：《自动化决策、刑事司法与算法规制——由卢米斯案引发的思考》，《东方法学》2020 年第 3 期。

② 叶锋：《人工智能在法官裁判领域的运行机理、实践障碍和前景展望》，《上海法学研究》2019 年第 5 卷。

③ 李飞：《人工智能与司法的裁判及解释》，《法律科学》（西北政法大学学报）2018 年第 5 期。

④ 张富利、郑海山：《大数据时代人工智能辅助刑事司法裁判的定位、前景及风险防控》，《广西社会科学》2019 年第 1 期。

这也导致刑事司法裁判算法的暗箱决策风险问题无法得到解决。尽管当前我国人工智能刑事司法裁判系统仅用于为法官提供辅助性刑事司法裁判预测，是否采纳由法官自行判断决定，最终的刑事司法裁判结果还是由法官做出，但其对法官的刑事司法裁判活动也会带来第一印象的沉锚效应影响。因此，为了保证司法决策的公正性，暗箱决策带来的问题亟待解决。

（二） 算法歧视风险

从理论上说，运用算法技术可以减少影响刑事司法裁判的主观偏见因素，因为人工智能算法的运算过程是不含价值判断的。但当前的算法技术并非完全客观中立，受到历史数据的偏差、设计者偏见或技术不完善等因素的影响，算法可能会得出歧视性的运算结果，此被称为算法歧视。[①] 人工智能刑事司法裁判系统以算法技术为依托，自然存在算法歧视问题，这可能会误导司法人员产生偏见，以致做出有歧视性的司法决策。以上文所述的 COMPAS 系统为例，该算法系统收集被告人的详细资料，结合历史犯罪数据来评估被告人的再犯可能性，法官根据系统评估所得的评分进行刑罚裁量。[②] 有相关研究表明，该算法系统运算过程和结果中系统性地歧视有色人种，大部分白人更易被评估为具有低犯罪风险，而黑人则有 45% 的可能比白人更易被评估为具有高犯罪风险。[③] 威斯康星州诉卢米斯案便反映出这样的问题，在该案中法院运用了 COMPAS 系统对被告卢米斯进行判刑，引发了关于正当程序权利的争议。

总的来说，造成算法歧视的原因主要有以下几点。其一，作为刑事司法裁判算法运算基础的数据信息可能存在偏差。以 COMPAS 系统为例，该算法分析依据的是类似罪犯群体累犯风险的历史数据，其中也暗含历史司法判决中的偏见因素。利用历史数据进行算法统计评估被告人的再犯风险，恰恰会放大和延续其中隐含的价值偏见，形成恶性循环。历史司法数

---

① 参见张凌寒《商业自动化决策的算法解释权研究》，《法律科学》（西北政法大学学报）2018 年第 3 期。

② 参见朱体正《人工智能辅助刑事裁判的不确定性风险及其防范——美国威斯康星州诉卢米斯案的启示》，《浙江社会科学》2018 年第 6 期。

③ 参见徐琳《人工智能推算技术中的平等权问题之探讨》，《法学评论》2019 年第 3 期。

据的标注和阐释理解也存在主观性，一旦出现问题就会造成普遍的歧视性侵害后果。其二，算法开发者本身非中立，算法开发者不可避免地将自身的立场和喜好嵌入算法之中，以致算法带有开发者的逻辑思维方式和道德评价标准。再加上历史刑事司法裁判数据中司法决策者的偏见，伴随着深度学习和运用，刑事司法裁判算法可能将这些歧视进一步固化或放大。算法歧视问题的吊诡之处体现为，人工智能技术的积极作用在于能够保障程序正义的实现，但人工智能算法的司法适用风险在于实现那些看不到的非正义。[1] 尽管由于人工智能辅助刑事司法裁判使用范围的限制，以及我国司法数据基础资源建设尚不够完善的缺陷，当前我国的司法实践中还未呈现出太明显的算法歧视问题，但随着未来人工智能系统对刑事司法裁判的进一步影响，算法歧视的风险不容忽视。算法歧视不仅将导致司法裁量的判决遭到社会公众质疑，其造成的差别对待更是对公民权利的侵犯。

（三）　可解释性风险

国外多次实践测试的结果显示，算法裁判的准确率已经高于人脑裁判，即智能刑事司法裁判算法足以胜任"法官"的角色。[2] 但需要注意的是，在司法决策中，不仅要求法官做出判断，更重要的是能够进行释法说理，清晰明确地给出裁判理由。刑事司法裁判算法得出的每一个结果都将影响到相对人的利益，不透明的算法裁判模式使被告人无法详细得知刑事司法裁判结果是如何得出的，直接涉及被告人的抗辩权、知情权等。基于刑事司法裁判公正和被告人权利保护的要求，有必要对人工智能辅助刑事司法裁判系统是如何得出刑事司法裁判结果的过程进行合理解释。此外，为解决人工智能辅助刑事司法裁判的暗箱决策带来的法律风险，人们试图提高人工智能刑事司法裁判算法的公开性和透明度，而提高算法透明度的路径之一也是尽可能对算法决策的过程做出解释，使人类可

① 张玉洁：《论我国人工智能的法治化进程：现状、挑战与革新》，《广州大学学报》（社会科学版）2019 年第 2 期。
② 张玉洁：《智能刑事司法裁判算法的司法适用：逻辑、风险与程序法回应》，《东方法学》2021 年第 3 期。

以理解。① 欧盟的《通用数据保护条例》中也对算法的可解释性做出了相关规定，即数据主体有权获得算法决策中适用的相关逻辑、算法处理对数据主体的预期后果的有效信息。②

算法解释包括内部解释和外部解释。内部解释是指技术上通过检查算法模型的输入输出作用，验证算法的系统功能；而外部解释是从法律路径上说的，通过人类可以理解的方式对算法决策的理由做出解释，并建立公众对其信任度，验证其合法性和正当性。③从法律层面上看，刑事司法裁判算法的可解释性并不要求将刑事司法裁判算法的技术细节进行公开，而是通过可以被普遍理解的方式提高算法的透明度，关注的重点在于"可理解性"的算法外部解释。因此，人工智能刑事司法裁判算法的可解释性应包括刑事司法裁判算法设计的价值理念导向、运算过程的各权重因素、算法运行机制等信息。同时，算法解释还需要具备可验证性，即能够验证刑事司法裁判算法解释的真实性。在运用智能刑事司法裁判系统时，法官可以通过对相似案例中算法系统得出的刑事司法裁判预测结果进行对比，观察两种刑事司法裁判结果的差异大小以进行验证。基于当前人工智能技术发展的有限性，打造一个可公开的智能刑事司法裁判系统并解决可解释性风险问题，还需要在制度规范上进行构建。

二 智能刑事司法裁判逻辑下的裁判风险

智能刑事司法裁判算法的司法适用，给传统刑事司法裁判带来了巨大挑战。既然上海、海南等省市已经开展相关的试点工作，那么，从理论探讨到司法实践的整体反思，就成为智能刑事司法裁判算法必须接受的考验。结合当前的司法实践与社会反馈可以发现，智能刑事司法裁判算法的

---

① 林家红：《人工智能辅助刑事司法裁判的风险及其防范》，《河北科技大学学报》（社会科学版）2019 年第 4 期。

② 参见解正山《算法决策规制——以算法"解释权"为中心》，《现代法学》2020 年第 1 期。

③ 参见张凌寒《商业自动化决策算法解释权的功能定位与实现路径》，《苏州大学学报》2020 年第 2 期。

可接受性风险、周延性风险以及系统性偏离风险已经成为司法实务界以及社会公众共同关注的问题。为此，对智能刑事司法裁判算法司法适用风险的探讨，也将以此为核心展开。

（一）　算法裁判的可接受性风险

从传统刑事司法到智能刑事司法裁判系统的时代变革，之所以被认为是刑事司法应对"同案不同判""刑事司法裁判不规范"风险的必由之路，是因为诸如量化裁判、经验智慧之类的司法行为，本来就是刑事司法的基本逻辑，并且例证俯拾即是。例如英国的"普通法"、美国的"刑事司法裁判指南"。[①]但智能刑事司法裁判算法的量化裁判之路，当下却难以为社会公众所接受。其背后的主要成因是智能刑事司法裁判算法对社会公众传统司法认知的冲击。例如，社会公众希望通过司法裁判感受到"公平""公正""正义""良知"等基本道德理念，而不是大数据、人工智能、统计学、概率论等机械判断。但细品之下就会发现，这个理由是难以成立的。尽管智能刑事司法裁判算法舍弃了不可验证的道德概念，却并未减损司法裁判的实质公正性。那么，在不接受智能刑事司法裁判算法的情况下，社会公众可否选择其他的纠纷解决机制？答案也是否定的。结合刑事司法实践可以发现，"公平""正义"等是众多纠纷解决机制的共同目标，但唯有法律纠纷解决机制在刑事纠纷上具备强制性，且保证了"人人平等"，这两种要素是非正式纠纷解决机制不具备的。因此，即便当事人（及社会公众）无法接受智能刑事司法裁判算法的裁判，也不可能超越刑事审判而选择其他纠纷解决机制。既然如此，对于"智能刑事司法裁判算法难以被社会公众所接受"这一命题，真正有意义的提问是，"智能裁判"与法官裁判的差异性是否值得重视？

在传统刑事司法下，虽然社会公众接受刑事审判是被迫的，但对审判的结果却是认可的。由此可以推知，无论被判定有罪还是无罪、罪轻还是罪重，刑事案件被告人均信任刑事裁判的最终结果。当前智能刑事司法裁判算法不被接受的症结恰恰就在于此，即被告人不信任智能刑事司法裁判

---

① 参见陈晓明《刑事司法裁判指南的模式比较及总体评价》，《法治研究》2017 年第 2 期。

算法。导致不信任的法律原因有两个方面。一是智能刑事司法裁判算法减弱了刑事司法的"亲源性"特征。无论是调解、仲裁等非正式纠纷解决机制还是法律纠纷解决机制，历来都强调当事人与中立者的某种渊源关系。它既可以通过血脉、社会交往、口传心授等方式来建立，也可以依靠共同信仰、外部权威而形成。总之，中立者必须获得当事人双方（或多方）的认可。但是，智能刑事司法裁判算法恰恰缺乏了传统司法的"亲源性"特征——至少在智慧司法改革中，司法机关尚未尝试科普社会公众与智能刑事司法裁判算法的"亲源"关系——致使社会公众不了解智能刑事司法裁判算法的运转原理。这势必导致社会公众与智能刑事司法裁判算法之间的紧张关系，并诱发智能刑事司法裁判算法不被社会公众接受的风险。二是智能刑事司法裁判算法减少了法官和当事人的案件"亲历性"。亲历性构成传统司法的重要特征，并在一定程度上支撑起司法裁判过程的程序正当性。司法的"亲历性"特征要求，法官、检察官与被告人"亲历案件审理的全过程，而不仅仅是案件审理的几个片段"。[①] 但社会公众并未参与智能刑事司法裁判算法的研发和调试过程，致使社会公众不了解智能刑事司法裁判算法的运转原理，甚至怀疑智能刑事司法裁判算法的"暗箱操作"，由此导致了公众的不信任、不接受。而且，在智能刑事司法裁判算法的介入下，刑事司法开始从"审理者裁判、裁判者负责"转变为"法官审理、算法裁判"。由此，当事人在算法研发调试阶段与刑事裁判阶段的司法亲历性均有所减少。受到知识储备不足以及直观感受不佳的双重影响，社会公众对智能刑事司法裁判算法的不接受，便成为当下司法转型期的一种必然现象。当然，"知识储备不足"可以通过科学知识普及来改善，"直观感受不佳"也能够通过裁判结果来修正。而如何制度化地提升智能刑事司法裁判算法的可接受性，就成为当前司法转型必须解决的问题。

（二） 经验归纳的周延性风险

从社会治理的角度来看，法律规则只是众多纠纷解决机制之一，而且是针对类似、高发案件所预设的解决方案。当法官采用法律规则解决某种

---

① 朱孝清：《司法的亲历性》，《中外法学》2015 年第 4 期。

纠纷时，必定面临法律抽象性与纠纷复杂性的双重压力。经由一般到特殊的"演绎推理"方法，就成为法官优先采取的纠纷解决方法。故此，传统司法面对刑事案件，总是倾向于采用"演绎推理"的方式，来表达法律、事实以及裁判结果上的逻辑联系。而且，由于演绎推理是从一般规则到特殊事实的推理方法，它既能够遵从一般规定，又能够观照案件的特殊情况。因此，"演绎推理"往往因高准确率和维护"个案正义"，为法官和当事人所信赖。而这恰恰是以归纳法为基础的智能刑事司法裁判算法广受诟病之处。通常情况下，智能刑事司法裁判算法的形成，依赖的是大量同类案件的归纳、整理、分析与总结。因此，它一方面保留了归纳法的经验性优势，另一方面也承继了归纳法不周延的弊病。简而言之，智能刑事司法裁判算法遵从了归纳推理方法，从众多相似案件中提取相似要件，进而对待决案件加以裁判。但它始终无法回答个案差异对待决案件的消极影响的问题。美国威斯康星州诉卢米斯案中的算法批判便是典型例证。在该案中，智能刑事司法裁判算法主要是由研发人员总结、拆解、整合全国罪犯刑事司法裁判案件，并分析其中被告人的生活环境、经济条件、犯罪记录等要素与刑事司法裁判结果之间的关联性，进而获得归纳性因果程式。[1]被告人认为，COMPAS 系统虽然对全国刑事司法裁判数据加以采样总结，但缺乏威斯康星州数据的完整比对，因此也难以保证裁判结果的准确性、周延性。上述周延性质疑在反驳传统归纳推理方法上，已经取得了一定的成效，并迫使我国法官不敢轻易在司法领域尝试。

在追求"个案公正"的司法领域，归纳性因果关系的建立必然遭遇"周延性"的追问。考虑到司法裁判对"因""果"联系的必然性要求，归纳性因果关系必须是一个全称判断，即不存在任何反例。由此引发"休谟之问"：能否根据有限经验而获得一项全称判断？[2]对于传统司法而言，受到法官有限认知与裁判经验的影响，基于归纳推理而获取的裁判结果往往难以获得公众认可。即便是当前的案例指导制度，也由于归纳推理方法

---

① 参见 "Criminal Law Sentencing Guidelines—Wisconsin Supreme Court Requires Warning before Use of Algorithmic Risk Assessments in Sentencing State V. Loomis," *Harvard Law Review* 130 ，2017。

② 〔英〕大卫·休谟：《人类理解研究》，关文运译，商务印书馆，1974 ，第 32 页。

的运用，只能采取“参照适用”的迂回战略来赋予指导性案例强制执行力。然而，在深度学习算法以及海量案例数据的支撑下，传统归纳推理的“不严谨”性概率会急剧下降。由于智能刑事司法裁判算法的整个训练过程是超大量案例数据的累加训练、反复修正以及选择性进化的结果，因此，智能刑事司法裁判算法的功能既是描述性的，也具备了判断性特征。前者是对既有司法判决结果的统计学表达，后者则是对待决案件的法治趋势判断。但是，急剧下降不等于彻底解决。尤其是面对个案公正的司法压力，经验归纳的周延性风险就给予了被告人反驳或上诉的充分理由。这一理由是基于归纳方法本身的弊端，并且无须提供额外证据。因此，在智能刑事司法裁判算法的司法适用上，经验归纳的周延性风险问题必须加以解决。

（三） 算法裁判的系统性偏差风险

在传统刑事司法裁判中，个案裁判误差或错误并不是很严重的问题。前者只具备个案效力，因此只要误差被控制在被告人可承受范围内，并不会产生严重的司法危机；后者过于明显，只会逼迫被告人通过上诉的方式予以纠正，因此其司法后果也不严重。但在智能刑事司法裁判算法的司法适用过程中，个案裁判的误差与错误现象将发生质变。（1）个案误差有可能转化为智能刑事司法裁判算法的指标误差、测量误差。这是因为，智能刑事司法裁判算法是研发人员将简单案件指标化建模的结果。作为一种量化技术，智能刑事司法裁判算法“简约化和通用性的内在要求与社会环境复杂多样的现实状况之间的矛盾导致了瞄准偏差的出现”，① 如地区性偏差、人文性偏差、数量性偏差等。为此，这类误差是以类案形式发挥普遍影响的，而不只是影响个案。（2）个案错判则将改写司法审级制度。即便智能刑事司法裁判算法是专门针对简单案件而研发设计的，但法官与智能刑事司法裁判算法均没有精确区分简单案件与疑难案件的客观标准。当某一疑难案件被置于智能刑事司法裁判算法之中时，无论它属于疑难案件还是简单

---

① 李棉管：《技术难题、政治过程与文化结果——“瞄准偏差”的三种研究视角及其对中国“精准扶贫”的启示》，《社会学研究》2017 年第 1 期。

案件，均能够获得一项裁判结果。由此，智能刑事司法裁判算法所遭遇的个案错判风险，势必需要对"上诉"的前置程序以及后续程序做出较大调整。在此，智能刑事司法裁判算法引发的误差与错误，可以归结为一种"系统性偏差"，即因算法的潜在偏差所引发的一系列类案裁判误差或错误。

"算法优化""审级制度完善"可以一定程度上避免智能刑事司法裁判算法的"系统性偏差"风险，但这种改善方案只能应对算法裁判的初次正义分配。当中国裁判文书数据库兼有法官判例和算法判例时，智能刑事司法裁判算法的"系统性偏差"风险就面临"正义标准二元化"的拷问。具体来说，在法官判例和算法判例的双重作用下，智能刑事司法裁判算法要么坚持智能刑事司法裁判系统一贯的裁判标准做出裁判，要么按照法官修正后的裁判结果做出裁判。无论是采取哪种裁判标准，都只能具备相对意义上的合理性。例如，坚持算法裁判的既有标准而不做优化，是假定"正义标准二元化"现象仅为智能刑事司法裁判算法的特例。在社会未发生明显变化的情况下，简单案件的犯罪行为、刑事责任也不会发生明显变化。因此，自始至终信任算法裁判，而不考虑法官改判的结果，符合简单案件裁判的统计学原理。但坚持适用"法官改判结果"能够在进化论意义上获得较强的合理性支撑。当智能刑事司法裁判算法存在"系统性偏差"时，适用法官改判后的判例，能够防范智能刑事司法裁判算法的错判风险，进而主动规避"系统性"的误差或误判。但问题在于，法官改判是对智能刑事司法裁判算法"量化规范逻辑"和"经验规范逻辑"的否定，而且改判后的反例也将引发智能刑事司法裁判算法"归纳推理方式"的司法适用危机。因此，智能刑事司法裁判算法的系统性偏差风险，必须在制度层面上做好防范措施，以应对烦琐的个案质疑。

三　人工智能辅助刑事司法裁判风险的法律后果

（一）　以代码规则代替社会规则

人类社会经过几千年的发展已经创建出一套自身的规则，虽然各个文明的具体规则不同，但是人类社会所遵循的规则因素都是大同小异的，人类社会是以法律、道德和宗教为基础建立起来的，不同的文明所涉及的法律文化、道德文化是不同的，整个人类社会之所以有温度，就是因为人类的情感是交织融合在人类社会中的。人类社会在几千年的发展中不断完善演进，已经形成了一套符合自身文明发展的规则。哈特认为社会规则是一种特殊的规则，正是因为这种特殊规则的存在，法律才具有了约束力。从另一种角度来讲，正是因为法律本身是一种社会规则，所以法律才具有了约束力。根据哈特的观点，可以提炼出社会规则的两个内容。其一，社会规则是对人们的某种一致性行为或者汇聚性行为（convergence）的描述，换句话说，人们似乎是根据某种规则在做出一致性的行为。其二，这种社会规则同时也在规范人们的行为，为人们在社会生活中的行为提供理由。社会成员在"内在观点"上接受了社会规则，使得社会规则有了规范化的力量。① 法律具有规范性是因为法律是一种社会规则，这种社会规则具有一种约束力，约束着整个社会团体的社会成员。这个社会规则的来源是社会成员的汇聚性实践，也就是说，社会规则实际上是来自社会事实的。代码规则是计算机网络在规则层形成的规则体系，代码规则的制定可以说是由编码设置者制定的。代码规则不是由所有参与到互联网中的人制定的，而是由一小部分人，即设置代码的那一部分人制定的。代码规则也不是在长期的社会实践经验基础上形成的，它在设置之初就会受到外界因素的影响，有可能是来自政府的影响，也有可能是来自商业利益的影响。因此，代码规则在产生的路径上就与社会规则不同，代码规则是事先就给人们在互联网的虚拟世界里设定好了行为模式，而这种行为模式的生成受到多方面的影响。而社会规则的形成是人们首先就已经有了某种一致性行为，换句话说，这种一致性行为在社会规则正式形成的时候就已经在人们的心中普遍被"接受"了。而代码规则是先设定好某种规则再由人们去接受。人工智能辅助刑事司法裁判正是运用编码技术得到人工智能的刑事司法裁判建议，从某种角度上来说在刑事司法裁判上引进人工智能技术有可能造成代码规则在法律领域取代社会规则的法律后果。随着人工智能技术的发

---

① 张帆：《从社会规则理论到惯习主义——论社会事实命题的理论推进》，《比较法研究》2011 年第 5 期。

展，立法者在制定法律的时候也必须考虑制定出更加符合信息代码特点的制度，例如安全港制度和沙盒机制明显反映出法律规范与代码制度融合的特点。① 有关刑事司法裁判的法律制度也不例外。运用代码规则制定的法律制度是否能够被社会大众在"主观内心"上接受，也是人工智能的刑事司法裁判建议是否能够被普遍接受的一个重要因素。

（二）　刑事司法裁判指标挑战法律的平等观

平等一直是人类社会追求的目标，特别是在法律上，如何去保障公平、平等，是一项永恒的议题，也是制定法律规则的基本原则。无论是东方还是西方，无论是哪种文明，在制定法律制度时，都有自身的平等观。在资产阶级启蒙运动中，各位先贤将法律与平等结合在一起，随着自由平等、天赋人权理念的出现并逐渐深入人心，西方各个国家在制定法律制度时也逐渐将平等作为一种基本原则。平等在法律上的含义也随着社会发展变革和社会经济的发展在不断地优化，最初的平等强调的是"相似性"，强调每个法律个体都是相同的，每个个体拥有相同的法律权利，承担相同的法律义务，在法律上有相同的地位。哈特认为，平等指的是每个人都有被同等对待的资格。但是现在我们所说的法律上的平等并不仅仅指形式上的平等，更重要的是要达到一种实质上的平等。法律实质上的平等并不是那么容易实现的。特别是在刑法中，平等原则显得更加重要，因为刑法所涉及的内容是处置和社会成员紧密相关的人身权和财产权，稍有不慎就会造成无法挽回的后果或者无法体现法律的平等，使得刑法受到民众的质疑，从而损害法律的威信。利用人工智能辅助刑事司法裁判确定刑事司法裁判指标时与传统的刑法在确定刑事司法裁判指标时所考虑的因素是不一样的。以刑法为例，传统的刑法在确定刑事司法裁判指标时需要考虑的是行为人的年龄、行为的危害程度、行为的社会影响程度、行为人在犯罪后的认罪态度问题等，这些都是立法者在制定有关刑事司法裁判法律时需要考虑的因素，也是制定刑事司法裁判法律规则的依据。而在设计人工智能处理有关刑事司法裁判问题的算法时，设计者是将法律、案件等都转化成

---

① 郑观、范克韬：《区块链时代的信任结构及其法律规制》，《浙江学刊》2019 年第 5 期。

数据代码的形式储存在数据库里，设计者设计出来的是一套新的规则，所有的东西都被量化了。在这个数据库里，不仅有法律规则，还有其他相似的案件，也就是说，最终的刑事司法裁判建议并不是单单依据法律得出的，它还参考了其他被量化了的相似的案件。这些案件是有其他的因素掺杂其中的，每一个案件的因素都是不一样的，将大量的案件放在一起，仅仅依据某种数据或者标签就机械化地参考或者得出结论，这个结论又是否平等呢？在有人工智能辅助刑事司法裁判的场合，虽然人工智能的定位是辅助性的工具，但是从我国法官对人工智能给出的刑事司法裁判建议基本采用的情况来看，人工智能依据算法得出的结论已经就是最后的结论。但是就像前文所说的那样，每个案件都是不一样的，每个案件所涉及的要素都是不一样的，人工智能辅助刑事司法裁判要做到的是类案类判。但是刑事司法裁判参考的并不仅仅是冷冰冰的数据，还有人文情怀，而且每一个案件的情况都是不一样的，需要临时考虑的因素也是不同的。利用人工智能辅助得出刑事司法裁判建议就很有可能将法律平等停留在形式平等的层面上，达不到法律追求的实质平等，那么法律平等观所追求的平等效果就会受到影响。

（三） 司法责任的科技转嫁

现在学界关于司法责任制的学说主要有两种。一种认为司法责任制是一种制度的总和。这种观点认为责任制是指所有由法律规定的特定主体经过特定程序来确认司法人员的审理行为是否应该承担责任，如果承担责任的话应该承担哪种责任，它所强调的是制度。而另一种强调司法人员应该对其行为，也就是审理结果负责。这种观点是从"让审理者裁判，让裁判者负责"的原则出发，认为强调的重点是对司法人员的行为负责。这两种学说各有侧重，但是司法责任制约束的应该是行为。特别是对于法官来说，法官在进行审理时，通过案件分析、法条比对，再结合实际情况综合考虑之后才会得出审理结果，因此这个将会对原、被告双方产生重大影响的审理结果应该是审慎和理性的。我国正在推行的司法责任制改革也是从法官和检察官的"行为"入手，规定了他们的行为在造成不良后果时需要承担的责任。这个"行为"是有意识的，是法官或者检察官有目的、有情感地去完成的动作，它可能会有相同的程序或者外表，但是它的内容是不一样的。同时，从我国发布的相关文件中也可以看到，我国在健全司法责任制方面投入的力度越来越大。如何规范法官、检察官的行为也是各个学者研究的重点。从现有的学说和我国现行的制度来看，司法责任制针对的对象是法官、检察官在司法活动中的司法行为，这个行为包含了司法工作人员的主观价值判断，正是因为司法工作人员在司法活动中有自己的价值判断，所以程序上的错漏等都是由法官在主观上可以控制的。而司法责任制度之所以可以对他们进行追责也正是基于这样的理由：当司法工作人员主观上的错漏导致冤假错案或者其他严重后果时，这种错误实际上是可以避免的，所以在错误的结果发生后，才有理由对错误的行为进行追责，实际上它所遵循的还是"谁裁判谁负责"的原则。但是在人工智能辅助刑事司法裁判场景下，这种"谁裁判谁负责"的原则似乎受到了挑战。法官根据人工智能给出的建议做出判决，那么这个判决是由法官做出的还是由人工智能做出的呢？本来应该由法官完成的行为转而交由人工智能技术完成，由于人工智能的价值判断是由设置算法代码的人来做出的，那么这个最终的判决结果就不仅仅包含着法官的主观价值判断，它还有人工智能机械的价值衡量，原先由法官承担的司法责任就会有一部分被科学技术承担。但是人工智能本身只是一个辅助系统，并不能独立地承担责任。在有冤假错案或者其他不良后果出现时，司法责任很有可能会被转移给人工智能，从而破坏司法责任制的法理逻辑性。

第十一章
人工智能辅助刑事司法裁判的法律规制

一 人工智能辅助刑事司法裁判的实体法规制

（一） 加强智能刑事司法裁判系统应用的被告人权利保障

人工智能技术介入刑事司法裁判必然会对当前的司法诉讼结构形成冲击，可能会造成司法机关的权力不当扩大，从而侵害公民权利。在智能刑事司法裁判系统应用过程中，应当加强对被告人权利的保障，以实现司法权力运用和公民权利保护的平衡发展。其一，对于人工智能辅助刑事司法裁判系统在审判中的应用，被告人应享有充分的知情权。法官应明确地告知被告人及其辩护人在该案中人工智能辅助刑事司法裁判的应用情况，向其说明智能刑事司法裁判系统的开发者信息、使用范围、拟参考刑事司法裁判系统处理后的可能结果，并听取其意见。有学者提出设定刑事案件辩方的数据访问权以替代阅卷权，① 这也是一种能较好保障被告人正当程序权利的途径。辩方可以从刑事司法裁判系统处确认被告人的涉案个人数据的处理情况，知晓被告人的哪些个人数据在刑事司法裁判系统中被收集和利用。其二，尊重被告人的自主选择权，被告人明确表示不选用智能刑事司法裁判系统的，应在该案件的刑罚裁量中避免适用智能辅助刑事司法裁

---

① 郑曦、顾佳浩：《人工智能量刑的制度困境与完善路径》，《阅江学刊》2021 年第 1 期。

判工具。其三，保障刑事诉讼被告人的隐私权和个人信息权。在人工智能辅助刑事司法裁判的数据输入时，对系统应用中的数据收集、利用、存储等数据信息进行规范使用，防范当事人的个人数据信息泄露风险，以免因此导致其人身和财产安全、个人隐私受到侵害。

在人工智能辅助刑事司法裁判系统得出刑事司法裁判结果后，法官应向被告人说明是否采纳智能刑事司法裁判系统的刑事司法裁判建议的最终结果，并阐述理由。当被告人对智能刑事司法裁判系统的公正性存疑时，有提出异议并请求得到刑事司法裁判算法解释的权利。法官应当对人工智能系统得出刑事司法裁判结果的合理性向被告人及其辩护人进行解释说明，并简单说明人工智能辅助刑事司法裁判系统的工作原理和科学性。在辩方合理怀疑的情况下，可以向被告人及其辩护人提供刑事司法裁判系统的技术细节和算法代码。不过，出于对智能刑事司法裁判系统开发者商业秘密的保护，算法披露应限于该案刑事司法裁判过程中的算法代码。同时，为保障被告人行使对人工智能刑事司法裁判的抗辩权，在诉讼过程中可以允许控辩双方对智能刑事司法裁判算法加以举证质证和辩论，[①] 通过专家辅助人参与刑事诉讼的方式，"有专门知识的人"可以针对人工智能刑事司法裁判系统应用中的数据收集和利用、算法运行、刑事司法裁判结果输出等专业技术和原理发表专业意见，做出算法解释。这样不仅能确保人工智能刑罚裁量的科学性，也保证了智能刑事司法裁判算法的可解释性，便于查实刑事司法裁判算法是否侵犯了被告人的权利。若刑事司法裁判算法确实存在不公正的情况且侵犯了被告人权利，则应启动智能刑事司法裁判的问责机制。

在涉及公权力的各项制度的构建中，如何保障公民的知情权是各个制度需要考虑的重要内容，保障公民的知情权也是宪法的要求，是宪法保障公民私权利和限制公权力行使的要求下的具体举措。在人工智能辅助刑事司法裁判的场合，公民的知情权尤其重要，我国现有关于人工智能辅助刑事司法裁判的公民知情权的制度并不完善，因此构建人工智能辅助刑事司法裁判制度的第一步就是要拓展我国公民的知情权，同时要保证公民在知

---

① 江溯：《自动化决策、刑事司法与算法规制——由卢米斯案引发的思考》，《东方法学》2020 年第 3 期。

情后有相应的制度保证自己的意见可以及时反馈，因此在拓展公民知情权的同时也必须保障公民的异议权。关于如何拓展公民的知情权和异议权，可以从以下几个方面着手。首先，可以将公民知情权的权利范围扩大，将以前不属于公民知情的内容纳入知情的范围中。例如，在适用人工智能辅助刑事司法裁判之前，公民应当知晓该案件将会适用人工智能辅助刑事司法裁判，并且对适用人工智能刑事司法裁判的程序，以及自己在整个案件流程中所能行使的权利是清楚的。而且，不仅要对知情权在广度上进行拓展，在深度上也应该进行拓展，当然在深度上进行拓展的前提是要确保案件正常进行，不会对案件关键信息泄密以及不会干扰到案件的进度。法官在做出由人工智能辅助刑事司法裁判的判决书时，可以在判决书上进行特殊的标注，例如标注 "算" 或者其他的统一标志，保证公民在查阅判决书时可以快速分辨出该份判决书是不是有人工智能的参与，从而采取后续的应对措施。其次，扩展了公民的知情权之后就要保障公民的知情权。一般来讲，如何保障公民的权利都是从两个方面来展开的，一个是实体方面，另一个是程序方面。在实体方面就要求相关部门出台相应的法条将公民的知情权以法律的形式确立下来，让公民更加清晰地知道何种权利是可以行使的，以及所行使的权利界限在哪里。从程序方面来说，要保障公民的知情权，可以优化公民问询某件事项的程序，简化流程，减少纸质化文件，多开发利用线上办公系统的功能。对于大多数公民在适用人工智能辅助刑事司法裁判时所存有的疑惑，有关部门应该做到及时、统一的公开并且保证公民能够以合理的渠道查询到。相关的司法部门也可以开设一个专门的窗口，由专人对公民的疑惑进行解答，以保障公民的知情权。最后，在保障了公民的知情权之后，公民的异议权也是必须得到保障的。在公民知晓关于人工智能辅助刑事司法裁判的相关事项之后，对于有疑问的问题可以提出异议。比如说对于该案是否可以适用人工智能辅助刑事司法裁判，或者在适用的过程中针对人工智能辅助刑事司法裁判的程序有异议的，都可以向有关部门提出。对于公民在适用人工智能辅助刑事司法裁判过程中提出的异议，可以设立一个专门的小组处理，并且在处理的流程上不宜过于繁复，应当以 "简便和有效处理" 为原则设置。公民的异议权是在公民有效行使知情权的基础上行使的。拓展公民的知情权和异议权不仅仅是宪法的要求，也是保障人工智能在司法领域辅助刑事司法裁判功能顺利开展的要求。

（二）　明确智能刑事司法裁判所适用的案件类型

当前法学界多数学者认为，将人工智能嵌入刑事案件审理中的应用，应限定在案件事实认定清楚、罪名确定之后的刑事司法裁判程序中。[①] 但人工智能技术应当以什么样的方式和程序嵌入司法刑事司法裁判中还较为模糊，在司法实践中也缺乏明确的制度指引。只有明确界定智能刑事司法裁判的适用范围，保证法官在审判中的核心决策权，才能真正实现人工智能与司法的深度整合。目前在法学理论界，人工智能在刑罚裁量中应处于辅助性地位是多数学者的基本共识，刑事司法仍应当以法官为核心，在使用算法刑事司法裁判时需要保证人类参与实质的司法决策。同时从实践角度上看，当前世界各国的智能刑事司法裁判系统侧重于司法效率的要求，均是在简单刑事案件上使用。这类简单案件，程式化特点较为突出，具备一定的可重复性，并且可以量化处理。我国目前开展的人工智能辅助刑事司法裁判工作，也旨在节省法官在重复性工作上的时间和精力，从而更专注于案件的审判，节约司法资源。为此，需要确立较为明晰的人工智能辅助刑事司法裁判使用规范。应当结合刑事案件繁简分流机制，区分简单案件和疑难复杂案件，明确人工智能辅助刑事司法裁判的具体适用案件类型，以合理且有限度的适用原则将智能刑事司法裁判纳入法制轨道，以防人工智能随意介入司法案件的裁判过程，对司法公信力造成不利影响。

（三）　设定智能刑事司法裁判的合理使用范围

对于智能刑事司法裁判的使用范围，可以采取"概括式 + 肯定式和否定式列举"的模式进行制度构建。首先，对智能刑事司法裁判系统的使用范围进行原则性、概括性的规定。智能刑事司法裁判系统的使用场域以常见犯罪的规范化刑事司法裁判为主，对象为高发的、已有先例的、案情较为简单的刑事案件。这类刑事案件往往具有高度相似性，可以达到"同案同判"的刑事司法裁判效果。尤其是在我国的认罪认罚从宽制度中，人工

---

① 郑曦：《人工智能技术在司法裁判中的运用及规制》，《中外法学》2020 年第 3 期。

智能刑事司法裁判系统具备独特的适用优势，被告人自愿认罪的，就可以引入智能刑事司法裁判系统辅助法官迅速进行刑事司法裁判。其次，以肯定式列举的方式明确可以适用人工智能刑事司法裁判的刑事案件，其中应当包含《关于常见犯罪的刑事司法裁判指导意见》等司法规范文件中的常见罪名类别，并以法律法规的调整变化进行实时更新。需要注意的是，由于不同地区司法实践存在差异，在各地法院实践中可根据各地刑事司法裁判实施细则适当进行调整。相较于可量化处理的简单案件，非类型化的疑难复杂案件必须由法官进行严格把关，将疑难复杂案件中的使用控制在合理范围内。尽管当前我国智能刑事司法裁判系统的发展趋势为"人类法官解决复杂案件""人工智能算法解决简单案件"的模式，[①] 但并不能说明人工智能辅助刑事司法裁判绝对不能在疑难复杂案件中使用，可以利用人工智能刑事司法裁判系统的类案检索和分析等功能，为法官提供适当的刑事司法裁判参考。此外，前文列举的 COMPAS 系统属于再犯风险预测性的刑事司法裁判算法，其以数据与结果之间的相关性而非因果性进行逻辑推理，可能忽视其他偶然性的因素。[②] 倘若过度应用这类预测性算法，不利于司法决策中的程序性保障。对此，法官应当审慎考量是否采纳这类预测性刑事司法裁判算法的刑事司法裁判建议。在一些错案发生率较高的案件或涉及复杂的价值判断等情形中，法官应尽量避免适用刑事司法裁判系统。最后，在使用范围中还需设定列举式的禁止性规范。在被告人对使用智能刑事司法裁判有异议的、案件有重大社会影响的等不适用人工智能系统的情形下，应当禁止使用人工智能辅助刑事司法裁判系统。

二 完善人工智能辅助刑事司法裁判的制度衔接

（一） 建立法官提示制度

在拓展了公民的知情权和异议权之后，鉴于公民对自己在人工智能辅

---

① 张玉洁：《智能刑事司法裁判算法的司法适用：逻辑、风险与程序法回应》，《东方法学》2021 年第 3 期。

② 张凌寒：《算法权力的兴起、异化及法律规制》，《法商研究》2019 年第 4 期。

助刑事司法裁判过程中的各项权利和具体的流程可能不熟悉，法官可以将相关事项提示给当事人，因此，在人工智能辅助刑事司法裁判制度的构建中可以建立法官提示制度。法官提示制度指的是，在法官使用人工智能辅助刑事司法裁判的过程中，为了保障当事人的诉讼权利能够充分行使，保障司法的公平性和中立性，法官可以在诉讼前、诉讼中和诉讼后将诉讼风险和适用人工智能辅助刑事司法裁判的风险明确告知当事人。大陆法系建立有法官释明制度，这项制度是指在诉讼过程中，法官向当事人双方要求举证或者要求当事人提出主张以明确案件事实，便于审理。[①] 法官释明制度是在程序上避免当事人主义诉讼模式下容易导致的诉讼结构失衡，其本质还是保障当事人的权利和司法的公平正义。法官提示制度与法官释明制度在本质上是一样的，但是法官提示制度的重点不是要求双方进行辩论或者提出主张，而是确保当事人双方知晓人工智能辅助刑事司法裁判的相关事项。具体而言，人工智能辅助刑事司法裁判的法官提示主要包括以下内容。一方面，在诉讼前，对于将要适用人工智能辅助刑事司法裁判的案件，建立被诉案件的法律风险提示制度。具体包括法官通过各种能够被当事人知晓的方式书面告知双方当事人案件将要适用人工智能辅助刑事司法裁判系统，并且将在适用系统过程中可能出现的法律风险告知当事人，使当事人对适用人工智能辅助刑事司法裁判的事实和可能出现的法律风险有一个基本的认知。并且，法官将法律风险的法律后果以书面形式表示出来，使当事人有心理准备可以在诉讼过程中采取应对措施。另一方面，在做出裁判文书时，法官可以提示当事人针对人工智能辅助刑事司法裁判这一事实所享有的权利。具体而言就是，在裁判文书的结尾处，法官可以另起一行，标明"法官提示"，将当事人针对人工智能所享有的权利列明，并提示当事人，如果对诉讼过程中的程序或者其他事项有异议，应当在指定期限内向指定部门以书面的形式提出。这项内容主要是针对诉讼后的当事人提出的法官提示制度内容。

当人工智能刑事司法裁判系统出现失误引发问题时，我国并没有相关的法律法规对人工智能司法裁判的责任承担进行明确，司法责任制难以得

[①] 尹腊梅：《抗辩权的法官释明问题》，《比较法研究》2006 年第 5 期。

到落实。① 而人工智能辅助系统的任一环节出现问题都可能带来大范围的影响，直接关系到被告人的权利义务。因此，智能刑事司法裁判系统必须具备可责性，应建立起专门的智能刑事司法裁判问责制度。从事前防范的角度看，应建立人工智能刑事司法裁判系统的准入机制。鉴于目前多数智能刑事司法裁判系统的设计和维护由技术公司外包完成，涉及法院的购买服务事项，将算法系统引入刑事司法裁判程序时必须保持审慎的态度，制定准入标准时应全面考虑刑事司法裁判算法的客观性、合理性和公正性。在研发和应用智能刑事司法裁判系统的过程中，开发者需要获取法官等司法办案人员的反馈，立足于实际的刑事司法裁判需求和运行过程中出现的技术问题进行优化和改良。既然算法难以完全中立，则应当在人工智能刑事司法裁判算法的设计准入要求中规定，刑事司法裁判算法必须嵌入法律伦理和司法价值观念，如公平、正义等价值观取向，使其符合我国司法的正义观。

（二） 建立智能刑事司法裁判算法的责任机制

审判主体对于案件的审理与判决自然要承担法律责任，在人工智能辅助刑事司法裁判的法律制度构建中，应当考虑人工智能算法的责任问题，必要时对其进行问责。智能刑事司法裁判算法的问责制度应当包括算法主体和标准，算法系统应当通过规范的程序运行，否则应当承担相应的法律责任。问责制度应当包括对智能刑事司法裁判系统应用效果的长期评价，评估智能刑事司法裁判算法的公平性。由于算法的运作是一个长期的动态过程，始终处于不断更新的状态，因此对智能刑事司法裁判的评价也不能一蹴而就。② 同时，还需制定智能刑事司法裁判系统的审查制度。法院需要定期对智能刑事司法裁判系统进行审查和校验，保证刑事司法裁判算法能够按预期效果运行。当智能刑事司法裁判算法出现运行不合理的情况时，法院应及时介入纠错纠偏机制，并督促开发者进行调试和调查以找出

---

① 唐林垚：《人工智能时代的算法规制：责任分层与义务合规》，《现代法学》2020 年第 1 期。

② 姜野、李拥军：《破解算法黑箱：算法解释权的功能证成与适用路径》，《福建师范大学学报》（哲学社会科学版）2019 年第 4 期。

原因。倘若是由司法数据等客观因素导致个案的应用中存在算法歧视、刑事司法裁判不公等问题，就应当排除刑事司法裁判算法在该案件中的使用。但若经过审查核实得知原因在于算法本身的运行价值问题，法院应及时淘汰该刑事司法裁判系统。为了更好地实现算法问责，智能刑事司法裁判算法责任机制应当与刑事司法裁判系统的准入制度相挂钩。[①] 可以定期对刑事司法裁判算法的具体实践表现进行动态评级，调整法院的公共服务购买清单。对于存在严重算法歧视问题或造成了严重社会影响的算法系统，应将其淘汰并加入公共服务购买的黑名单，排除出算法系统引进的考虑范围。

此外，我国还应当建立法官提示责任制度以及仅适用于法官不提示的追责制度，明确对于法官不提示的追责部门和相关个人的惩罚制度，追责部门成员可以由本院的院长、副院长组成。对于没有按照相关规定提示相对人的法官，相关部门在收到当事人投诉或者异议后应该及时处理，在听取双方的陈述之后，按照已经确定好的惩罚制度，对相关法官进行追责。法官提示制度实际上是为了充分保障当事人的知情权、维护程序正义，由司法系统采取的主动措施。

（三）　建立算法审查与评估制度

由于信息时代信息流通速度加快，信息的不对等性也很容易造成各个圈层的信息断层，在使用自动化决策系统时，信息的不对等性会导致使用自动化决策系统的一方和被决策的一方与其他公民在信息获取上处在不对等的地位。同时，鉴于算法本身具有的算法黑箱风险以及在算法自动化决策的场景下算法越发严重的歧视问题，要保证人工智能辅助刑事司法裁判系统的有效利用，在建立人工智能辅助刑事司法裁判制度时就必须考虑到对人工智能辅助刑事司法裁判所依据的算法系统本身进行规制。[②] 人工智能辅助刑事司法裁判系统本身说到底也是一个自动化决策系统，只不过是

[①]　江溯：《自动化决策、刑事司法与算法规制——由卢米斯案引发的思考》，《东方法学》2020 年第 3 期。

[②]　张富利、郑海山：《大数据时代人工智能辅助刑事司法裁判的定位、前景及风险防控》，《广西社会科学》2019 年第 1 期。

一个起 "辅助" 作用的系统。因此要对这个系统进行规制，可以设立一个专门机构，这个机构享有对人工智能辅助刑事司法裁判算法系统审查评估的权力。这个算法审查与评估机构是一个中立的机构，是尽量消除适用自动化决策算法系统场合下的歧视问题和保证公平原则的一项措施。建立审查与评估制度的首要问题是需要制定一套符合社会绝大多数人认知并被接受的、适用于绝大多数司法场合的伦理规则。这套伦理规则中理应包含正义观念，是从以往的司法裁判场景下所得到的经验凝聚而来的，是将算法特征考虑在内的。然后，由所设立的算法审查评估部门根据所制定的这一套伦理规则对司法部门所运用的人工智能辅助刑事司法裁判系统的算法模型进行审查和评估，具体是对算法模型可能引发的歧视问题和可能产生的影响进行评估，以便于相关部门可以依此评估结果采取应对措施。它建立的是一种事前评估的模式。最后，在算法审查评估机构的设置上一定要秉持中立的原则，因为这个机构是中立性的，审查和评估工作也是中立性的。为了保证机构的中立性，在机构人员的选任上也应该秉持中立的原则，可以采用轮流制和委员会制，规定机构成员的任期，确定一个任用标准，建成一个包括所有符合标准的人员的数据库。这个数据库是不分地域的，为了保证公平性，在这个数据库里随机抽选人员组成机构成员，同时由于算法审查的复杂性，它涉及多个领域的专业知识，因此在选择人员时，可以尽量吸纳来自多个领域的专家，例如法学、计算机和伦理学等领域的专家，以保证算法审查机构的专业性、多面性和合理性。算法审查和评估制度是一种自我监管的措施，也是保障人工智能辅助刑事司法裁判系统能够得到长足发展的一项措施。

三　智能刑事司法裁判算法司法适用的程序法完善

智能刑事司法裁判算法的司法适用，是当前世界各国司法体制改革的必然趋势。但受到智能刑事司法裁判算法技术性特征的影响，我国无法在实体法上对其施加约束。有鉴于此，程序法回应就成为智能刑事司法裁判算法司法适用的唯一改良路径。

（一）　建立人工智能辅助刑事司法裁判的司法听证程序

智能刑事司法裁判算法是我国当前积极推动"刑事司法裁判规范化""同案同判"的重要成果，代表着"智慧司法改革"的最前沿成就。但这并不意味着智能刑事司法裁判算法就是一种天然的免检产品——它既不是民主决策的产物，也不具备法治先验性。一个新生科技事物能否在司法领域获得认可，关键是看它能否承受专业性和公共性的考验。为此，司法听证程序就成为智能刑事司法裁判算法及其他科技产品进入司法领域的必要关卡。并且，在通过司法听证程序之后，除非证明智能刑事司法裁判算法存在明显的"系统性偏差"，否则无须在每一起案件中证明智能刑事司法裁判算法的科学性。在司法听证程序的设计上，考虑到司法活动的专业性、裁判对象的公共性，司法听证程序可以参照"立法听证"的基本模式，在现行司法体制基础上加以嵌入式构建。但是，司法听证程序必须表现出更为严格的制度建设思路。这是因为立法听证的目标是让法律规定更加民主化、科学化。但距离真正的法律制裁，还隔着行政执法和司法裁判。换句话说，即便立法听证存在不民主、不科学之处，其结果未必直接影响到社会公众。但司法听证则不同，它既需要考虑听证结果与法律制裁之间的直接关系，还需要解决算法与社会公众之间的信任问题。鉴于智能刑事司法裁判算法与司法裁判的专业性、听证结果的社会性之间的紧密关系，司法听证程序的具体构建如下。

一是提请召开听证会。"智能刑事司法裁判算法"等科技成果的司法适用，是一项惠及全国的司法改革，必须在国家层面上达成统一共识。因此，有权提请召开听证会的主体必须限定在最高人民法院一级，而不能由各个省市单独改革。由于算法裁判在不同诉讼领域的成熟度不同，司法听证会提请主体的范围也应当考虑到科技的共通性与独特性。因此，"智能刑事司法裁判算法"等科技成果的司法听证会提请主体应当限定为最高人民法院审判委员会以及各专业委员会。尤其在"智能刑事司法裁判算法"司法适用问题上，最高人民法院刑事审判专业委员会较之于民事审判专业委员会、行政审判专业委员会以及执行专业委员会而言，更具备专业判断和适用需求，也更能够胜任"提请主体"一职。有鉴于此，除非某项科技成果能够通用于整个司法领域，否则召开司法听证会的提请程序，优先由最高人民法院各专业委员会提起。

二是听证质证。听证质证是司法听证程序的关键事项，主要功能在于模拟智能刑事司法裁判算法运作实况，分析其中风险并提出对策。为此，听证质证主体的选择，应当按照组别（或委员会）方式划分为专业组、社会组和监督组。从智能刑事司法裁判算法的涵盖领域来看，专业组应当具备法律知识、裁判经验和科技判断三种能力。相应地，专家组的构成必须包括法学家、法官以及算法工程师。其中，法学家、法官分别从理论与实务两个角度来审查智能刑事司法裁判算法的观测指标、量化范围、阻却事项以及法律适用等法律要素，并对算法裁判结果与法官裁判结果加以比对，提出智能刑事司法裁判算法的精确度判断。而科技专家主要负责裁判要素的程式化表达，防范算法运作漏洞，确保算法安全。社会组的设置，则是考虑算法裁判的社会性后果。无论是社会公众还是罪犯，都将受到智能刑事司法裁判算法的影响。前者因算法裁判而疑虑，后者因算法裁判而受惩罚。故此，社会组的构成应当囊括社会公众代表和（服刑中的和刑满释放的）罪犯。二者通过公共道德和公共认知的视角，判断智能刑事司法裁判算法的潜在社会风险和伦理风险，并对此提出改进建议。监督组特指全国人大常委会对最高人民法院“算法裁判”改革的监督，意在保护公民的基本权益，防备司法机关借听证会之名“拟制”公共意见。[①]

三是听证表决。由于司法听证程序缺乏立法机关“立法听证—立法审议”的二层次划分，因此在司法听证程序制度设计上必须直接设定听证表决程序，以完成司法听证活动。为此，司法听证表决必须首先明确表决主体。鉴于听证质证活动中的组别（或委员会）划分方式，司法听证表决主体应当涵盖各组别，听证结果也应当是各组别共同决策的集合。但考虑到司法听证结果的公正性，听证表决不能采用“多数决”的方式，而应当在专业组、社会组和监督组中分别设定表决权重。专业组负责“技术审查”，

---

① 王锡锌：《公共决策中的大众、专家与政府：以中国价格决策听证制度为个案的研究视角》，《中外法学》2006 年第 4 期。

仅陈述算法裁判可行性，故权重较低。而监督组、社会组以"消除社会疑虑，维护法治统一"为听证目标，且听证表决直接关涉社会治理效果，故权重最大。智能刑事司法裁判算法如果想要在司法领域适用，必须获得三个组别的共同认可。倘若监督组和社会组表决结果不佳，那么智能刑事司法裁判算法不得适用于司法裁判；假如专业组表决结果较好，也只能证明其技术可行性，仍不能适用于司法裁判。

（二）　建立人工智能辅助刑事司法裁判的衔接程序

审级制度是国家为了满足当事人"公正需求"而设置的一套诉讼程序。如果当事人认为初审判决不公正，那么国家就应当提供额外的诉讼保障机制（即二审和再审），以保证当事人的"公正需求"得到满足。无论二审法院认为一审判决是否正确，设置审级制度的程序性目的都已达到。然而，智能刑事司法裁判算法的司法适用，打破了我国现行审级制度与当事人"公正需求"之间的紧密关系，算法误判无法在审级制度上得到良好纠正。为了全面推进智能刑事司法裁判算法的司法适用，我国应当围绕智能刑事司法裁判算法的科技特性，在现行审级制度的基础上，嵌入下列两项司法程序，实现算法裁判与法官裁判的有效衔接。

其一，增加智能刑事司法裁判算法选择程序。智能刑事司法裁判算法是我国司法机关面对"同案不同判""案多人少"等现实问题提出的技术性改良方案。可以说，它是由司法机关主导的以提升司法"效率"为价值导向的司法"投资"。公民法律权利保障既不是它的首要目标，也不是它的最终归宿。但是，刑事裁判后果却落在了社会普通公众身上。为此，即便司法听证程序能够保证智能刑事司法裁判算法的科学性、公正性，社会公众仍应当享有算法裁判的选择权。[①] 而且，选择的结果是不可逆的，否则司法程序的终局性意义便不存在了。这也意味着，选择权行使的时间及其程序至关重要，具体设置为：在案件审理结束后，由法官直接向被告人提问"是否接受算法裁判"；若被告人同意，则直接采用智能刑事司法裁

---

① 胡铭、张传玺：《人工智能裁判与审判中心主义的冲突及其消解》，《东南学术》2020 年第 1 期。

判算法获得裁判结果，且法官不得主动干预、审查裁判结果。在此，排除法官审查裁判结果是审级意义上的程序设计，既是为了实现"智慧司法"的高效性，也是为了保障同案同判和刑事司法裁判规范化。

其二，建立算法判决申诉程序。审级之间的变化，旨在解决一审法院裁判不被接受（并不意味着不公正）的风险，并为不接受者——公诉人或者被告人——提供纠错机会。因此，算法裁判嵌入现行审级制度，必须解决好一审法院算法裁判的申诉问题。此时，一审法院将面临的困境包括四方面：申诉的承办主体、申诉的具体审级、申诉标准以及申诉效力。在申诉承办主体上，由于一审裁判主体是智能刑事司法裁判算法，那么申诉承办主体就一定不能是智能刑事司法裁判算法。否则按照智能刑事司法裁判算法的量化逻辑以及经验逻辑，申诉结果只会与一审判决相一致。因此，申诉主体只能由法官担任。而且，由于一审法官全程参与案件的审理活动，对案件事实较为清楚，故此，该案件的一审法官可以做算法裁判结果的"纠错者"、复核人，且无须提升审级。为了防备被告人"缠讼"① 现象的发生，算法裁判案件的申诉标准应当做出更为严格的限定，例如，提供新证据、说明申诉依据或证明智能刑事司法裁判算法的系统性偏差等。一审法官认为应当改判的，改判后的判决应当载明特殊标识，并查明此次改判的影响要素，在后续算法裁判中获得优先检索与适用，以规避智能刑事司法裁判算法的系统性偏差。

（三） 面向刑事变通的伴随性审查程序

东、中、西部社会经济文化差异，是我国当下社会治理体系必须面对的客观情况，也是智能刑事司法裁判算法在追求"同案同判"时必须关注的问题。对此，《刑法》第 90 条规定："民族自治地方不能全部适用本法规定的，可以由自治区或者省的人民代表大会根据当地民族的政治、经济、文化的特点和本法规定的基本原则，制定变通或者补充的规定，报请全国人民代表大会常务委员会批准施行。"该条款体现出刑事立法的两种

---

① 在此，"缠讼"特指在被告人选择算法裁判之后，故意对裁判结果提起申诉，尝试获得法官判决的行为。

适用性变化：一是民族差异等客观因素可以影响刑事案件的"同案同判"；二是政治、经济、文化等人文要素在一定程度上可以构成刑事司法裁判统一化的合法阻却事由。虽然自治区或者省的人民代表大会在实践中并未实际使用刑法变通权，[①] 但司法机关在智能刑事司法裁判算法适用上必须对此加以解决。这既是对我国"民族区域自治"这一基本政治制度的技术性细化，也是防备智能刑事司法裁判算法"系统性偏差"的必然之举。为此，在智能刑事司法裁判算法适用范围（如盗窃罪、强奸罪、诈骗罪等）内，司法机关应当面向刑事变通建立智能刑事司法裁判算法的伴随性审查程序。

　　智能刑事司法裁判算法的伴随性审查程序是在被告人选择算法裁判的基础上，受刑事变通事由的影响，而由法官对算法裁判结果加以伴随性审查的程序。考虑到智能刑事司法裁判算法的全国通用性，伴随性审查程序并非对算法选择程序的否定，而应当视为算法裁判对刑事变通事项的特殊对待。变通后的裁判结果既不违背"同案同判"的司法目标，也不得作为智能刑事司法裁判算法的检索对象。但为了保证刑事司法的统一性，我国应当严格限定伴随性审查程序的适用范围，并将刑事变通事项限定为以下三类案件。一是少数群体价值观同刑法价值观相冲突的案件。刑法价值观是国家按照当下社会治理需要而设置的主流价值观念，但并非所有的区域、民族都奉行这一主流价值观念。二是风俗习惯同刑事要件相吻合的案件。当前，我国一部分地区或民族仍然保留了某些地方性风俗，甚至某些风俗习惯同现行刑法规定相冲突，如藏族"爬墙表白"、黔东南苗族的"抢婚"[②] 以及早婚风俗等。受到刑法要件化以及算法裁判要素化特征的影响，这些风俗习惯在形式上极易构成"强奸罪"、"暴力干涉婚姻自由罪"以及"奸淫幼女罪"。三是经济水平与刑事处罚显失公平的案件。刑法历来强调"罪责刑相适应"。尤其是在智能刑事司法裁判算法和中国裁判文书公开化的影响下，东、中、西部地区的"同案同判"已经具备技术上的可操作性。然而，由于经济发展水平的客观差异，东、中、西部地区涉及

---

① 参见刘之雄、覃芳《刑法在民族自治地方的变通立法权应重新配置》，《中南民族大学学报》（人文社会科学版）2014 年第 5 期。

② 李向玉、徐晓光：《"抢婚"习俗的现代遗留及其民间法处理——黔东南基层司法实践的困惑》，《政法论丛》2010 年第 6 期。

货币刑事司法裁判和财产性惩罚的同类案件，实际上带来的社会危害性并不相同，被告人由此所应承担的刑事处罚也应当有所区别。因此，为了推动刑事司法裁判的实质性公正，司法机关必须在追求"同案同判"时，兼顾少数群体价值观、风俗习惯以及经济水平等方面的殊异性，并在尊重被告人算法选择权的基础上，开展主审法官的伴随性审查程序。

综上所述，我国大力推进人工智能在司法领域的适用，是要推进我国由"传统司法"向"智慧司法"转变，但是人工智能辅助刑事司法裁判在司法领域的应用越来越普遍，而相应的制度规范还不够完善，有些甚至是空白，对于人工智能带来的以代码规则代替社会规则、刑事司法裁判指标挑战法律的平等观以及司法责任的科技转嫁等法律风险问题，必须尽快找出解决办法，制定完善的制度。在建立人工智能辅助刑事司法裁判制度时，应该首先明确人工智能"辅助"的定位，结合现实情况，在不违背法理的情况下构建相应的制度。对公民的知情权和异议权的拓展是必然的，因为只有公开透明的司法才可以达到公平公正的要求，同时对于算法也就是人工智能本身在构建制度时也应该加以考虑。因为算法黑箱风险的存在，如何让算法更加透明也是应该考虑的问题，对于这个问题，可以采用事后救济的方式，通过算法审查和评估制度加以保障。我国正处在传统司法向智慧司法转型的时期，智慧司法改革并不仅仅涉及人工智能辅助刑事司法裁判，配套相应的人工智能辅助刑事司法裁判制度是为了保证其他各项智慧司法手段能够顺利进行，使人工智能辅助刑事司法裁判制度与智慧司法的其他制度形成良性互动，共同促进智慧司法改革。

人工智能辅助刑事司法裁判系统有助于解决我国"案多人少""同案不同判""刑事司法裁判不规范"等问题，实现高效、客观、科学的刑事司法裁判效果，因此得到司法机关的大力支持与推动。但我们也认识到人工智能运用于刑罚裁量中的局限和不足，防控人工智能辅助刑事司法裁判中的暗箱决策、算法歧视、可解释性风险是当前司法实践中亟待解决的问题。随着人工智能的进一步发展以及司法界的智识努力，人工智能辅助刑事司法裁判将会成为中国智慧司法建设中的重要一环。在人工智能刑事司法裁判系统还处于起步阶段的当下，我们在以开放姿态迎接人工智能辅助刑事司法裁判系统的同时，也必须保证其在法治框架内有限度地应用。通过对人工智能刑事司法裁判的制度构建，明确人工智能辅助刑事司法裁判在审判中的定位和使用范围，并建立问责制度来防范智能刑事司法裁判的法律风险，在应用过程中保障被告人的各项权利。在人工智能时代背景下，发展人工智能辅助刑事司法裁判是实现刑事司法裁判的现代化和科学化的重要命题，其进一步发展还需要国家层面和各地司法实践的共同努力。

从传统司法到智慧司法（尤其是算法裁判）的结构性转向，是我国解决"案多人少""同案不同判"问题的必然选择。而之所以这一结构性转向肇始于刑事司法领域，主要是因为智能刑事司法裁判算法所依托的要素化决策机制与刑法构成要件的内在逻辑不谋而合，并且未给予法官、检察官以及被告过多的协商空间，由此避免了结构性转向初期司法裁判的剧烈动荡。而民事诉讼与行政诉讼则不然。相较于刑事诉讼，民事诉讼更为关注当事人处理纠纷时的"合意"，因而"调解""协商""执行率低"等法律不可控因素都成为民事类智能裁判算法生成与发展的主要掣肘因素；行政诉讼则主要受制于行政程序杂乱以及行政行为定性等风险，无法在全国层面构建起智能裁判算法的"同案同判"。[①] 因此，刑事诉讼就成为智慧司法转型初期的主阵地。在以"智能刑事司法裁判算法"为典型的智慧司法改革面前，一些传统但广受诟病的法律概念（如"法官"、"事实"、"经验"甚至是"同案同判"）被赋予了新的含义，由此开启了司法裁判的技治主义时代。受到技治与法治的交互影响，上述传统概念变得可以被量化，"同案同判"也开始在司法大数据面前获得强有力的证实——在此之前，"同案同判"只能停留在司法裁判的形式性平等与理论证成层面——但智能刑事司法裁判算法是一把"双刃剑"。"理性的法律人应该以'大胆而谨慎'的眼光审视人工智能在人类伟大历史发展进程中的卓越地位，并对人工智能的发展予以法律上的积极应对和引导。"[②] 作为一种司法手段，算法裁判会提升司法权运行的效率；而作为一种决策机制，它只能

---

① 参见应松年《关于行政法总则的期望与构想》，《行政法学研究》2021年第1期。
② 赵香如、潘雨：《利用人工智能侵财犯罪的刑法性质》，《南宁师范大学学报》（哲学社会科学版）2019年第6期。

基于已设定的指令做出程序性判断，而无法掺杂情感、伦理、道德等价值判断。这也意味着，程序性制约已成为算法规制的唯一路径，毕竟人们无法与算法讲道理。而巧合的是，程序建设一直都是法律发展的方向之一。虽然程序建设无法正面解决智能刑事司法裁判算法的实质合理性问题，但将程序正义作为规范算法裁判的社会治理工具，并合理利用大数据筛选技术，也能够保证算法裁判结果的公正性。当然，这并非说传统刑事司法已经过时了，也不必担忧传统刑事司法被智能刑事司法裁判算法完全取代。一如我们所了解的，目前的智能刑事司法裁判算法只能快速解决一部分要素化了的简单案件（例如典型的盗窃、抢劫、强奸、诈骗等刑事案件），而无法解决那些具有复杂价值判断或事实判断的刑事案件。因此，智慧司法改革的目标，只是瞄准 "裁判效率"，而不是提高 "裁判质量"。这样，未来刑事司法的构造，应当是 "人类法官解决复杂案件" "智能算法解决简单案件" 两种裁判模式及其诉讼程序的展开与衔接。由此观之，智能刑事司法裁判算法的司法适用，在短期来看只是诉讼程序上的 "修补"，而从长期来看，它无异于新型司法模式的开端。

参考文献

一 中文专著

汪习根：《司法权论——当代中国司法权运行的目标模式、方法与技巧》，武汉大学出版社，2006。

胡夏冰：《司法权：性质与构成的分析》，人民法院出版社，2003。

马长山：《国家、市民社会与法治》，商务印书馆，2002。

崔亚东：《人工智能与司法现代化》，上海人民出版社，2019。

韩德明：《司法现代性及其超越》，人民出版社，2011。

姚海鹏、王露瑶、刘韵洁：《大数据与人工智能导论》，人民邮电出版社，2017。

张保生：《法律推理的理论与方法》，中国政法大学出版社，1999。

於兴中：《人工智能、话语理论与可辩驳推理》，葛洪义主编《法律方法与法律思维》（第 3 辑），中国政法大学出版社，2005。

高奇琦：《人工智能：驯服赛维坦》，上海交通大学出版社，2018。

易继明：《技术理性、社会发展与自由：科技法学导论》，北京大学出版社，2005。

腾讯研究院等：《人工智能》，中国人民大学出版社，2017。

李朋洲：《论司法裁判的可接受性》，法律出版社，2015。

〔荷〕亨利·帕肯：《建模法律论证的逻辑工具》，熊明辉译，中国政法大学出版社，2015。

〔美〕丹尼尔·史普博：《管制与市场》，余晖等译，上海三联书店，1999。

〔美〕凯斯·R.桑斯坦：《权利革命之后：重塑规制国》，钟瑞华译，中国人民大学出版社，2008。

〔德〕韦伯：《经济与社会》（上卷），林荣远译，商务印书馆，1997。

〔美〕庞德：《通过法律的社会控制》，沈宗灵译，商务印书馆，2010。

〔美〕克里斯托弗·沃尔夫：《司法能动主义——自由的保障还是安全的威胁》，黄金荣译，中国政法大学出版社，2004。

〔美〕诺内特、塞尔兹尼克：《转变中的法律与社会：迈向回应型法》，张志铭译，中国政法大学出版社，1994。

二　中文论文

陈晓林：《无人驾驶汽车致人损害的对策研究》，《重庆大学学报》（社会科学版）2017年第4期。

段厚省：《远程审判的双重张力》，《东方法学》2019年第4期。

冯洁：《人工智能对司法裁判理论的挑战：回应及其限度》，《华东政法大学学报》2018年第2期。

冯锐、张顺：《科技创新与金融服务的耦合发展模式研究——广州萝岗区科技金融改革发展的经验与启示》，《中国市场》2018年第1期。

高志刚：《回应型司法制度的现实演进与理性构建——一个实践合理性的分析》，《法律科学（西北政法大学学报）》2013年第4期。

韩旭至：《数据确权的困境及破解之道》，《东方法学》2019年第6期。

韩旭至：《算法维度下非个人数据确权的反向实现》，《探索与争鸣》2019年第6期。

何渊：《政府数据开放的整体法律框架》，《行政法学研究》2017年第6期。

和鸿鹏：《无人驾驶汽车的伦理困境、成因及对策分析》，《自然辩证法研究》2017年第11期。

贺日开：《司法改革：从权力走向权威——兼谈对司法本质的认识》，《法律科学》1999 年第 4 期。

季卫东：《人工智能时代的司法权之变》，《东方法学》2018 年第 1 期。

江必新：《论行政规制基本理论问题》，《法学》2012 年第 12 期。

马长山：《新一轮司法改革的可能与限度》，《政法论坛》2015 年第 5 期。

马长山：《智能互联网时代的法律变革》，《法学研究》2018 年第 4 期。

马颜昕：《自动化行政的分级与法律控制变革》，《行政法学研究》2019 年第 1 期。

马颜昕：《自动化行政方式下的行政处罚：挑战与回应》，《政治与法律》2020 年第 4 期。

戚建刚：《风险规制的兴起与行政法的新发展》，《当代法学》2014 年第 6 期。

舒国滢：《从司法的广场化到司法的剧场化———一个符号学的视角》，《政法论坛》1999 年第 3 期。

吴汉东：《人工智能时代的制度安排与法律规制》，《法律科学》（西北政法大学学报）2017 年第 5 期。

吴习彧：《司法裁判人工智能化的可能性及问题》，《浙江社会科学》2017 年第 4 期。

谢惠媛：《民用无人驾驶技术的伦理反思———以无人驾驶汽车为例》，《自然辩证法研究》2017 年第 9 期。

徐骏：《智慧法院的法理审思》，《法学》2017 年第 3 期。

余盛峰：《全球信息化秩序下的法律革命》，《环球法律评论》2013 年第 5 期。

左卫民：《关于法律人工智能在中国运用前景的若干思考》，《清华法学》2018 年第 2 期。

三 电子文献

《论我国人工智能的法治化进程：现状、挑战与革新》，https：//kns. cnki. net/kcms/detail/detail. aspx？ dbcode ＝ CJFD&dbname ＝ CJFDLAST 2019&filename ＝ GZDX201902011&v ＝ MjMwOTVtVTczQUlqZlBkckc0SDlq TXJZZOUVaWVI4ZVgxTHV4WVM3RGgxVDNxVHJJXTTFGGckNVUjdpZlllZH FGQ3Y ＝

《论人工智能时代的机器人权利及其风险规制》，https：//kns. cnki. net/kcms/
detail/detail. aspx？dbcode = CJFD&dbname = CJFDLAST2017&filename = DF
FX201706006&v = MDgxOTBoMVQzcVRyV00xRnJDVVI3aWZZZWRxRkN2
bVVidkxJU3ZOZHJHNEg5Yk1xWTlGWW9SOGVVYMUx1eFlTN0Q =

《论无人驾驶汽车的行政法规制》，https：//kns. cnki. net/kcms/detail/
detail. aspx？dbcode = CJFD&dbname = CJFDLAST2018&filename = XZFX
201801007&v = MjA0MzkxRnJDVVI3aWZZZWRxRkN2bVY3ek9QVGZOZH
JHNEg5bk1ybzlGWTRSOGVVYMUx1eFlTN0RoMVQzcVRyV00 =

《区块链技术的司法适用、体系难题与证据法革新》，https://kns.cnki.net/kc-ms/detail/detail.aspx? dbcode = CJFD&dbname = CJFDLAST2019&filename = DFFX201903009&v = Mjk2MjU3aWZZZZWRxRkN2bVZMcklJU3ZOZHJHNEg5ak1yYGTlGYllSOGVYMUx1eFlTN0RoMVQzcVRyV00xRnnJDVVI =

《智能量刑算法的司法适用：逻辑、难题与程序法回应》，https://kns.cnki.net/kcms/detail/detail.aspx? dbcode = CJFD&dbname = CJFDLAST2021&filename = DFFX202103013&v = MTk1NjhITkRNckk5RVo0UjhlWDFMdXhhZUzdEaDFUM3FUcldNMUZyQ1VSN2lmWWVVkcUZDdm1XNzNCSVN2TmRyRzQ =

四　外文文献

Agnes B. Juhasz，"The Regulatory Framework and Models of Self – Driving Cars，" 52 *Radova Zbornik* 3，2018，pp. 1371 – 1392.

Amitai Etzioni，Oren Etzioni，"Keeping AI Legal，" 19 *Vanderbilt Journal of Entertainment & Technology Law* 1，2016，pp. 133 – 146.

Anat Lior, "AI Entities as AI Agents: Artificial Intelligence Liability and the AI Respondeat Superior Analogy," 46 *Mitchell Hamline Law Review* 5, 2020, pp. 1043 – 1102.

Anat Lior, "AI Strict Liability Vis-à-Vis AI Monopolization," 22 *Columbia Science and Technology Law Review* 1, 2020, pp. 90 – 126.

Brian F. Havel, John Q. Mulligan, "Unmanned Aircraft Systems: A Challenge to Global Regulators," 65 *DePaul Law Review*, 2015, pp. 107 – 122.

Carolyn McKay, "Predicting Risk in Criminal Procedure: Actuarial Tools, Algorithms, AI and Judicial Decision – Making," 32 *Current Issues in Criminal Justice*, 2020, pp. 22 – 39.

Charles A. Sullivan, "Employing AI," 63 *Villanova Law Review* 3, 2018, pp. 395 – 430.

Douglas Walton, *Argumentation Methods for Artificial Intelligence in Law*, Springer Press, 2005.

Erman Benli, Gayenur Senel, "Artificial Intelligence and Tort Law," 2 *Ankara Sosyal Bilimler University Law Journal* 2, 2020, pp. 296 – 336.

Harry Surden, Mary – Anne Williams, "Technological Opacity, Predictability, and Self – Driving Cars," 38 *Cardozo Law Review* 121, 2016, pp. 121 – 182.

Jessie Cheng, Benjamin Geva, "Understanding Block Chain and Distributed Financial Technology: New Rails for Payments and an Analysis of Article 4A of the UCC," 2016 *Business Law Today* 3, 2016, pp. 1 – 5.

John Villasenor, Virginia Foggo, "Artificial Intelligence, Due Process and Criminal Sentencing 2020 *Michigan State Law Review* 2, 2020, pp. 295 – 354.

Kimberley Rust, "Block – Chain Reaction: Why Development of Blockchain Is at the Heart of the Legal Technology of Tomorrow," 19 *Legal Information Management* 1, 2019, pp. 58 – 60.

Melinda Florina Lohmann, "Liability Issues Concerning Self – Driving Vehicles," 7 *European Journal of Risk Regulation* 2, 2016, pp. 335 – 340.

Michal Araszkiewicz, *Coherence: Insights from Philosophy, Jurisprudence and Artificial Intelligence*, Springer Press, 2013.

Michelle Mount, "Bitcoin Off – Chain Transactions: Their Invention and Use," 4 *Georgetown Law Technology Review* 2, 2020, pp. 685 – 698.

Ntorina Antoni, "The Law of Unmanned Aircraft Systems," 41 *Air and Space Law* 6, 2016, pp. 549 – 554.

Thomas Lehrich, Matthew, "Hersey Proposed Rules for Small, Unmanned Aircraft Systems," 62 *Federal Lawyer* 6, 2015, pp. 50 – 51.

Tyler Godbehere, "Block – Chain Reaction: Corporate Considerations for Compliance with Export Controls and Regulations," 2 *Corporate and Business Law Journal* 1, 2021, pp. 136 – 156.

后　记

本书的写作起点，适逢国内人工智能法学研究的热潮。华东政法大学马长山教授叮嘱我，应当加强人工智能法学理论以及价值关怀问题的研究，尝试从法学基本命题的视角来反思人工智能法律问题。受益于此，科技法与立法学的初次尝试得以很快成形，也奠定了本书的基础理论。在此表示特别感谢！

本书的写作也受到诸多师友的帮助。中山大学高秦伟教授、广东财经大学姚志伟教授、上海市法学会孙建伟老师、华东政法大学韩旭至副研究员、华南师范大学马颜昕副研究员、河南师范大学郭少飞副教授、首都师范大学崔俊杰老师、大连理工大学人文社会学部陈光副教授、南京师范大学法学院张鹏副教授、山东省社科院李亚东老师等师友，为本书的写作提供了许多有益的意见和建议。我的领导和同事，也大力支持我的研究工作，为我提供了优秀的研究平台。李佳文、朱昊、代诗琪等学生，为本书的写作贡献了力量，培养你们的过程让我受益匪浅，在此也期望你们学有所成。还有社会科学文献出版社的刘骁军老师和刘靖悦老师，在得知书稿将成之时应允我予以出版。在此，对所有帮助过我的人，表示深深的谢意！

本书的写作与出版，得益于2019年度国家级一流专业建设点、教育部新文科建设项目"粤港澳大湾区跨境数字法治人才培养模式研究与实践"以及广州大学研究生优秀教材资助项目"数字法学"的支持，同时也受益于广州大学通识核心课程"人工智能与法治"提供教研平台。感谢中共广州市委宣传部"宣传文化英才"培养计划的支持！

　　感谢我的家人。您们的名字才最应该出现在封面上。

张玉洁

2021 年 12 月 21 日于广州大学

图书在版编目（CIP）数据

规"智"：人工智能的法律挑战与回应／张玉洁著
. -- 北京：社会科学文献出版社，2022.7（2024.7 重印）
ISBN 978 - 7 - 5228 - 0277 - 0

Ⅰ.①规… Ⅱ.①张… Ⅲ.①人工智能 - 科学技术管
理法规 - 研究 - 中国 Ⅳ.①D922.174

中国版本图书馆 CIP 数据核字（2022）第 101340 号

规"智"：人工智能的法律挑战与回应

著　　者／张玉洁

出 版 人／冀祥德
组稿编辑／刘骁军
责任编辑／易　卉
文稿编辑／郭锡超
责任印制／王京美

出　　版／社会科学文献出版社·法治分社（010）59367161
　　　　　　地址：北京市北三环中路甲 29 号院华龙大厦　邮编：100029
　　　　　　网址：www.ssap.com.cn
发　　行／社会科学文献出版社（010）59367028
印　　装／唐山玺诚印务有限公司

规　　格／开　本：787mm × 1092mm　1/16
　　　　　　印　张：14.25　字　数：220 千字
版　　次／2022 年 7 月第 1 版　2024 年 7 月第 3 次印刷
书　　号／ISBN 978 - 7 - 5228 - 0277 - 0
定　　价／87.00 元

读者服务电话：4008918866